中央民族大学国家“十五”“211工程”建设项目

宝贵贞／著

近现代蒙古族宗教信仰的演变

中央民族大学出版社

图书在版编目（CIP）数据

近现代蒙古族宗教信仰的演变 / 宝贵贞著．—北京：中央民族大学出版社，2008.8

ISBN 978-7-81108-597-6

Ⅰ．近…　Ⅱ．宝…　Ⅲ．①蒙古族—宗教—信仰—研究—中国—近代②蒙古族—宗教—信仰—研究—中国—现代　Ⅳ．B929.2

中国版本图书馆 CIP 数据核字（2008）第 139706 号

近现代蒙古族宗教信仰的演变

作　　者　宝贵贞
责任编辑　卓　拉
封面设计　布拉格工作室
版式设计　刘敬敏
出 版 者　中央民族大学出版社
　　　　　北京市海淀区中关村南大街 27 号　邮编：100081
　　　　　电话：68472815（发行部）传真：68932751（发行部）
　　　　　68932218（总编室）　　68932447（办公室）
发 行 者　全国各地新华书店
印 刷 厂　北京宏伟双华印刷有限公司
开　　本　880×1230（毫米）1/32　印张：8.75
字　　数　230 千字
版　　次　2008 年 8 月第 1 版　2008 年 8 月第 1 次印刷
书　　号　ISBN 978-7-81108-597-6
定　　价　25.00 元

目　录

序言

宝贵贞博士所著《近现代蒙古族宗教信仰的演变》是在其博士论文的基础上经过修改补充而完成的学术著作，也可以视为她与宋长宏合写的《蒙古民族基督宗教史》的姊妹篇。蒙古民族在历史上的宗教信仰状况几经曲折演变，情况复杂；近现代东亚和中国社会剧烈变迁更给蒙古民族宗教信仰状况带来巨大的变化。其变动程度之大，在我国其他民族中是少见的。这种情况及蕴含在其中的文化启示很值得我们加以研究，它应成为当代蒙古学所关注的重要内容。作者是蒙古族学者，长期致力于蒙古族宗教历史与现状的研究。她对博士论文的写作和后来的加工充实，认真刻苦，付出了艰辛的劳动。作者运用宗教学、哲学、政治学理论，探讨了蒙古族宗教在近现代的发展轨迹和发展趋势，提出了许多有价值的观点，具有很强的理论价值和现实意义。博士论文在答辩时得到专家们较高的评价，充分肯定了论文的开创性成就。这部著作的主要贡献和创新之处在于：

第一，以蒙古族与藏传佛教的互动为重点，兼顾萨满教、基督教、伊斯兰教，梳理近现代蒙古族宗教信仰的演变走向，比较全面地展示了蒙古族宗教文化的多元格局，深化了对民族与宗教关系问题的认识。这一成果可以加深人们对蒙古族民族心理、民族性格和民族文化的理解，开拓出蒙古学研究的新视角。这种综合性研究此前还不多见。

第二，把社会史与宗教史结合起来。本书将蒙古族宗教信仰放在近现代中国社会变迁和蒙古民族历史发展的宏观背景下进行考察，突出论述近现代蒙古族宗教信仰所发生的种种巨大变化并挖掘其内外原因。时间跨度很大，从清朝经民国，一直延续到新中国成立以后。由于近现代蒙古族宗教信仰问题此前尚很少论及，此书的出版在这方面填补了学术上的一个空缺。

第三，在资料的搜集和整理上，本书注意了历史文献和现实资料、文献资料和田野调查的结合。由于蒙古族所在地域广大，近现代宗教资料分散难寻，调查研究难度很大。作者能够克服种种困难对蒙古族近现代宗教的变迁及全貌做出清晰的勾勒，并有若干个案研究，是颇不容易的。

第四，理论联系实际，直面现实问题。国内已出版的涉及蒙古族宗教方面的专著多侧重于历史和教义，很少评析其宗教现状。这本著作论述了蒙古族宗教信仰在步入当代变革后的现状、问题、发展特点，尤其能够分析总结蒙古族宗教信仰在当代面临的种种困境和挑战，并勇于提出自己创新性见解，使本书不仅有重要学术价值，更能促使人们论古知今，进而面向未来，思考蒙古民族宗教文化如何重建的问题，也可以为蒙古族地区宗教事务管理工作提供有价值的信息和重要参考。

蒙古民族聚居区幅员辽阔，从东北经华北到西北，不同支系不同地区之间在文化上有诸多差别，同中有异，丰富多彩，又与整个中华民族的文化血肉相连，并成为它的有机组成部分。从学术上对整个蒙古民族的文化和宗教做全面深入研究，还有很大的空间需要拓展。宝贵贞博士在蒙古族宗教研究上已经有了很好的积累，我期望她今后在这一领域不断有新的力作问世。

牟钟鉴

2008 年 8 月

内容提要

民族与宗教关系问题是当前国内外热点问题之一，也是宗教学研究的重大课题。宗教属于精神信仰形态，民族属于社会族群形态，因此，民族和宗教并不严格对应和同步发展，但二者又总是紧密联系，不可分离。作为传统的游牧民族，蒙古民族文化的核心即草原文化和宗教文化。作为民族文化载体，宗教融汇了民族精神、民族性格、民族心理、道德观念和价值理念，不仅传承着蒙古族的民族文化，而且也映射了蒙古社会历史的变迁。

近代以来，国际国内形势风云变幻，蒙古社会急剧变革，蒙古族宗教信仰随之发生了相当明显的变化。这个变化直接影响了蒙古民族后来的文化走向，也使其呈现出不同于其他民族的文化特色。“近现代蒙古族宗教信仰的演变”这一课题的研究对于了解蒙古民族社会史和思想史具有重要意义。遗憾的是，目前国内学术界尚没有系统研究近现代蒙古族宗教问题的论著。因此，本人选择这个研究课题，意在系统梳理蒙古族宗教在清代以后发展并逐渐衰落的脉络及走向。

绪论部分，对选题的目的与意义、蒙古族宗教研究现状概述、研究的理论方法与难点、课题的突破与创新等几个方面，进行简要说明。之后，共分七章展开论述。第二章到第四章，是本书的核心内容。

第一章从藏传佛教格鲁派（黄教）的传入与普及起笔，从清朝的宗教政策、寺院经济的发展、寺院大活佛系统的形成发展及抑制、寺院教育等方面，对藏传佛教在清朝前期的历史发展进行了详细阐述。

第二章以藏传佛教在蒙古社会的衰落为主题，对藏传佛教在近代蒙古社会衰落的原因进行系统分析，认为内蒙古地区的藏传佛教经过晚清、民国、“日伪”统治和连年战争逐渐走向衰微，而晚清时期政府对蒙古宗教政策之转变、儒学文化的浸润、蒙古民族启蒙思想的兴起以及寺院经济的膨胀是藏传佛教在近代蒙古社会走向衰落的主要原因。

第三章讲述民国、“日伪”时期的蒙古族宗教。从民国时期的宗教政策、“日伪”政权统治下的蒙古地区宗教状况、藏传佛教与近代蒙古社会的关系展开论述，藏传佛教与近代蒙古社会政治的关系是本章论述的重点。

第四章讲述内蒙古宗教改革。首先描述了新中国初期内蒙古地区的宗教状况，进而对宗教改革的必要性、内蒙古自治运动时期及新中国的宗教政策、内蒙古宗教改革与无神论教育进行了概括，并对宗教改革的意义进行客观评价。通过宗教改革，蒙古族宗教状况，尤其是藏传佛教从组织制度、信众结构、宗教观念等方面都发生了显著变化。

第五章选取蒙古地区东部、中部、西部有代表性的寺庙为个案研究对象，以作者田野调研资料为依托，借鉴文献资料，展示蒙古族宗教（主要是藏传佛教）近现代演变的历史轨迹。它们是：内蒙古地区唯一一个实行政教合一的喇嘛旗——锡勒图库伦喇嘛旗；内蒙古地区唯一一个以蒙古语诵经的寺庙——梅力更召；章嘉活佛住锡地多伦汇宗寺；号称“东藏”的辽宁阜新蒙古族自治县瑞应寺。

第六章概要说明了蒙古地区其他几种宗教的信仰状况，意在彰显蒙古族宗教信仰的多元化特征。对蒙古族历史上萨满教、伊斯兰教、基督教的状况进行简要介绍。近代以来，除了处于核心信仰地位的藏传佛教之外，蒙古族传统的萨满教一直延续着，基督教、伊斯兰教等宗教类型尽管传播范围非常有限，但也在蒙古族聚居区具有一定影响。可以说，蒙古族的宗教信仰，是以萨满教为基础，以藏传佛教为核心，辅之以基督教、伊斯兰教等形式，呈现出了多元化特征。

第七章介绍新时期蒙古族宗教信仰问题。对20世纪80年代以来蒙古族宗教信仰问题进行概括。实行改革开放政策以来，中国的社会生活发生了巨大变化，随着宗教政策的逐步落实，内蒙古地区的宗教工作逐渐恢复，蒙古族的宗教信仰正处于恢复和重建之中。本章通过对内蒙古宗教状况述描，归纳了新时期蒙古族宗教信仰特点，进而对蒙古族宗教信仰的未来进行了展望。

本书写作过程中，笔者在尊重历史文献和调研资料的基础上，对某些问题的阐述具有独到之处。比如：对藏传佛教在近代蒙古社会衰落原因的分析、对新时期蒙古族宗教信仰特点的概括等，观点有创新。敬请读者给予关注！

考察近现代蒙古族宗教信仰的演变问题并非易事，未尽之处在所难免。笔者期待着读者的肯定与批评！

ABSTRACT

Currently,the relationship between nationality and religion is a hot topic at home and abroad, it is also a significant research subject for religious study . Religion belongs to the spiritual belief while Ethnic nationality is subordinate to the social ethnic form. Therefore their development is not strictly corresponding and synchronized with each other, yet they are closely related. As a traditional nomadic ethnic group, Mongolian culture's core is grasslands culture and religious culture. As the vector of ethnic culture, the religion mixed the ethnic spirit, ethnic character, ethnic psychology, moral concept, value ideal. It not only inherits the Mongolian's history and culture, but also reflects the changes of the social history.

Since the modern times, Mongolian religious belief have changed obviously against the background of constantly changed international and domestic situation. This changed of religious belief not only decided culture direction but also presented characteristics which were different from any other ethnic group's. the significance of the topic of evolution of Mongolian religious belief is very obvious. Unfortunately there are no systematical researches about Mongolian religious belief's problem in present academic world in China. Therefore I choose the topic of evolution of Mongolian religious belief in the hope of explaining the development and decline of Mongolian religion in the Qing dynasty systematically.

In the introduction,there are briefly explanations about the purposes and senses of selecting this topic, the current situation of Mongolian religion study, the theoretical method and difficulty of this research, breakthrough and innovation of the thesis. Further explanation will be given in the following seven chapters.

The first to fourth chapters are the core of this thesis. The first chapter begins with the introduction and popularization of one sect of Tibetan Buddhism ,Gelug Sect (Tibet Yellow sect) , and detailed elaboration abort Tibetan Buddhism's historical development in the early period of the Qing Dynasty are given in these aspects: religion policy of the Qing Dynasty, development of temples' economy, seting up of living Buddha system, temples' education,etc.

The Second chapter takes the Tibetan Buddhism's decline in Mongolian society as a theme and analyzed the cause of its decline systemically. It is thought that the Tibetan Buddhism in Inner Mongolia area gradually declined through the late Qing Dynasty , the republic of China, Japanese colony period and civil war years, and the changed religion policy of the late Qing Dynasty ,the influence of Confucianism culture, the spread of enlightenment thoughts of Mongolian ethnic group and inflation of the temple economy are considered as the main causes.

In the Third chapter " Mongolian religion in the Republic of China and Japanese colony period",there are discussions abort the religion policy of the Republic of China, religion condition under the throne of ",Japanese colony period"political power, relationship between the Tibetan Buddhism and politics of Mongolian society which is the most important subject in this chapter.

In the fourth chapter "the Inner Mongolia religion reformation", firstly, it is described the Inner Mongolia's religion condition in the initial period of China, then briefly summarized the necessity of religion reformation, the religion policy at Inner Mongolia self-government movement period and New china, the religion reformation and the spread of atheism doctrine in Inner Mongolia, and also estimate the senses of religion reformation objectively. As results of the religion reformation, the condition of Mongolian religion changed dramatically, especially Tibetan Buddhism in the aspects such as organizing system, structures of followers, religious concepts.

Fifth chapter selects east, middle and western of Inner Mongolian, has the representative Buddhist temple for the case object of study. Take the author field investigation and study material as the backing, and the model literature material to demonstrated the historical path of Mongolian national minority religion (mainly is Tibetan Buddhism). They respectively are Xilin Tuku Lun Lama Qi; the only summons by Mongolian sutras temple ---Mei Ligeng; the templ of Xidi Dolon Hiuto and the temple of Zenru Ying, in Inner Mongolian.

The main purpose of writing In the sixth chapter "the other religions "is to show the multicultural characterstic of Mongolian religious beliefs. A brief introduction is given on the religious beliefs of Shamanism, Islam, and Christianity in the history. Since the modern times, Shamanism which is Mongolian traditional religious belief lasted constantly besides the Tibetan Buddhism which is in the leading position of religious belief, while other religions such as Christianity , Islam also affected a certain group of Mongolian people who live in compact communities although the affection was limited. So it is to say, Mongolian religious belief was diverse, it based on Shamanism, took Tibetan Buddhism as the main body, other religions such as Christianity, Islam were also included.

In the seventh chapter "religious belief of Mongolian ethnic group in new periods ", summarized the Mongolian's religious belief since 1980's. Enormous changes have happened in Chinese social life as the reform and open policy came into practice. As the religion policy worked gradually and religious practice rehabilitated in Inner Mongolia area, the religious belief of Mongolian ethnic group was recovering and reconstructing. By depicting the present status of Inner Mongolian religion, characteristic has been summed up, and then foresees the future of religious belief of Mongolian ethnic group.

In the process of writing this thesis, the innovations and original views are made on the basis of respecting historical documents and survey data. For instance, the analysis of cause of Tibetan Buddhism's decline in modern times, the summary of Tibetan Buddhism's characteristic during new period. Attention, please.

It is not easy to investigate the evolution of Mongolian religious belief in the changing historical background of the modern times, flaws are unavoidable. Your commitments and critique are appreciated.

绪 论

一、课题研究的目的与意义

民族与宗教的关系问题是当前国内外热点问题之一，也是宗教学研究的重大课题。宗教属于精神信仰形态，民族属于社会族群形态，因此，民族和宗教并不严格对应和同步发展，但民族与宗教又总是紧密联系，不可分离。民族宗教成为民族文化的载体，不仅传承着蒙古民族的民族文化，而且也是蒙古社会历史变迁的一面镜子，它融汇并映射着民族精神、民族性格、民族心理、道德观念和价值理念，承载了极其丰富的文化内涵。作为传统的游牧民族，蒙古民族文化的核心即游牧草原文化和宗教文化。蒙古族既有创造和传承下来的传统宗教信仰，即原生型的萨满教信仰，同时也受到了佛教、伊斯兰教、基督教等宗教的影响，还保留着各种形式的民族民间信仰。近代以来，国际国内形势风云变幻，蒙古族社会发生了剧烈的变革，蒙古族宗教信仰亦发生了相当明显的变化。这一变化直接影响了民族后来的文化走向和精神状态。这正是本人选择近现代蒙古族宗教信仰的演变这个课题的原因。蒙古族的宗教信仰在近代以来不但变化很大，而且呈现出与其他民族不同的特色，可对这一问题的研究目前只见一些零散的学术论文和藏传佛教方面的著作，尚无全面系统论述蒙古族多元宗教信仰的论著。作为蒙古族青年学者，理应为民族文化的传承尽力，所以，本人特别关注蒙古族文化发展和演变问题。本书从藏传佛教格鲁派（黄教）再传蒙古地区及其普及起笔，梳理出其发展后逐渐衰落的脉络和走向，兼及蒙古族萨满教状况和基督教、伊斯兰教在蒙古社会的演变及走向。

蒙古族宗教信仰的演变这一课题的研究意义在于：

1. 大致理清近现代蒙古族宗教信仰的演变走向，从理论上说明和展现蒙古民族宗教信仰的多元化特征，深化对民族与宗教关系问题的认识，加深对蒙古族民族心理、性格和文化的理解。开拓蒙古学研究的新视角。

2. 为相关部门处理民族和宗教关系问题提供理论参考和实证支持。

二、蒙古族宗教研究现状概述

宗教是一种社会文化，研究宗教问题的价值和意义自不待言，但我国学者对宗教问题的系统研究起步却较晚，1979 年全国宗教学规划会议是中国宗教学研究兴起的标志，至今不过 30 年而已。而蒙古族宗教的系统研究大约始于 20 世纪 80 年代以后，这些研究大多立足于蒙古族宗教历史，以藏传佛教为核心展开，兼及蒙古萨满教、基督宗教、伊斯兰教等形态，取得了比较丰硕的研究成果，为本书提供了许多有益的启发。为更好地把握蒙古族宗教信仰的演变历史，本书系统梳理了相关史料，试图在浩繁的史料中钩沉稽古，理出头绪。

（一）论著方面

20世纪80年代以来，宗教方面的学术研究日益活跃。蒙古族宗教也引起了学术界的关注，取得了一定的研究成果。

苏鲁格、宋长宏所著的《中国元代宗教史》[①]，对元代宗教的历史发展及其特点进行大体的勾勒和描述。具体论及了萨满教、佛教、道教、伊斯兰教、基督教、犹太教的基本情况，阐述比较全面。只是其描述的历史时期与本人的选题尚有距离。

苏鲁格的《简明内蒙古佛教史》[②]一书，分为蒙藏佛教概说、藏传佛教诸教派源流及各自的教义特色、藏传佛教在内蒙古地区的初次传播、16世纪再次传播，共四章，简要介绍了内蒙古佛教的基本情况。作为地区宗教史，本书的论述尚不够系统。

额尔敦昌编译的《内蒙古喇嘛教》[③]，全书分上篇“喇嘛教概要”和下篇“呼和浩特召庙”两部分，1991年出版，这是较早出版的介绍内蒙古喇嘛教的著作。

于1997年编辑完成的内蒙古文史资料第四十五辑《内蒙古

① 苏鲁格、宋长宏：《中国元代宗教史》，北京，中国广播出版社，1994。
② 苏鲁格：《简明内蒙古佛教史》，海拉尔，内蒙古文化出版社，1999。
③ 额尔敦昌编译：《内蒙古喇嘛教》，呼和浩特，内蒙古大学出版社，1991。

喇嘛教纪例》，是一部资料性的纪实作品。该书首先提纲挈领地对藏传佛教从元明清到近现代在蒙古地区传播发展的历史进行阐述，然后，有选择性地介绍了一些重要寺庙、著名宗教人物及其相关宗教文化活动。其中，不隐讳历史上某些僧徒的冒滥，也相对客观公正地表彰了正统出家人的懿德嘉行，其历史的真实性与宗教的社会性相结合，是不可多得的文献资料。

乔吉编著的《内蒙古寺庙》[1]，除了介绍内蒙古现存的主要寺庙，还以相当篇幅梳理了佛教在内蒙古的流传、发展以及内蒙古佛教发展的特点，并简要介绍了寺庙建筑及主要神佛。

德勒格编著的《内蒙古喇嘛教史》[2]，全书近60万字，结合作者多年的理论研究和民族宗教工作实践，对内蒙古喇嘛教史进行了相当详尽的介绍。本书从蒙古族与藏传佛教的接触起笔直到20世纪中叶内蒙古宗教改革为止，力求展现内蒙古喇嘛教民族化、地区化的特点和风格。

德勒格、乌云高娃编著的《内蒙古喇嘛教近现代史》[3]，分12章论述，全书以时间为经，以历史事件为纬，首先概述了元、明、清及民国时期内蒙古喇嘛教的发展和变革历史，详尽地记述了新中国成立后的喇嘛教状况，对20世纪80年代内蒙古喇嘛教的发展演变和重大历史事件作了客观说明。德勒格前后出版的两本著作资料性都很强，遗憾的是后者在现代部分主要是以“大事记”

---

① 乔吉编著：《内蒙古寺庙》，呼和浩特，内蒙古人民出版社，1994。

② 德勒格编著：《内蒙古喇嘛教史》，呼和浩特，内蒙古人民出版社，1998。

③ 德勒格、乌云高娃编著：《内蒙古喇嘛教近现代史》，呼和浩特，远方出版社，2004。

的写法，削弱了其学术性。

齐克奇的库伦旗文史资料第四辑《锡勒图库伦喇嘛旗》[①]，是作者多年积累资料认真研究的结果。历史跨度从1634年阿升曼殊希礼喇嘛驻锡库伦起始，到1931年锡勒图库伦喇嘛旗实行政教分治为止，作者克服了有关锡勒图库伦喇嘛旗书面文献资料不足等困难，以口碑资料为主要依据，经过深入调研，对锡勒图库伦喇嘛旗的形成、基本特点、政教合一体制、寺庙财产以及喇嘛旗的经济状况、喇嘛旗的衰落和政教合一制的结束等问题进行了系统阐述，为我们展现了锡勒图库伦喇嘛旗由于实行政教合一制而不同于一般札萨克旗的历史特点，是十分难得的历史资料。

意大利学者图齐和德国著名蒙古学家海西希的著作《西藏和蒙古的宗教》[②]，这部著作是目前可见的西方学者研究蒙古族宗教最好的作品。作者在对比蒙古民间宗教与喇嘛教关系的基础上，对蒙古族的萨满教以及佛教传入以后佛教与萨满教的关系展开详细论述，并结合田野调研介绍了蒙古族民间宗教状况。

乌兰察夫主编的《蒙古族无神论史》[③]一书，共25万字，分为四编：即蒙古族无神论思想的萌芽、蒙古族无神论思想的发展、蒙古族无神论思想的形成和马克思主义科学无神论的传播等。《蒙古族无神论史》在有神论与无神论的关系中说明蒙古族无神论萌芽、发展、形成的历史，书中涉及很多相关的宗教史料，有助于

---

① 齐克奇：《锡勒图库伦喇嘛旗》，库伦旗文史资料第四辑。

② [意]图齐、[德]海西希，耿升译，王尧校订：《西藏和蒙古的宗教》，天津，天津古籍出版社，1989。

③ 乌兰察夫主编：《蒙古族无神论史》，呼和浩特，远方出版社，2000。

我们在有神论和无神论的对比中把握蒙古族宗教发展的脉络，开阔了蒙古族宗教史研究的视野。

《蒙古族无神论思想研究》[1] 是由乌兰察夫主编的一部蒙古族无神论思想研究论文集，以蒙古、汉两种文字撰写，就蒙古族无神论史发展各阶段的主要问题进行概述，书中第四编有关宗教改革的内容从内蒙古宗教改革与蒙古民族发展的角度，对宗教改革的背景、政策、措施和意义等方面进行了全面论述，使本人受益良多。

黄强和色音所著《萨满教图说》[2]，在实地调研的基础上就中国北方各民族的萨满教信仰进行了文化人类学考察。本书第一章“热闹非凡的万神殿”和第二章“马背民族的古朴信仰”着重考察研究了蒙古族萨满教问题。尤其是第二章“蒙古族萨满教的文化人类学考察”，对蒙古族萨满教的主要仪式活动、历史变容等萨满教遗存状况作了介绍。值得一提的是本书的“前言”中对“萨满教”和“萨满文化”所作的学术界定，澄清了人们对萨满教的模糊认识，使本人受益非浅。

韩国女学者金成修著《明清之际藏传佛教在蒙古地区的传播》一书，广泛利用汉、蒙古、藏、英及日文原始资料，综合运用民族学、历史学、语言学等多学科的研究理论和方法，全面探讨了17世纪蒙古与西藏在藏传佛教方面的交往关系，以及蒙古各部（土默特、喀尔喀、准格尔）在藏传佛教问题上的相互关系，清晰地

---

① 乌兰察夫主编：《蒙古族无神论思想研究》，呼和浩特，远方出版社，2000。

② 黄强、色音：《萨满教图说》，北京，民族出版社，2002。

展示了藏传佛教在蒙古和清朝政治历史中的地位及意义。书中特别对17世纪蒙古人再度接受藏传佛教的原因、藏传佛教对于清朝在蒙藏地区建立牢固的统治地位等问题，提出了前所未有的观点，值得重视。

佟德富主编的《蒙古语族诸民族宗教史》[①] 涉及蒙古、达斡尔、土、裕固等民族，由于历史文献资料的限制及目前学界研究不够深入，书中大部分篇幅写的是蒙古族宗教史。

孙悟湖所著《汉族、藏族、蒙古族宗教思想文化交流研究》[②]，从民族关系史和宗教文化史相结合的角度，总结了中国历史上汉族、蒙古族、藏族文化互动的经验和智慧，论述了三个民族宗教思想交流的方方面面，立意新颖，内容丰富。

乌力吉巴雅尔的《蒙藏关系史大系·宗教卷》[③]、贾拉森的《缘起南寺》[④] 等著作也各有千秋。其他一些历史著作也在相关章节中涉及宗教问题，如《蒙古民族通史》[⑤] 的相关章节也对蒙古族宗教问题有一些历史性的叙述。

蒙古国学者宝力格著的《宗教》[⑥]（蒙古文）一书，共75万字，分上、下两册。作者将研究目光集中到蒙古族宗教信仰的整体

① 佟德富主编：《蒙古语族诸民族宗教史》，北京，中央民族大学出版社，2006。

② 孙悟湖：《汉族、藏族、蒙古族宗教思想文化交流研究》，北京，中央民族大学出版社，2006。

③ 乌力吉巴雅尔：《蒙藏关系史大系·宗教卷》，北京，外语教学与研究出版社，2001。

④ 贾拉森：《缘起南寺》，呼和浩特，内蒙古大学出版社，2003。

⑤《蒙古民族通史》编委会：《蒙古民族通史》（1—5卷），呼和浩特，内蒙古大学出版社，2002。

⑥［蒙古］宝力格：《宗教》（蒙古文），呼和浩特，内蒙古教育出版社，2003。

表现上，在重点突出蒙古族萨满教和佛教信仰的同时，对蒙古民族历史上曾经信仰或接触过的其他宗教类型也进行介绍，从历史的序列上揭开蒙古民族宗教信仰的基本面貌和丰富内涵，对宗教文化在蒙古族传统文化中的地位给予充分肯定，展示了蒙古族宗教信仰的文化品位，有许多独到的见解。上册主要是蒙古萨满教部分，作者对蒙古萨满教的起源、沿革、职能、神灵系统、祭祀风俗、萨满服饰、法器及萨满教文学做了系统阐述。另外，对蒙古民族在历史上曾经信奉或接触过的基督教、伊斯兰教、道教、犹太教、摩尼教以及成吉思汗的宗教政策和蒙古地区的宗教斗争，也做了比较全面的论述。下册是蒙古族佛教部分，内容主要涉及佛教在蒙古地区的传播、“三宝”、佛教教义、佛教部派、佛教改革、寺庙经济、神佛系统、佛教文学、佛教文献及翻译、佛教史学和佛教风俗等。《宗教》一书是一部在宗教研究领域首次对蒙古族宗教信仰进行全面而系统研究的学术著作。

归纳起来，以往的研究大多关注蒙古族传统的萨满教和藏传佛教的历史方面，还没有在宏观的社会背景下，对宗教信仰的演变过程进行系统说明。

（二）论文方面

在蒙古族宗教研究方面，20 世纪 80 年代以来，有大量学术论文发表。有关藏传佛教方面的研究最多，也最有成就。

在宗教与民族关系问题上，唐吉思先生的论文很有分量：《藏传佛教对蒙古族民间宗教的影响》[①]、《藏传佛教对蒙古族民间信仰习俗的影响》[②]、《藏传佛教对蒙古族家庭伦理的影响》[③]、《藏传佛教因果报应观对蒙古族道德观的影响》[④] 等系列论文对藏传佛教与蒙古族宗教文化、信仰习俗、道德观念等问题进行了深入探讨。还有王勋铭的《谈解放后内蒙古喇嘛教制度的改革》[⑤] 一文，值得注意。蒙古国学者 SH · 比拉（Sh. Bira）著、斯林格翻译的《蒙古佛教历史概要》[⑥]，2001 年发表于《蒙古学信息》，具有一定的参考价值。蒙古族藏传佛教方面的论文较多，在此恕不详谈。

基督宗教和伊斯兰教方面，邢亦尘的《试论基督教在蒙古民族中的传播》[⑦]、《内蒙古文史资料》上刊发的王学明的《天主教在内蒙古地区传教简史》[⑧]、曹毅之的《内蒙西部地区基督教之沿革》[⑨]、内蒙古天主教爱国会所藏常非撰写的《天主教绥远教区传教简史》[⑩]（抄本）、乌恩在《蒙古学信息》上发表的《基督教在蒙古族中传播的若干问题》[⑪] 等论文学术价值较大。《内蒙古穆斯林》

① 唐吉思：《藏传佛教对蒙古族民间宗教的影响》，载《西北民族大学学报》，2002（4）。

② 唐吉思：《藏传佛教对蒙古族民间信仰习俗的影响》，载《西北民族大学学报》，2004（1）。

③ 唐吉思：《藏传佛教对蒙古族家庭伦理的影响》，载《西北民族研究》，2003（1）。

④ 唐吉思：《藏传佛教因果报应观对蒙古族道德观的影响》，载《青海民族学院学报》，2004（1）。

⑤ 王勋铭：《谈解放后内蒙古喇嘛教制度的改革》，载《内蒙古社会科学》，1995。

⑥［蒙古］SH · 比拉（Sh. Bira）著，斯林格译：《蒙古佛教历史概要》，载《蒙古学信息》2001（1）。

⑦ 邢亦尘：《试论基督教在蒙古民族中的传播》，载《内蒙古社会科学》，1990（6）。

⑧ 王学明：《天主教在内蒙古地区传教简史》，载《内蒙古文史资料》，第 22 辑。

⑨ 曹毅之：《内蒙西部地区基督教之沿革》，载《内蒙古文史资料》，第 23 辑。

⑩ 常非：《天主教绥远教区传教简史》（抄本）。

⑪ 乌恩：《基督教在蒙古族中传播的若干问题》，载《蒙古学信息》，2003（2）。

上连续刊载的《阿拉善草原上的蒙古族穆斯林》[①]对内蒙古西部阿拉善盟延续至今的蒙古族穆斯林的历史渊源与信仰状况进行了系统梳理。

萨满教和民间信仰方面，色音博士在田野调研的基础上撰写大量论文，其中《论北方少数民族萨满教的历史变容》[②]、《萨满教与北方少数民族的环保意识》[③]、《萨满教与北方少数民族的人生礼仪》[④]以及《萨满教与北方少数民族帝王》[⑤]等有关萨满教研究的系列论文，成为本人了解蒙古族萨满教的重要参考资料。

（三）存在问题

以往研究成果尤其是专题著作为本人的研究提供了许多有益的借鉴。同时，本人也注意到这些研究成果的局限性，归纳起来有以下几点：1. 内容的单一性。蒙古族宗教类著作大多仅讲佛教史，忽略了蒙古族基督教、伊斯兰教及萨满教信仰问题，只有前面提到的《宗教》（蒙古文）一书内容比较全面，由于此书以蒙古文撰写，一定程度上影响了部分阅读群体。2. 地域的局限性。大部分只涉及内蒙古地区的宗教状况，忽略了其他蒙古族地区。3. 多谈历史事实，较少历史与逻辑的结合，有些内容重复，一些

① 安迪扎 · 孟和:《阿拉善草原上的蒙古族穆斯林》,载《内蒙古穆斯林》,2003（1）、2004（1）。

② 色音:《论北方少数民族萨满教的历史变容》，载《内蒙古社会科学》，1999（7）。

③ 色音:《萨满教与北方少数民族的环保意识》，载《黑龙江民族丛刊》，1999（2）。

④ 色音:《萨满教与北方少数民族的人生礼仪》，载《青海民族研究》，2001（5）。

⑤ 色音：《萨满教与北方少数民族帝王》，载白庚胜、郎樱主编之《萨满文化解读》，北京，宗教文化出版社，2004。

观点略显陈旧，缺少新意。4. 多谈历史，不谈或少谈现状，几乎没有涉及中国改革开放30年的宗教信仰现状和问题。

三、研究方法与难点

（一）研究方法

本书以近现代蒙古民族的宗教历史演变为选题，这决定了该题目所涵盖的内容较多、时间跨度较大。而对于一个民族宗教演变历史的把握，单靠一种历史学的方法显然是不够的。要从整体上理清蒙古族近现代宗教信仰的演变历史，必须综合历史学、宗教学、政治学、哲学等研究方法，运用历史和逻辑相统一的原则，以宗教史的演变为线索进行综合分析，结合历史文献和田野调研资料进行系统梳理和深入研究。

在资料搜集和整理方面，本人力求历史文献、最新论著、研究论文、调研资料同步进行，交叉印证。由于史料多寡不一，精粗各异，不仅加大了课题的研究难度，也造成本书诸章轻重不一的状况。本着就体裁衣的态度，我把研究重点放在藏传佛教方面，以突出藏传佛教与蒙古民族的互动关系。

为了实地了解蒙古族宗教信仰现状，完成“近现代蒙古族宗教信仰的演变”这一课题，2004年和2005年暑期本人到内蒙古地区进行民族宗教调研。走访了所到各地民族宗教局、统战部及十几座重要寺院，利用参观和访谈等形式，搜集到了大量相关资料。

2004年7月，本人参加由国家民委民族问题研究中心组织的“中国少数民族宗教信仰现状”的调查，到内蒙古鄂尔多斯市、呼和浩特市、包头市进行宗教现状调查，对内蒙古地区民族宗教的总体情况有了一定的了解，撰写了《内蒙古民族宗教信仰调查报告》①。

2005年7—8月的暑期调研是围绕几个重点目标展开的，具有个案调查研究的性质，行前即选择了几个调查重点：1. 鄂尔多斯市鄂托克前旗城川镇天主教堂，这是目前内蒙古地区乃至世界上唯一的蒙古族天主教徒集中的地方。要了解蒙古族天主教信仰现状，这里可以说是唯一的选择。2. 包头市梅力更召。梅力更召曾是内蒙古西部地区的一座学问寺，作为佛教文化与蒙古族本土文化结合的产物，梅力更召的主要特点是将藏文佛教经典译成蒙古文并用蒙古文诵经。它是中国目前唯一的仍以蒙古文诵经的藏传佛教召庙。其存在意义已经超越了宗教本身，成为重要的民族文化遗产，值得关注。3. 通辽市库伦旗的主要寺庙。库伦旗是清朝至民国时期内蒙古地区唯一的喇嘛旗，曾实行了近300年政教合一统治。1931年政教合一制度结束以后的情况尤其是本人调研的重点。②返校后，撰写了《内蒙古民族宗教调查报告（2005）》。遗憾的是，熟悉锡勒图库伦喇嘛旗现代状况的人很少，了解的信息非常有限，这当然也为今后深入研究留下了空间。

这些调研工作增加了本人对内蒙古地区宗教状况尤其是蒙古族宗教信仰的直观感受和体验，积累了诸多第一手资料，为本书

①《内蒙古民族宗教信仰调查报告》，收录于《中国少数民族宗教信仰调查报告》。

② 清代在蒙古地区总共设有7个喇嘛旗。其中5个在今蒙古国，1个在青海省，只有锡勒图库伦喇嘛旗在内蒙古。实行了近300年的政教合一统治，直至1931年国民政府取消政教合一制度。

撰写提供了实证支持和心理准备。

在写作过程中，笔者力求在蒙古民族近现代史的宏大背景下，依赖翔实的文献资料，以宗教学、历史学、政治学、哲学的学术视野，凭借本人对蒙古族宗教的理解和感悟，梳理近现代蒙古族宗教信仰的历史演变脉络。

（二）撰写难点

自从确定了研究方向和题目，研究难点就随时困扰着我。具体说来，有以下几点：

1. 蒙古族现代宗教史研究文献不多，也不够全面。尤其是蒙古族基督宗教史、伊斯兰教史方面的文献资料相当零散。而在杂多的调研材料中梳理有价值的信息是非常劳神费力的事情。

2. 如何把握蒙古民族宗教与蒙古地区宗教的关系问题，较准确地把蒙古族宗教问题从蒙古地区宗教史中剥离出来也比较困难。

3. 民族宗教理论研究的滞后性常常使我感觉蒙古族宗教信仰演变这一课题似乎还需要理论的提炼。

4. 对宗教政策和地方宗教的状况把握不够。由于民族宗教问题的敏感性和复杂性，加之我的调研时间较短，投入不多，尽管获得一些调研资料，但内蒙古地域广大，宗教类型众多，所得不免挂一漏万，顾此失彼。

5. 本人的学识积累还很不够。从哲学到宗教学的学科跨越也需要一个过程。驾驭这样一个课题难免感觉有些力不从心。

四、突破与创新

尽管遭遇很多麻烦，本人还是完成了课题写作。与以往的蒙古族宗教问题研究相比，本书在以下几个方面有所突破。

1. 从写作方法上，力求在理清史料过程中，不是局限于单纯的民族宗教发展史，而是历史描述与分析论证相结合，文献资料和田野调查相结合，史论相得益彰。

2. 在内容方面，着重从蒙古民族与宗教的互动关系出发，把蒙古族宗教信仰放在近现代蒙古民族历史发展的宏观背景下进行考察，重点对蒙古族与藏传佛教的互动关系进行研究，同时也对蒙古族的萨满教、基督教、伊斯兰教信仰情况进行论述，力图展现蒙古民族宗教信仰的多元格局。

3. 从涵盖的时间上，突出了近现代蒙古族宗教信仰的演变脉络，尤其是对现代蒙古族宗教信仰状况进行概述，这是一个目前尚无人触及的问题。在本书第六章“新时期蒙古族宗教信仰问题”中，本人主要从实际调研所掌握的情况和资料出发，用事实说话，在对新时期蒙古族宗教信仰状况述描的基础上，总结归纳新时期蒙古族宗教信仰的特点和存在的问题，并对重建民族信仰进行了展望。

第一章
蒙古族对藏传佛教的历史选择

13 世纪中叶，藏传佛教始入蒙古地区，并逐渐在皇室及上层社会的传播，当时主要是以大都为中心，所以佛教在宫廷中的影响日益加深。元朝统一中国后曾一度将之立为国教，呈一时之盛。然而，当时广大的蒙古民众依然信奉传统的萨满教，藏传佛教在蒙古族中的传播范围非常有限而未能深入民间。1368 年，元顺帝退居塞北，国师并未随行，藏传佛教在蒙古社会失去了精神支柱和信仰基础，因此，随着元朝灭亡和蒙古本土的闭锁，佛教也随之销声匿迹。直到 16 世纪晚期，藏传佛教才再次传入蒙古地区。

一、藏传佛教的再次传入与普及

北元俺答汗时期[①]，藏传佛教格鲁派（黄教）[②]再次传入蒙古地区，迅速在蒙古社会中蔓延。有关藏传佛教格鲁派与蒙古社会发生联系的历史，《清史稿》第525卷有这样的记载：

> 达赖第一辈曰罗伦嘉木措，吐蕃赞普之裔，世为番王。二十岁至前藏，宗喀巴以为大弟子，年八十四。第二辈曰根登嘉木错，在后藏札朗转世，登布达拉、色拉、扎什伦布讲经之坐[座]，年六十七。三辈曰锁南嘉木错，为达赖着最著名者。置第巴，代理兵刑赋税。弟子称呼图克图，分掌教化。时黄教尚未行于蒙古。元裔俺答兼并诸部，侵略中国，用兵土伯特，收阿木多、喀木康等部落。年老厌兵，纳其侄博硕克济农谏，往迎达赖，劝之东还。自甘州移书张居正，求通贡馈。万历年，遂纳锁南嘉木错之贡，予封赉。达赖应俺达之迎，至青海，为言三生善缘。诸台吉言："愿自今将涌血之火江，变溢乳之静海。"俺达许立庙，一在归化城，一在西宁，于是黄教普蒙古诸部。[③]

1578年，俺答汗会见格鲁派领袖索南嘉措于青海仰华寺（察布齐勒庙）。俺答汗和索南嘉措商定了修建召庙、翻译经典、颁行戒律的具体协议。双方互赠尊号。俺答汗赠索南嘉措"圣识一

---

① 1368年，朱元璋在南京建立明朝，遂派大将军徐达等北伐，攻入大都，元顺帝妥欢帖木尔退居至元上都，后在应昌执政，史称北元。

② 藏传佛教在蒙古族地区俗称喇嘛教，明末至清代在蒙古地区广泛传播的是藏传佛教格鲁派又被俗称为黄教，为了规范起见，本文中沿用藏传佛教这一提法。

③ 赵尔巽等撰：《清史稿》卷五百二十五《西藏传》，北京，中华书局，1976。

切瓦齐尔达喇达赖喇嘛”尊号。从此，索南嘉措的活佛转世系统就被称为达赖喇嘛活佛系统。1580年，归化城（今呼和浩特）建成了第一座召庙——无量寺，即呼和浩特现存的大召。到17世纪上半叶，黄教成为蒙古全民信奉的宗教，其势力已经从俺答汗控制的蒙古右翼（土默特、鄂尔多斯部）地区深入到漠南、漠北和漠西等广大蒙古地区。俺答汗肯定不会料到，藏传佛教的传播对以后蒙古族历史文化的影响是多么深远。

明末清初的战乱曾使漠南蒙古地区的黄教一度有所衰落。但清朝建立后，利用藏传佛教作为怀柔蒙古的工具，特别予以倡导和保护，“盖以蒙古奉佛最信喇嘛，不可不保之，以为怀柔之道也。”乾隆帝直言不讳地指出：“本朝之维持黄教，原因众蒙古素所皈依，用示尊崇为从宜从俗之计”，“因其教不易其俗，使人易知易从。”因为“对帝王的政治谋略而言，巧妙地利用这种既成的现有组织力量很重要。如果帝王们企图推行一种新秩序，首先必须从旧的秩序中去寻找他所需要的传统力量，否则他会遭到从旧秩序中获取利益的人们之反抗。”①

经顺治至乾隆一个半世纪的优礼，藏传佛教地位日崇，影响渐大，在蒙古地区迅速发展到前所未有的规模。表现为：

（一）寺庙数量迅速增加。清代蒙古地区究竟有多少寺院，史料上并没有系统记载。据《西藏和蒙古的宗教》提供的资料，19世纪，仅漠南（内蒙古）地区即拥有寺庙千余座，归化城及其

① 色音：《萨满教与北方少数民族帝王》，205页，载白庚胜、郎樱主编之《萨满文化解读》，北京，宗教文化出版社，2004。

周边地区作为佛教中心，曾有众多召庙，即民间所谓“七大召，八小召，七十二个免名召”。鄂尔多斯准格尔旗“大小寺庙约有30所”，青城土默特地区“大小寺庙约有70所”，真可谓“寺庙林立，僧众遍布”。

（二）与众多寺庙的建立相一致，清代蒙古地区喇嘛人数众多。为了鼓励蒙古人出家当喇嘛，清政府采取了一系列优待政策。封赏名号、经济支持、免除兵役和徭役等等。根据《钦定理藩院则例》记载，在清朝道光时期，蒙古地区拥有呼图克图称号的大喇嘛就有数百人，仅内蒙古地区就有157人，中下层喇嘛数十万人，“男三者一人为僧”。从上层王公到下层牧民，男子都以出家当喇嘛为荣，一子成僧，九族生辉，空对尘世，梦幻来生。一般来说，大寺庙喇嘛成百上千，小庙也有几十人，重要的宗教中心更是喇嘛集中的地方。内蒙古乌兰察布地区寺庙数量最多，大约有三百多座。康熙年间建成的乌兰察布盟百灵庙在其极盛时期曾有喇嘛1700人。仅在鄂尔多斯地区，有呼毕勒罕[①]活佛17名，活佛99名，执事大喇嘛39名，德木齐大喇嘛429名，格斯贵大喇嘛429名，普通喇嘛17390名，总数在两万左右[②]。呼伦贝尔地区寺庙数量最少，也有40多座。

（三）藏传佛教在蒙古族社会普及的另一个表现是佛教的社会影响越来越大。如李安宅在《萨迦派喇嘛教》中说：“喇嘛教是蒙藏社会最为有力的社会制度，其功能非只限于宗教范围以内，即在宗教范围以内，它的影响亦深入于人心，弥漫于人生各方面，

① 呼毕勒罕：转世之意。

② 梁冰：《鄂尔多斯历史管窥》，345页，呼和浩特，内蒙古大学出版社，1989。

非内地佛教所可比拟。何况说，它又是教育中心、经济中心、政治中心，一切舆论、价值、权衡的枢纽呢？故若不能了解喇嘛教，必不能了解蒙藏的社会生活。”①

藏传佛教传入蒙古社会即迅速传播发展开来，原因很多，主要有：其一，蒙古封建贵族的大力推崇。北元晚期蒙古地区的割据状况使统治阶级逐渐意识到，必须用一种有力的精神力量来安抚民众以巩固统治，经过改革的藏传佛教格鲁派正好适合当时蒙古社会之需要。其二，藏传佛教有关“轮回转世”、“因果报应”、“好生戒杀”等说教，对苦难中的人们是最好的抚慰。另外，正如佛教在传入西藏之初吸收藏族传统苯教的某些教义为其所用一样，藏传佛教也吸收蒙古族传统萨满教的一些仪轨为己所用，比如祭敖包、祭火等，使得藏传佛教更加适应蒙古族的习俗和民族心理。这一切为清朝宗教政策的制定和实行打下了基础。

二、清朝的宗教政策

清朝前期，藏传佛教在蒙古地区的迅猛发展固然有众多原因，但根本原因却在于清朝的民族宗教政策。如果说，元亡后至16世纪二百余年间几乎被蒙古人所遗忘的藏传佛教，能够再度传入蒙古并迅速发展是俺答汗以法律的形式强制推行的结果，那么，清廷利用藏传佛教统治蒙古的宗教政策则起了推波助澜的巨大作用。出于“兴黄教以安众蒙古”的统治目的，清政府采取了一系列制度和措施。主要包括：

---

①《边政公论》，第四卷第七期，11页。

(一)推行等级制度，封赏名号，保障喇嘛的特殊地位

在制订喇嘛等级制度方面，清政府既沿袭了藏传佛教旧制，又规定了新职衔。据《大清会典》记载：

> 凡喇嘛之道行高尚者，曰“呼图克图”，转世者曰“胡毕尔罕”，其秩贵者曰“国师”，曰“禅师”。其次者则曰“札萨克大喇嘛”，“副扎撒克大喇嘛”及“札撒克喇嘛”。又次者曰“大喇嘛”、“副喇嘛”、“闲散喇嘛”，上者给印，余再给答符[①]。

大体上说，上层喇嘛的职衔有五等：呼图克图、诺们汗、班第达、堪布、绰尔济[②]。名号有国师、禅师等，并有不同的册印。如达赖、班禅为金册、金印，禅师则为银册、银印。对某些地位崇高的大喇嘛还另外赏给各种封号，如清康熙年间（1706）赐章嘉呼图克图为“灌顶普善广慈大法国师”，特准其享受“紫禁城内赏用黄车”。封哲布尊丹巴呼图克图为“敷教安众大喇嘛”，特准其“支搭黄布城、乘坐黄车、黄轿”的待遇等等。

为此清廷还制定了《呼图克图职衔、名号定制》和《呼图克图等印信、册命、敕命定制》。在《呼图克图职衔、名号定制》中规定：

“凡呼图克图、诺们汗、班第达、堪布、绰尔济，系属职衔，国师，禅师系属名号。该呼图克图等除恩封国师、禅师名号者准

①《大清会典》。

②“呼图克图”乃藏语之音译，义为“圣者”，系对活佛的尊称，蒙古文“呼图克图”则有“福禄”之义；“诺们汗”乃藏语“法王”之义；“绰尔济”乃藏语“法主”之义。

其兼授外，概不得以呼图克图兼诺们汗、班第达、堪布、绰尔济等职衔，亦不得以国师兼禅师名号[①]”。

《呼图克图等印信、册命、敕命定制》规定：

“达赖喇嘛、班禅额尔德尼、哲布尊丹巴呼图克图，如蒙恩赏给册印，其册印均用金。其达赖喇嘛历世所得玉印玉册，只准敬谨尊藏，非特旨不准擅用。其余各呼图克图等，如恩封国师名号者，印册均用银镀金；恩封禅师名号者，印用银，颁给敕书。”[②]

康熙朝以后，在蒙古各地相继指认和确立了一批呼图克图，并赐予不同等级和名号。如归化城的席力图呼图克图、阿拉善的达克布呼图克图、五当召的洞科尔班智达呼图克图等等，进入理藩院档册的呼图克图就达 160 人之多。

在寺院内部，喇嘛也有严格的等级。在《蒙古律例》中甚至对喇嘛出行衣着之类细节，都不惜用法律的重要文字加以规范，足见当时的清廷对黄教的重视程度。

（二）设置喇嘛旗，授予宗教上层人物以世俗政治权力

为了扩大喇嘛教的政治影响，提高喇嘛教上层人物的政治地位，清廷授予蒙古地区喇嘛教一些首领人物与世俗封建主享有同等的政治权力和地位，确认其封建特权。《钦定理藩院则例》规定：“喇嘛之辖众者，令治其事如札萨克”。为此，清廷于 1667

① 故宫博物院编：《钦定理藩院则例》，卷五十六《喇嘛事例》，海口，海南出版社，2000。

② 故宫博物院编：《钦定理藩院则例》，卷五十六《喇嘛事例》，海口，海南出版社，2000。

清顺治年间兴建的库伦旗兴源寺主殿（2007 年摄）

年批准一些大喇嘛或大寺庙的领地，建制喇嘛旗制度。清代在蒙古地区总共设有七个喇嘛旗，即内蒙古的锡勒图库伦喇嘛旗和喀尔喀蒙古的哲布尊丹巴呼图克图旗、额尔德尼班第达呼图克图旗、札雅班第达呼图克图旗、青苏珠克图诺们旗、那鲁班禅呼图克图旗及青海的察汗诺们罕旗。其中五个在喀尔喀蒙古（今蒙古国），一个在青海，一个在内蒙古。喇嘛旗是建立在大寺庙领地上的特殊旗，喇嘛旗的地位与政治权利，同札萨克旗相同，规定喇嘛札萨克享有特殊的权力，除了军事事务外，所有宗教事务及领地内的行政、民事、税收、经济等事务，都由寺庙札萨克大喇嘛全权处理，实行政教合一的管理制度。

《钦定理藩院则例》卷五十六规定：掌印札萨克达喇嘛（俗称喇嘛王），由理藩院直接任免，兼行政长官与宗教领袖于一身。其下设辅佐管理政教事务的札萨克喇嘛、掌管全旗政务的德木齐和博什格以及主要掌管寺庙事务的格斯贵等各级官职。喇嘛旗作为实行了政教合一制度的札萨克旗，其统治机构和官职设置，适于政教合一制度的实际，同其他札萨克旗有所不同。札萨克达喇嘛的权力包括：1. 管理全旗旗民和哈里雅特的行政、财政、税收、民事、诉讼等事务。2. 管理寺庙和喇嘛。3. 管理民团。民团是维护社会治安的组织。4. 管理民事和诉讼案件。一般民事诉讼案件札萨克喇嘛自行处理。

锡勒图库伦喇嘛旗这种政教合一的管理制度一直延续到民国时期。1931年3月，蒙藏委员会呈报南京国民政府核准，南京政府行政院于1931年3月29日公布了《卓索图盟锡勒图库伦旗政教分治办法》五条，取消锡勒图库伦旗政教合一制度，札萨克达喇嘛改任旗札萨克，废除了自康熙年间既已实行的喇嘛旗政教合一制度。

（三）经济上予以扶持，赏赐丰厚，广建寺院

出于扶植藏传佛教的目的，清政府不惜财力、物力，积极提倡兴建佛教寺庙。以1638年（崇德三年）皇太极在盛京建立实胜寺为开端，到1652年（顺治九年）顺治皇帝在北京建立接待五世达赖喇嘛的西黄寺，及至康熙、雍正、乾隆诸朝，清朝前期在蒙古地区的寺庙建设方面，投入之大，赏赐之丰，建庙之多，可谓空前。在全国各地，以北京为龙头，以热河（今承德）为中心，在内蒙古地区，以归化城（呼和浩特）、多伦诺尔（多伦县）为中心，从阿拉善到呼伦贝尔草原，整个蒙古高原，兴建寺庙可以说达到了非常狂热的程度。如在多伦诺尔地区，清政府先后拨款修建了汇宗寺、善因寺、会心寺等大庙以及十五座附属寺庙。这里设有内蒙古宗教领袖章嘉呼图克图掌管的“多伦诺尔喇嘛印务处”，以及驻京和内蒙古各地大呼图克图的驻庙（称仓）。因此，多伦诺尔实际上成为内蒙古地区的宗教中心。归化城的寺庙更多，

以至被称为“召城”，其中，除了无量寺（大召）等少数寺庙外，大多数兴建于清代。这些寺庙，或宏伟壮观、或华丽多彩、或金碧辉煌，无不耗费巨额资金。为此，清政府多次从国库中拨出巨额资金，支持建庙。清朝皇帝还以御赐寺名、匾额的形式鼓励蒙古地区兴建寺院。蒙古各旗凡建立 50 间以上的庙宇，如请奏御赐寺名时，可由理藩院奏请皇帝赐给名号。因此，清代蒙古地区所建的比较著名的寺院几乎都有皇帝赐予的寺名，如汇宗寺、瑞应寺等等。

据乔吉所著《内蒙古寺庙》介绍，内蒙古从清代至民国共建寺庙 1200 多座，清朝末年，内蒙古平均每旗约有寺庙三四十座。还有一份统计资料认为，至清朝嘉庆年间，内蒙古地区共有寺庙 1800 余座。由于统计年代、研究者所依资料及标准不同而出现数字上的差别，统计似乎不够准确，然而，从这些数字我们也不难了解清代内蒙古佛寺的大致情况。

（四）设立理藩院，规范并强化宗教管理

清政府在扶植蒙古地区黄教的同时，又加强对宗教的管理。早在 1636 年(崇德元年)即设置蒙古衙门，专管蒙古事务。1638 年，将蒙古衙门改为理藩院，并扩大了机构编制。1661 年（顺治十八年），又将理藩院升格，使之与中央六部地位同等，代表中央政府全权管理蒙藏事务和宗教事务，具有行使立法、监督和颁布行政命令的权利。把各地藏传佛教的管理权统归中央理藩院，使宗教管理走向法律化。《钦定理藩院则例》中专门规定《喇嘛禁例》，作为管理喇嘛的法规颁行蒙古各地。规定寺院不得私自增加喇嘛

徒众，喇嘛不得私自容留游方僧人，违者治罪。康熙年间还规定蒙古人出家为僧，必须先开具姓名，造册送理藩院，违者以隐丁论罪。禁例中还专门列有规范喇嘛品德、行为方面的条文。

对于宗教势力膨胀造成的潜在威胁，清廷也及时遏制。为了限制宗教上层势力的增长，雍正时期开始陆续在哲布尊丹巴、章嘉活佛等处设置商卓特巴（又称沙毕衙门），负责管理行政司法等事务，掌管活佛所属徒众。另外，修改活佛转世办法。蒙古地方活佛转世，须经清朝政府同意，按金瓶掣签法办理。哲布尊丹巴呼图克图不得转世在蒙古贵族之家。札萨克所奉活佛转世，不能赴藏办理者可在京师雍和宫办理，由理藩院大臣监督。

（五）免除喇嘛的兵役、赋税、劳役及其他各种杂役

按照清朝的规定，出家喇嘛不承担世俗的兵役和各种赋役。沙毕纳尔是寺院的属民，世代为寺院服务，也不承担世俗劳役。非但如此，理藩院管理的一些寺庙喇嘛，由内蒙古各旗按人数定员选送，其生活费全部从国库中按定额支付。如康熙六十年规定：北京各寺庙常住喇嘛为938名，每年支付生活费13175两银子。

纵观有清一代的宗教政策，尤其是对藏传佛教的政策，总是以众多优待怀柔政策达到控制、限制之目的，借扶持藏传佛教之名，行安定蒙藏之实。从喇嘛封号的册封、喇嘛旗的设置、经济上的扶持、理藩院的设立以及不同于内地的管理方式，这一切都不过是清王朝通过扶持藏传佛教进而控制蒙古地区的一种手段，或者说是“以蒙古部落为屏藩”的战略构想的一个环节而已。清人所著《啸亭杂录》道出了问题的实质：“国家宠信黄僧，并非

崇奉其教以祈福也。只以蒙古诸部敬信黄教已久，故以神道设教，藉仗其徒，借使诚心归附，以障藩篱。”此言至矣！

三、寺院经济的发展

任何宗教的传播和发展都离不开经济基础的支持。宗教在其产生发展的过程中，其组织、活动场所、宗教仪轨等都不能脱离一定社会的经济基础而独立存在。虽然各大宗教几乎无一例外地都把对财富的占有视为万恶之源，提倡信徒当不为物质欲望所累，然而，当面对生存和发展的客观现实时，又不得不依靠一定的物质经济条件，因此，寺院经济的存在和发展成为必然。

所谓寺院经济，即是以寺观教堂为主体，围绕寺观教堂而形成的物质财富运行机制。历史表明，宗教越是受到统治阶级的重视，寺院经济也就越发达。在清代蒙古社会，寺院经济的形成有其深刻的社会政治和经济根源。清朝不仅在政治上极力扶持藏传佛教，在经济上也给宗教以巨大支持。清朝前期蒙古地区寺院数目急剧增多，寺院规模达到空前水平，而如此数量庞大、规模空前的寺院需要大量物资、巨额经费才能维持。当时寺院经济由生产资料（包括土地、牧场、牲畜等）、劳动力以及佛事活动的收入（银钱、财物等）构成。“每座寺院都代表着一个自我封闭的经济团体（寺庙公家）。通过继承而获得的或始终都由它掌握的所有财产都完全属于居住于其中的僧众。”①据清光绪年间统计，以喀尔

---

①［意］图齐、［德］海西希著，耿升译，王尧校订:《西藏和蒙古的宗教》，203页，天津，天津古籍出版社，1989。

喀蒙古地区的哲布尊丹巴呼图克图为首的各大寺院拥有牲畜多达14万头（只）。而当时喀尔喀蒙古地区最富有的王公贵族拥有的牲畜也不过5万头（只）左右。内蒙古地区各大寺庙及呼图克图、葛根等宗教上层拥有的财产，也远远超过各旗王公贵族的财产。由此看来，在清代蒙古社会，宗教上层喇嘛成为各地区最富有的阶层。就其财产的来源看，主要包括如下几个方面：

(一) 清朝皇帝的赏赐

清廷给大寺庙、呼图克图、葛根（活佛）等赏赐阿勒巴特（属民）、耕地、牧场、银钱、粮食等，以示对佛教的支持和鼓励。有的是清廷直接赏赐的，有的则是在清廷指意下赠送的。为了政治、军事方面的需要，清廷甚至直接从国库中支付银两，在北京、承德、五台山、多伦诺尔等地，修建规模宏大的寺庙，如呼和浩特的大召、小召、席勒图召；多伦诺尔汇宗寺、善因寺；哲里木盟锡勒图库伦庙、莫力庙；承德的外八庙等。哲布尊丹巴呼图克图、章嘉呼图克图等宗教上层人物，均可获得大批阿勒巴特、土地、牧场和牲畜等赏赐。清嘉庆年间规定：驻京喇嘛的待遇，根据职务、级别情况，以薪水形式按月发放。具体规定如札萨克大喇嘛可有随从格布楚然占巴20人，格隆6人，班弟6人，每月给银15两，米9石7斗5升，坐马4匹，乳牛3头，每月给料3石3斗，草210捆。如包头五当召所拥有的阿勒巴特户、大片土地、牧场、矿产等，就是通过理藩院和绥远将军衙门批准，由土默特旗、茂明安旗、乌拉特东公旗三旗之间的界地划给的。

（二）蒙古王公的赠产

蒙古王公贵族为了表示对藏传佛教信仰的虔诚，也经常向寺庙和高僧奉献财物，这也是寺庙经济的重要来源之一。他们把自己的阿勒巴特、土地、牧场、牲畜甚至金银财宝等奉献给寺庙或呼图克图和葛根。如哲里木盟莫力庙的大片牧场和阿勒巴特户就是达尔罕旗的王爷奉献给寺庙的。蒙古族王公贵族、富裕户常常把自己的土地、牧场、牲畜、财宝奉献给寺庙及大喇嘛，奉献牲畜者，少则几十几百头（只），多则几千头（只）也不在话下。把自己的土地、牧场、牲畜、财宝奉献给寺庙及大喇嘛，在当时既是积德，又是荣耀。

（三）呼图克图和葛根进行讲经等佛事活动的收入

呼图克图、葛根等上层喇嘛，不仅社会地位高，宗教修行亦很深厚，同蒙古王公贵族也保持着密切联系。由于蒙古族从王公贵族到普通信教群众，经常请呼图克图、葛根进行讲经、祝寿、祝福、追悼亡灵等佛事活动，信众根据自己的身份、财力状况进行布施。寺庙还按年、季、月举行规格不等的法会活动，期间信众在朝拜、乞愿的同时，奉献财物。如果是影响较大的呼图克图、葛根周游各地，举行大型讲经法会，前来叩头听经的信徒不计其数，所奉献的财物数量尤其巨大。

（四）化缘和募捐

喇嘛化缘是寺庙的重要收入来源，尤其是那些没有土地、牧场、牲畜的寺庙，化缘更是其主要财源。向信众化缘，名目繁多，只要寺庙有较大开支项目都是化缘的理由，比如修庙、举行法会、制作佛像、跳查玛、呼图克图或葛根转世、坐床、喇嘛晋升学位等等，不一而足。清朝末年，藏传佛教在蒙古地区呈现式微之态，政府的赏赐和王公的馈赠逐渐减少，因此，化缘所得即成为寺庙维持日常开支和喇嘛生活的主要来源。同样的情况，当寺庙遇到大型开支时，它们常以呼图克图或葛根的名义，给各旗札萨克王公发函或派专人前去，请求帮助。为寺庙募捐，各地根据情况奉献。一些影响大的寺庙和呼图克图、葛根，甚至派人跨旗、盟、省去募捐，这样的募捐所得往往超过化缘收入。1790 年制定的《三旗大法典》第一条，即规定"呼图克图葛根所往——无限供给大车、饩羊。拒绝给大车、饩羊者，即将全部财产归葛根官库，犯人及其生命交诺颜处置。"

（五）一般信徒的布施

信徒慷慨布施的机会很多。有时是祈求自己和家庭幸福平安健康；有时是祈求免除天灾人祸；有时是为祈求来世幸福超度亡灵；有时甚至只是为了解脱一时的困惑。当然；寺庙每月、季、年定期的大小法会，更是信徒布施的大好机会，庙会越隆重布施越多。清朝前期，寺院经济体系尚未形成，寺院基本上依靠信徒布施维持。

（六）商业经营

一般来说，寺庙不从事商业经营活动，但也有例外。如清代的锡勒图库伦喇嘛旗，由于实行政教合一制度的特殊性，在库伦旗形成以兴源寺、福缘寺、象教寺三大寺庙为中心的寺庙群，其间僧俗云集，成为内蒙古东部地区的商品集散地。最盛时期，库伦镇拥有商号 300 多家。在库伦镇、奉天、开鲁、奈曼等地开设商行多处，经营皮毛、绸缎、粮食等，曾有“日进斗金”之说，年收入达数百万银圆。

由于康熙年间多伦汇宗寺的兴建，在内蒙古草原上兴起了一座聚集了十几万内地商贾的多伦诺尔商贸城，“旅蒙商”从此发达起来，也表明了寺院经济的巨大辐射作用。

此外，构成寺院经济的最主要要素是沙毕纳尔，即劳动力。沙毕纳尔是寺院的属民，不承担世俗劳役，各大寺院都有相当数量的沙毕纳尔，世代为寺院服务。

在佛教兴盛时期，寺庙各项收入来源多，经济实力雄厚。当然，用以维持寺庙正常运转的各项开支，数量也相当大。主要包括：1. 喇嘛的钱粮。喇嘛的钱粮按喇嘛的职衔、职务确定份额，一般以寺庙的财力为依据，有财力的寺庙分配数额大，否则就少，但基本能够维持日常生活。2. 扎仓费用（即寺庙日常开支），有些喇嘛常年在扎仓学经，其生活需要靠寺庙支持。3. 法会经费，一般寺庙都有年会、季会、月会等法会，法会既是收入来源，也需大量开支。4. 兴建修缮寺庙费用，这是寺庙中一个大的开支项目，寺庙殿堂一般三至五年维修一次，有实力的寺庙甚至一年维修一次。5. 活佛转世、坐床、朝觐等费用。6. 购置法器、佛像等宗教用品的费用。这些方面构成寺院经济的有机组成部分。

通过清朝皇帝的赏赐、蒙古王公的馈赠、高僧大德讲经、喇嘛化缘募捐以及信徒的日常布施，寺庙拥有自己的土地、牧场和世代为寺院服务而不承担世俗劳役的属民，聚敛了大量财富，致使寺院经济迅速膨胀。寺院经济成为蒙古社会经济的重要组成部分。“对于蒙古人来说，喇嘛教从16世纪起越来越可观的发展导致了具有决定性意义的社会和经济结构的变迁。喇嘛教团形成了经济单位，它的诞生就意味着蒙古人与古老经济制度的第一次深刻决裂。”[①] 晚清时期，在喀尔喀蒙古地方，一些旗甚至要征收所属寺院的财富以补贴王府的开销。寺庙经济的迅速发展，导致上层喇嘛政治权力逐步扩大，在政治关系的层面上，对清朝统治构成一种不容忽视的潜在威胁。当统治者意识到这个问题时，采取相应的措施加以抑制必然提上日程。

四、寺院大活佛系统的形成与抑制

转世制度是在佛教传播和发展过程中，根据佛教“灵魂转世”、“生死轮回”的学说，为了解决宗教和寺庙首领的继承人问题而设立的一种制度。佛教的转世制度历史悠久，在佛教产生初期既已出现，以师徒传承和家族世袭为主要形式，但未形成宗教领袖般的巨大影响。藏传佛教正式形成转世制度，始于13世纪的噶举派，为后来格鲁派活佛转世制度作出了范例。15世纪宗喀巴创立的格鲁派兴起后，整顿戒律，严禁喇嘛娶妻生子，采用转世制度解决宗教首领的继承问题，16—17世纪先后形成了达赖喇嘛和

①［意］图齐、［德］海西希著，耿升译，王尧校订：《西藏和蒙古的宗教》，396页，天津，天津古籍出版社，1989。

班禅额尔德尼两大活佛转世系统，成为藏传佛教与其他佛教系统区别的主要标志之一。

（一）蒙古地区寺院大活佛系统的形成

藏传佛教活佛转世是一个关系到宗教的传承和信仰权威确立的重大问题。为了保证黄教的顺利传播，防止寺院财产的外流，加强对蒙古地区的有效管理，蒙古地区客观上也需要自己的宗教领袖，即活佛转世系统。清代藏传佛教在蒙古地区走向全盛的突出标志，就是哲布尊丹巴呼图克图和章嘉胡图克图系统的形成。

哲布尊丹巴是清代蒙古喀尔喀部（今蒙古国）最大也是最重要的藏传佛教格鲁派转世活佛，这一活佛转世系统对蒙古各部的历史发展和蒙藏宗教文化的影响不仅延续于整个清代，而且在近代中国史上也有相当的影响。

16 世纪末，蒙古喀尔喀部与藏传佛教发展关系的代表人物是阿巴岱汗。[①]1581 年，一些商人自漠南蒙古来到喀尔喀部，他们带来蒙古土默特部请来了藏传佛教“巴克师”（法师）的消息。于是阿巴岱汗也产生了在自己的部众中发展佛教的念头，遂派遣阿拉格、塔尔罕二人作为特使前往土默特部迎请藏传佛教高僧到喀尔喀传教。当时，土默特部俺答汗已经 75 岁高龄，闻知此事，立即派萨玛拉囊苏喇嘛随使者去喀尔喀地区传教。自此，藏传佛教始在喀尔喀部复兴。

① 16 世纪末，蒙古地区处于封建割据状态，各部自立其汗，各自为政，喀尔喀部是阿巴岱汗。

至于阿巴岱汗与三世达赖喇嘛索南嘉措会面的时间，史书上有两种记载。《蒙古源流》记载为1587年三世达赖喇嘛在土默特部时，当时蒙古各部领袖人物前来拜见的很多，阿巴岱汗即是其中之一。另据《蒙藏佛教史》载，三世达赖喇嘛于1577年到达土默特部传教时，阿巴岱闻讯赶来与三世达赖喇嘛会见，并从达赖喇嘛处领受了一部分经典，回到喀尔喀部后，很快得到了部众的信赖，并有了“斡齐赉巴图汗”的称号。据考证，1577年达赖喇嘛尚未到达土默特部，这后一记载把1587年会面的事情上推了十年，时间上出现了误差。[①]

1614年，应喀尔喀蒙古汗王之邀，西藏觉囊派僧人多罗那他来到库伦传教，被尊之为“哲布尊丹巴”，“哲布尊丹巴”是藏语的音译，意为“尊贵的圣人”。他于1634年去世，恰好1635年土谢图汗衮布生有一子，即被指认为多罗那他转世，是为哲布尊丹巴一世。哲布尊丹巴一世后来入藏学法，1649年改宗格鲁派。蒙古人又称之为“温都尔葛根”。据《哲布尊丹巴传》记载：

> 为众生安乐之故，垂询众喀尔喀人之意，众喀尔喀人皆曰：“愿我光明喇嘛示一平安康乐之途。”因谓：“北方名俄罗斯之黄契丹可汗之朝，虽云康平大国，而佛法未兴，衣襟左向，不可与之。南方黑契丹（指满族）可汗之朝，平安康泰，且佛法流通。”……故（喀尔喀之众）前往归附满洲大可汗，佛法振兴，仓廪丰盈，恩赐礼仪并举，遂享康乐安宁。[②]

① 陈庆英、金成修：《喀尔喀哲布尊丹巴活佛转世的起源新探》，载《青海民族学院学报》，2003（7）。

② 成崇德、申晓婷译：《哲布尊丹巴传》，载《清代蒙古高僧译辑》。

可见，在喀尔喀部内附问题上，哲布尊丹巴起到了决定性作用。康熙三十年（1691），由于哲布尊丹巴一世反对准格尔部噶尔丹的抗清战争，劝说喀尔喀各部贵族参加多伦诺尔会盟，归顺清朝有功，康熙皇帝封他为“呼图克图大喇嘛”，管理喀尔喀蒙古藏传佛教事务。清廷正式承认了哲布尊丹巴在喀尔喀（漠北）蒙古的宗教领袖地位。雍正即位伊始便宣谕旨：“呼图克图非寻常僧人比，朕亲往悬帕供茶，以尽朕心。将此旨传谕喀尔喀汗王台吉及呼图克图属人等知之。”如此之高的评价无疑更加提高了哲布尊丹巴活佛在喀尔喀地区的威望。哲布尊丹巴活佛驻锡庆宁寺，至清末民初，其转世系统共传八世。

根据章嘉呼图克图源流记载，此系统共转十九世。章嘉本是西藏萨迦派的转世活佛，受康熙皇帝册封之前，已转十三世。经班禅指认的阿格旺罗布桑却丹为十四世章嘉呼图克图。康熙四十五年（1706）受封“呼图克图”、“灌顶普善广慈大国师”，奉旨总管内蒙古佛教事务后，又转六世。因此，在蒙古地区活佛系统中，把第十四世章嘉活佛称为第一世章嘉呼图克图。

章嘉呼图克图系统在漠南蒙古的地位则完全是由清廷确立的。当看到哲布尊丹巴活佛正在走向一个集政权和教权于一身的领袖位置时，清廷有意扶植章嘉系统以分哲布尊丹巴系统作为蒙古地区黄教领袖的特权。1686 年，喀尔喀地区札萨克图汗和土谢图汗之间矛盾激化，清廷为安定北疆，派使节前去调解，章嘉活佛即在出使之列。此次调解使命顺利完成，为确立章嘉活佛以后的宗教领袖地位奠定了基础。1687 年，章嘉呼图克图应召到北京向康熙皇帝汇报调解情况，在京期间，章嘉朝拜各大佛教寺庙，举行法会，讲解教法，赢得了很高的声誉，得到朝廷的嘉奖和赏识。康熙三十二年（1693），清廷谕请十四世章嘉来京，驻锡法源寺，授“札萨克大喇嘛职”，管理北京各寺庙。次年“奉旨避暑口外，赏赐蒙古房屋驼马及各应用物件，为数甚多”。驻节京师两年。在清廷的支持下，他“经抵多伦诺尔以及长城各要塞。创修寺院于多伦诺尔，传教内外蒙古。寺成，各族喇嘛谓寺为宣扬黄教之大伽蓝（即佛寺，梵语），群赴寺中谢恩。”① 此后章嘉活佛声誉日隆，为他漠南黄教领袖地位的确立奠定了基础。康熙四十年（1701），康熙帝任命一世章嘉活佛阿格旺罗布桑却丹为“多伦喇嘛庙管喇嘛事务之札萨克喇嘛”，总管漠南（内蒙古）喇嘛教事务，自然成为宗教领袖。1706 年，康熙赐予他“普善广慈”名号，封为“大国师”，授八十八两金印。康熙五十二年（1713），康熙皇帝向章嘉呼图克图宣布：“黄教之事，由藏东向，均归你一人掌管。”从此，章嘉呼图克图成为八大禅师呼图克图的首席。

为了维护和巩固章嘉呼图克图的地位，雍正帝不惜耗资十万金为之兴建善因寺，作为十五世章嘉的驻锡之所，并亲自撰文：

> 章嘉呼图克图道行高超，证最上果。博通经品，克臻其奥，有大名于两域，诸部蒙古咸所尊仰。今其后身，秉质灵异，符验显然。且其教法流行，徒众日广。朕特行遣宫，发帑金十万两，于汇宗寺西南里许，复建寺宇，赐额曰：“善因”，俾章嘉呼图克图呼毕尔汗主持兹寺，集会喇嘛，讲习经典，广行妙法。蒙古汗、王、贝勒、贝子、公、台吉等俱同为檀

① 《蒙古民族通史》编委会：《蒙古民族通史》，第四卷第五章，呼和浩特，内蒙古大学出版社，2002。

美岱召泰和门 (2005 年摄)

始建于 1606 年的美岱召是藏传佛教再度传入蒙古地区的重要弘法中心 (2005 年摄)

越主人。前身后身敬信无二。自必率其部众，听从诲导，胥登衫域。

此后直至清末，历世章嘉都被清廷授予“灌顶普善广慈大国师”印，而且都曾担任京师的札萨克达喇嘛之职[①]。这样做的结果实际上是把蒙古地方分为漠南蒙古、漠北蒙古两部分，同时又册封了许多小呼图克图，进一步分割宗教领袖的势力范围，使之互不统属，甚至彼此矛盾，只能依附于中央。而“诸部蒙古台吉属下，永远崇奉欢喜，倍受蒸熏道化……”蒙古各部“自百年以来，敬奉释教，并无二法，谨守国典，妄敢陨越，不识不知，太和有象，朕每嘉焉”。

清代一部很有影响的地方志书《口北三厅志》，它的补著者黄可润在该书序言中写到：“昔以之为守者，今皆为我守，无所谓塞也，无所谓边也，即无所谓内外轻重也，呜呼此无形之长城也。”[②]极其确切地透视出汇宗寺在中国北部边疆史上的作用，就是一道“无形之长城”，也深刻地揭示了汇宗寺特殊的政治使命。

蒙古地区藏传佛教两大活佛系统的形成，事实上也分散和削弱了以达赖喇嘛为首的宗教领袖对蒙古地区宗教的控制，有利于加强清朝中央集权的力量，清廷多年的精心打造终于结成正果。

（二）寺院大活佛系统的抑制

历史的发展轨迹往往出乎人们的预料。清廷极力扶植和维护

① 札萨克达喇嘛：是直接行使政教两权的喇嘛，兼有教权和政权。

② 转引自任月海：《多伦汇宗寺》，北京，民族出版社，2005。

的大活佛系统影响不断扩大，有一呼百应之态，渐呈尾大不掉之势，这显然有违朝廷的初衷。乾隆三年（1737），哲布尊丹巴二世在得到清廷的正式册封后，倾心致力于振兴佛教。“于库伦设僧学院，以云敦绰尔济喇嘛充主讲，宏扬佛法，普济众生。四方善男信女来而贡献者不绝于途。重修额尔德尼召，建筑宏壮伽蓝，行庄严之仪式，大受人民之信仰。又以喀尔喀诸王之崇奉，以致风靡全蒙。”[①]与此同时，哲布尊丹巴二世的政治、经济影响亦在日益增加。所属沙毕纳尔数量大增，从僧（指徒众）总数达三万多人。

随着哲布尊丹巴呼图克图影响与日俱增，清廷意识到哲布尊丹巴活佛正逐渐成为集教权和政权于一身的领袖位置，乾隆帝对此深感不安。乾隆六年（1741），借口保卫哲布尊丹巴的安全，由清廷指派两名侍卫，谕令在哲布尊丹巴身边轮值当差，每年轮换一次，以期达到监视哲布尊丹巴呼图克图活动的目的。然而，哲布尊丹巴的崇高地位是在清廷扶植下确立的，其宗教影响力不可能轻易改变，限制也仅仅是在政治方面。

乾隆二十二年（1758），年仅34岁的哲布尊丹巴二世圆寂于库伦。哲布尊丹巴二世之死为乾隆帝实施改造、限制活佛系统提供了机会。其一，通过修改转世办法，禁止哲布尊丹巴呼图克图转世在蒙古人中，即由蒙古人改为藏族人，彻底清除任何形成政教一体势力的可能性，以免除后患。其二，通过一系列措施将漠北政教权力移至蒙古大臣，再由蒙古大臣移至满蒙大臣，最后集

① 释妙舟：《蒙藏佛教史》，影印本，第五篇，江苏广陵古籍刻印社，1993。

中到满洲大臣之手，逐渐剥夺了哲布尊丹巴活佛的世俗权力，降低活佛作为宗教领袖在世俗民众中的统治地位。

乾隆朝晚期，决定彻底改革大活佛转世办法，根除“蒙古呼图克图类多兄弟叔侄相承，且多出于蒙古汗王公贝勒子弟”之弊。于乾隆五十七年（1792）颁布了“金瓶掣签法”，该法规定：由清廷颁发两金瓶，一置北京雍和宫，一置拉萨大昭寺，凡在理藩院注册的藏传佛教蒙藏大活佛，如达赖、班禅、哲布尊丹巴、章嘉等转世时，均需将根据宗教仪轨寻得的若干“灵童”的名字写在象牙签上，置于金瓶中，由理藩院尚书在雍和宫或由驻藏大臣在大昭寺监督抽签掣定，遂成为定制。“金瓶掣签法”的颁布，成为藏传佛教宗教仪轨的关键环节。它首先体现了中央政权对活佛转世灵童正身的最高决定权和管理权，其次在宗教上体现依靠“神断”以确认转世灵童正身的公正性和合理性，把以往由护法神汉任意指认或摇“糌粑签丸”认定灵童正身的宗教仪轨加以提高，从而可以防止和杜绝受贿妄指和营私弄假等诸多流弊。“金瓶掣签法”的实行，意味着由蒙藏僧俗封建主垄断哲布尊丹巴活佛系统转世时代的终结。正如清代著名诗人查慎行所言：“西僧迎辇列香幡，击鼓吹螺动法门，香界从来知佛大，而今更识帝王尊”。然而，金瓶掣签制度颁布后，执行情况却时断时续。就哲布尊丹巴活佛系统而言，通过“金瓶掣签法”只有嘉庆二十年（1815）认定的第五世哲布尊丹巴呼图克图；而章嘉呼图克图系统也只有道光二十九年（1849）认定的四世章嘉呼图克图执行了“金瓶掣签法”。其他在理藩院注册的大喇嘛等，也经常以各种理由呈请清廷免于“金瓶掣签”，仍袭用旧的习惯和方法来认定。

（三）实行“洞礼年班制度”

清廷对蒙古地区的藏传佛教宗教上层还实行了特殊的“洞礼制度”，或称“洞礼年班制度”。所谓“洞礼制度”就是蒙古各地宗教上层人物每年轮流进京为祝清朝皇帝“身心健康、万寿无疆”而诵经祝福。据《大清会典事例》卷九八四记载，嘉庆二十年（1817），清廷规定:“允许内外蒙古札萨克级领地的呼图克图、呼毕勒罕、绰尔济喇嘛、达喇嘛，凡成年罹痘疾痊愈者，均可莅临京城朝圣。其中,经文最佳者,准予入洞礼年班。洞礼年班分班，每班将在每年 11 月中旬来京。假如轮值本班有患病者，报盟长查实报理藩院，准其次年补班[①]。”宗教上层人士中只有哲布尊丹巴呼图克图每年向朝廷进“九白”之礼[②]，不在“洞礼”之列，其他人则分六个班次,执行“洞礼”。对于参加年班“洞礼”的地区、喇嘛人数和班次都有具体规定，如归化城 12 人，科尔沁 3 人等。年班“洞礼”进行期间，清廷一方面给予参加年班诵经的喇嘛特别优待，表现朝廷对宗教的重视，使之更加忠于朝廷；另一方面，趁机对这些喇嘛进行考察了解，发现问题及时处理。这一制度，表面上看好象是清廷对蒙古地区宗教上层人物的特殊优待，实际上也是一种控制措施。

---

①《大清会典事例》卷九八四。

②“九白”之礼，是清代喀尔喀蒙古向朝廷朝贡的最高贡礼。蒙古族自古崇九尚白，以九为大，以白色为吉利，故朝贡以九为单位，以九九为最高。“九白”是年贡，指白马八匹，白驼一峰。

五、寺院教育

清代，政府对蒙古民众的世俗教育并不提倡，相反却采取隔离和愚民手段加以限制。在长期实行封禁政策、禁止蒙汉民族之间的交流的同时，极力推行藏传佛教。除了八旗蒙古人和少数王公贵族子弟外，广大蒙古民众是谈不上什么正规教育的。宗教文化成为蒙古地区特别得到弘扬的文化，然而，由于藏传佛教独特的传播方式和深厚的文化底蕴，客观上却使蒙古族传统文化借助寺院教育的方式得以传承下来。

（一）寺院教育的特点

寺院教育的特点是以寺院为研习经典、探讨学问的场所，以宗教经典为主要学习内容，其使命在于向信徒及民众传播宗教教义。为此需要翻译大量佛教经典，以便通俗易懂地宣传宗教教义。在蒙古地区，较大的寺院都设有几个专门学部，称为学问寺。学问寺既是寺院又是学校，既是朝拜诵经的场所，也是研究学术的所在。

按照藏传佛教的修习制度，寺院的学部有却伊拉札仓（即显宗学部）、卓德巴札仓（即密宗学部）、洞阔尔札仓（即时轮学部）、满巴札仓（即医药学部）、喇嘛日木札仓（即菩提道学部）、吉多尔札仓（相当于基础学部）。“札仓”原意为喇嘛僧舍，之后发展为由寺院僧人组成的组织形式，是寺院进行宗教教育的基本单位。与藏传佛教显密双修、先显后密的特点相应，寺院教育首先注重显宗的修行，之后修密宗，然“藏土教法，是以显道为辅，密道为正”。内蒙古地区的寺庙最多设有六个学部，位于内蒙古西部乌拉特旗五当召（今属包头市九原区），曾是内蒙古地区藏传佛教弘法化众的高等学府，共设有六个学部，也是政教合一的特权机构。其次是具备四个学部的寺庙，如内蒙古西部的百灵庙，东部地区阿鲁科尔沁旗的汗庙，蒙古贞（今阜新市）瑞应寺，科尔沁左翼中旗的巴彦莫林庙，奈曼旗的蒙楚格庙等。大多数寺庙只具备其中的两三个学部，一些小寺庙甚至不设学部。札仓的学习是一个长期而艰苦的过程，获得学位更是难乎其难，往往需要十几年甚至更长时间的修行，真所谓穷经皓首，有些喇嘛终其一生也得不到学位。当然，一旦获得学位，则非常荣耀。如果能够获得青海塔尔寺、甘肃拉布楞寺、拉萨哲蚌寺、色拉寺、甘丹寺三大寺授予的“格西”学位，会因此而获得很高的地位，甚至可能成为转世呼毕勒罕。

在寺院教育中，学位和学问较高的喇嘛是教师、经师，学位较低或无学位的小僧人则是学生。新入寺的喇嘛，可自愿选择学部学习，在学习过程中，还可以拜自己敬佩的一位喇嘛为经师。经师负责引导小僧人学经，介绍寺内戒律规章，必须严格遵守。如果出现新徒弟违犯戒规戒律的现象，经师也要负相应的责任。有句蒙古谚语说：“可汗的儿子骑着大象来了也得依从庙规，喀拉沁的子弟柱着拐杖来寺也得遵守规章。”反映了寺院教育一律平等的观念。札仓学习的主要方法除了讲经、自修外，还有辩经。通过辩经，深入理解宗教经典教义、辩明经典哲理，因此，寺庙札仓经常举行辩经法会，成为修佛学佛的重要途径。

(二)寺院教育与蒙古民族文化

对于民族文化的传承和发展来说，教育自然是极为重要的因素。对于没有世俗教育而又全民信教的民族而言，寺院教育几乎成为社会唯一的教育形式和主要的文化传播渠道。寺院教育的内容一般兼跨人文科学和自然科学两大部类，所谓“大五明”：涉及到语言文学、哲学、宗教、艺术、伦理学、医学、建筑学以及天文历法等很多学科。虽然这些知识并不系统，还被涂抹上神秘的宗教色彩，但就文化内涵而言，却远远超出了宗教范畴。在清代蒙古草原上，随着藏传佛教远播四方，各种科学知识也走出寺院，流入民间。广大蒙古族人民通过一代代出家为僧的方式掌握了知识和技能，使民族传统文化得以延续下来。[①]新新在《蒙古喇嘛教之今昔观》一文中写到：“吾人苟欲明了蒙古之一切，非先对于喇嘛教有详确之认识不可，盖喇嘛教之在蒙古，虽其势表面似已稍煞，而实际却仍具有伟大之潜势力，尚可称为蒙古政治及宗教之总汇也。此与欧洲中世纪之基督教，中国古时之佛教，颇多相似。”[②] 随着佛教的迅速蔓延和普及，蒙古族喇嘛都使用藏语藏调诵经，然而，诵念之间，许多人仅仅是死记硬背，真正读懂藏语经文意义的人却寥寥无多，于是佛经的蒙译便提上日程。很多蒙古文文献记载了蒙古末代汗王林丹汗弘扬佛法，建立寺庙，铸造佛像，组织翻译《甘珠尔》经，对佛教发展所做的贡献。事

①《蒙古民族通史》编委会：《蒙古民族通史》，第四卷，457页，呼和浩特，内蒙古大学出版社，2002。

②新新：《蒙古喇嘛教之今昔观》，305—306页，载《新蒙古》第四卷第六期，转引自梁冰著的《鄂尔多斯历史管窥》，呼和浩特，内蒙古大学出版社，1989。

内蒙古地区唯一使用蒙古语诵经的寺庙——梅力更召（2005年摄）

实上，《甘珠尔》经的蒙古文翻译始于林丹汗在位之前，而最终完成于林丹汗在位期间，即1628—1629年间。[①]这一文化成就标志着藏传佛教信仰开始向民间深入，也是佛教向外民族传播过程中必须要走的本土化之路。

清代蒙古地区佛教的兴盛，私塾和寺院传经的文化教育兴起，还造就了一批精通蒙古文、藏文，熟悉本民族文化，精修佛教的宗教学者。宗教的力量不仅表现在人们对它如痴如醉的信仰，更表现在它能部分地改变一个民族的主体意识。在蒙古族文化教育领域，藏传佛教的浸润是显而易见的，突出表现在哲学、文学、医学和建筑学等方面。根据有关历史资料不完全统计，内蒙古地区有蒙藏文著作的喇嘛学者达二百多人，其中，著名的有二世章

① 乔吉编著：《内蒙古寺庙》，25页，呼和浩特，内蒙古人民出版社，1994。

嘉呼图克图、席勒图·故什绰尔吉、罗布桑丹毕坚赞等。

为了让蒙古族喇嘛能够用自己的母语诵经，掌握更多的佛学知识，18世纪中叶，对蒙古语言文字、诗歌、散文颇有研究，并且精通蒙古、藏、梵三种语言文字的乌拉特西公旗旗庙梅力更召第三世葛根罗布桑丹毕坚赞（1717—1766）为佛经的蒙译念诵做出了突出贡献。罗布桑丹毕坚赞5岁被认定为梅力更召第三世活佛，他聪慧过人，学识渊博，著述甚多，在蒙古人中以“墨尔根活佛”著称，于1765年成书的蒙古编年史《大蒙古国根本黄金史》是墨尔根活佛的代表作。他也因此在18世纪蒙古文化发展史上占有一席之地。他把已经蒙译完的佛经进一步完善，根据蒙古族诗歌韵律的特点进行了巧妙的编排，采纳了一些民歌旋律编创了适合用蒙古语诵经的曲调，并在保持经文原义的基础上，为诵读的便利而把经文译成韵文体。此后，经过梅力更召高僧们数十年的努力，终于成功创作出了蒙古语诵经体系。不仅推动了蒙译佛经的深度和传播的广度，而且确立了梅力更召在蒙古地区寺庙中独树一帜的地位。这一独特的诵经形式此后便延续下来，直至20世纪末。

藏传佛教经典也随佛教在蒙古地方流传。历史上，大规模的蒙古文大藏经翻译、刻印共进行过五次。时间分别是：元大德年间、明万历年间、察哈尔林丹汗时期、清康熙年间和乾隆年间。在清乾隆朝，乾隆皇帝除文治武功外，亦希望在佛教史上留下美名，极力支持刻藏和译经，也因此将蒙古文佛经的翻译和出版推向顶峰。二世章嘉活佛精通蒙古、满、汉、藏文，佛教学识渊博，奉乾隆皇帝之命主持翻译了很多佛经。著名的藏文大藏经《丹珠尔》便由他主持译成蒙古文，乾隆六年（1741）在北京刊行，共二百二十六卷（一说 225 卷）之巨。与早期翻译完成的《甘珠尔》一起成为完整的蒙古文《大藏经》。此后，几乎所有的藏文佛教经典都有了蒙古文译本。为了翻译佛经的需要，二世章嘉呼图克图还主持编纂了一部《藏、蒙文对照词典》。姑且不论清廷对蒙古地区采取的政治策略如何，蒙古民族拥有了丰富的佛教思想典籍——《大藏经》，这是非常值得肯定的幸事，为民族历史文化宝库增添了瑰宝。

17 世纪以后，藏传佛教也深刻影响了蒙古民族社会意识。鄂尔多斯贵族萨囊彻辰于 1662 年写成的《蒙古源流》，流传甚广，其中佛教的影响随处可见。在萨囊彻辰的著作中，他系统地提出了"印、藏、蒙同源说"，此说认为：蒙古族源来自西藏诸王的后裔，西藏诸王则是印度诸王的后裔，而印、藏、蒙王统的始祖是开天辟地的玛哈萨玛迭兰咱汗（大法禅王）。而印、藏、蒙诸汗王就是诸佛、菩萨的化身，受佛旨降临凡世，具有无比的神圣性。他有意制造了"神圣起源论"。"印、藏、蒙同源说"的提出，不同于《蒙古秘史》中关于苍狼和白鹿为祖先的传统表述，却把印度王视为祖先，这种族源论的变化，反映了两个问题：第一，元朝灭亡后，蒙古汗权衰落，汗权的精神支柱——天命论逐渐被佛教历史观所取代；第二，满清以来，蒙古封建主的领地被划分为众多互不统属的旗，丧失独立领地，失意的蒙古人为了维护蒙古人自身地位和权力的精神支柱，只好求助于宗教。萨囊彻辰在书中还阐述了他的汗权政治思想，提出"天佛汗合一说"，指出成吉思汗的祖先既是奉天命而生的"神子"孛端察尔，是印度最早的汗王的后裔，以此证明成吉思汗是佛的化身，主张藏传佛教与蒙古汗结合，巩固以成吉思汗黄金家族为中心的蒙古统一。甚至提出要恢复忽必烈时代“政教制度并行”的政策等，试图唤起蒙古族的民族意识，实现蒙古各部重新团结、统一的政治目的。正如恩格斯所说：“历史从哪里开始，思想进程也应当从哪里开始，而思想进程的进一步发展不过是历史过程在抽象的、理论上前后一贯的形式上的反映。”[①]

蒙古民族医学——蒙医有悠久的历史，通过藏传佛教的传播，尤其是藏医学传入蒙古地区，促进了蒙古医学的发展。《四部医典》的传入，对蒙古族医学的发展起到了非常重要的作用。由于蒙古地区大寺庙都设有“满巴札仓”（医学部），培养了许多蒙古医生，甚至名医。他们借鉴《四部医典》的基本原理，结合蒙古地方实际对蒙医学加以提高发展，出现了许多重要的蒙医学著作。如《蒙藏合璧医学》、《医学大全》、《医学四部基本理论》、《药剂学》、《配药法》等等。

在天文历算方面，寺庙所设“洞阔尔札仓”（时轮学部），专门研究天文、数学等学科。在这一领域研究中，出现了不少著名学者及其成果。如，今呼和浩特市五塔寺照壁上的石刻蒙古天文图，绘有二十八星宿图，展现了很高的天文学水平。成书于18世纪中叶的《蒙古天文学》，在继承蒙古族传统宇宙观的基础上，吸收借鉴了佛教宇宙观，对宇宙的本质有着比较明确的认识，为后来蒙古天文学的发展开辟了道路。

---

①《马克思恩格斯选集》，第二卷，112页。

藏传佛教的传入也促进了蒙古地区建筑文化的发展。寺庙曾经是蒙古一些地方仅有的固定建筑，从建筑材料、建筑形式到色彩斑斓的绘图，都渗透着庄严、神秘。有些地方寺庙是当地仅有的固定建筑，如位于呼伦贝尔草原腹地、乾隆年间修建的甘珠尔庙，是当时呼伦贝尔草原上第一座砖木结构的永久性建筑。

六、小结

藏传佛教对蒙古族历史文化的影响广泛而深远，早已超出请佛的俺答汗及其时人之所料。藏传佛教在蒙古地区迅猛发展的原因首先是由于蒙古封建贵族的大力推崇及清朝政府的民族宗教政策。从清初至清中叶，一时间皇恩浩荡，以至于蒙古各部“敬奉释教，并无二法”。尤其是哲布尊丹巴呼图克图和章嘉胡图克图系统的形成，影响延续于整个清代甚至民国。同时，藏传佛教教义有关“轮回转世”、“因果报应”、“好生戒杀”等说教，对处于苦难中的人们也是极好的精神抚慰。可以肯定的是，寺院教育的兴起客观上也提升了蒙古民族的文化层次和精神品位。

第二章
藏传佛教在蒙古社会的衰落

时至近代，内忧外患，大清国势一落千丈。清廷一改以往对蒙古地区尊崇、优待的民族宗教政策，转而采取冷淡和疏远的态度，藏传佛教在蒙古地区的地位与清朝前期不可同日而语。清王朝崩溃前夕，它的宗教政策对藏传佛教越来越不利。与此同时，儒学文化的浸润，疑佛思潮的兴起，启蒙思想的出现成为藏传佛教在蒙古社会走向衰落的思想基础。另外，从宗教自身方面看，近代以来寺庙经济的恶性膨胀成为藏传佛教走向衰落的内在经济原因。可见，晚清时期藏传佛教走向式微有其深刻的社会根源，是社会政治、思想文化、寺院经济等多重原因相互作用的结果。

一、晚清时期政府对蒙古宗教政策之转变

如果说，“从顺治、康熙到雍正，清朝的边疆民族政策偏之于恩。乾隆朝中叶以后，因国力强大，对边疆地区的统治业已巩固，民族政策便从前一时期偏之于恩转向了偏之于威。”[①] 与此同时，清政府逐渐意识到藏传佛教的势力过于强大会威胁其对边境地区的统治，因而颁发了许多“喇嘛禁令”，从削弱呼图克图、葛根等上层喇嘛的权力入手，逐步采取了一些限制佛教发展的政策。

（一）强化限制政策，削弱上层喇嘛的权力

清朝前期，通过一系列策略手段，藏传佛教转世活佛——哲布尊丹巴、章嘉已经成为蒙古地区的宗教领袖，清廷对进京朝觐的大活佛的接待规格相当高。可以说，对待藏传佛教转世活佛的态度和政策是清政府宗教政策的指示器。然而，这种情况在道光年间发生了微妙的变化。道光元年（1821 年），第五世哲布尊丹巴呼图克图按惯例请示清廷进京朝觐，被道光帝婉言拒绝。对此妙舟法师指出：当时，清廷见喀尔喀人已经归顺，因而收回了对哲布尊丹巴呼图克图的优待和礼遇。道光十四年（1834 年），五世哲布尊丹巴呼图克图再次提出入朝。这一次清廷虽然同意了他的请求，同时却又提出一些附加条件，“费用须自备，随行者勿宜少数，并禁止苦课蒙古俗人之税”等，从此取消了呼图克图朝觐往返费用由朝廷支付的优待惯例。此后历世哲布尊丹巴呼图克

① 戴逸：《中国民族边疆史简论》，40 页，北京，民族出版社，2006。

图，再也无人进京朝觐。光绪四年（1878年），清廷修订库伦办事大臣觐见哲布尊丹巴呼图克图的礼仪，规定大臣觐见时，只须“交换哈达”，不再行跪拜之礼。虽然表面看来这仅仅是会见礼仪问题，实质上却是在降低哲布尊丹巴呼图克图地位的同时抬高了库伦办事大臣的身份。

（二）整顿寺庙，建立监督检查制度

清廷大力推行藏传佛教的结果势必造成寺庙建设泛滥、喇嘛人数不好控制的局面，为了加强对藏传佛教的规范管理，《理藩院则例》中作了一些具体规定。[①]

1. 规定喇嘛札萨克制度。授予北京、承德、多伦诺尔等地喇嘛印务处以各种权利，同时又规定许多限制措施。如规定喇嘛札萨克人选条件，喇嘛旗和喇嘛印务处权限范围、编制及钱粮定额。限制了喇嘛札萨克和喇嘛印务处的权限。2. 规定喇嘛度牒制度。所有出家喇嘛，必须持有度牒，否则依法治罪。寺庙不得增加徒众，私收徒弟。目的在于限制喇嘛人数，加强管理。3. 规定修建佛教寺庙报批制度及申请寺额、碑额审批制度。4. 规定蒙古各地喇嘛朝觐、洞礼年班制度、进贡制度、在京待遇及供养制度。5. 规定对呼图克图、葛根、呼毕勒罕的认定制度。认定呼图克图、葛根、呼毕勒罕，除了采用“金瓶掣签法”，还补充规定：达赖喇嘛、班禅额尔德尼的亲属，以及蒙古王公、札萨克台吉子孙不准认定

---

① 德勒格编著：《内蒙古喇嘛教史》，168—169页，呼和浩特，内蒙古人民出版社，1998。

为转世活佛、呼毕勒罕等等。实行这些政策，对于规范喇嘛札萨克的权力，限制出家喇嘛人数，抑制兴建寺庙泛滥，避免转世活佛“近亲繁殖”等都产生了一定的效果。

19世纪以后，国际环境也发生了很大变化，沙俄的势力已接近蒙古地区，他们乘机笼络收买蒙古宗教上层人物，客观上加剧了宗教上层与清廷的矛盾。重要的是由于文化传统和宗教信仰的缘故，蒙古人最终从宗教和文化上归入佛教世界，因而从精神和习俗上逐渐远离了汉化程度较深的满族统治者。虽然清政府对蒙古长期实行的宗教政策在清初曾给他们带来了方便，然而其后来的发展却超出了清朝统治者的预见而出现了完全相反的结果。随着藏传佛教的声望日渐显赫，寺院及喇嘛的势力从各方面得到增强，甚至开始参与国家的政治和有关独立的活动。“以蒙古的‘达赖喇嘛’哲布尊丹巴为首的上层喇嘛、活佛们在人民大众的支持下充当了恢复民族宗教和独立的领导，并于1911年脱离清朝政府的统治，宣告蒙古国恢复。八世哲布尊丹巴被推举为复兴的蒙古国皇帝一事，反映了宗教在蒙古的声望和地位之隆盛。”[①]

二、儒学北渐与佛教衰微

早在蒙元时期，儒学便传入蒙古地区。随着契丹族和汉族知识分子如耶律楚材、许衡等人在朝廷中的地位和影响日显，儒家思想开始发挥越来越重要的作用。1271年，大蒙古国改国号称大

---

①［蒙古］SH·比拉（Sh.Bira）著，斯林格译：《蒙古佛教历史概要》，63页，转载《蒙古学信息》，2001（1）。

元，其义取自《易经》。“乾元”即天、始之义，表达了大一统的国家观。元世祖忽必烈广纳儒臣建议，大力推行“汉法”，设立蒙古国子学和国子监，这是属于汉学系统的高等教育，讲授“四书五经”蒙译本，同时也用汉语向皇亲国戚、随朝官员等传授儒学思想以培养人才。“设官分职，征用儒雅，崇学校为育材之地，议科举为取士之方”，开科取士，任用儒士，以忽必烈为代表的蒙古社会上层对儒家思想采取了宽容接纳的态度。北元时期，虽然蒙古地区相对封闭，但儒家思想仍有传播。有的蒙古王公贵族还学习《忠经》、《孝经》，蒙译本《五伦规范》、《五伦图说》等儒学书籍在蒙古人中流传，只是影响相当有限，支持此论的史料目前尚不多见。[①]

清代后期，尤其是1840年的鸦片战争，摧毁了清政府维护的中国文化双重封闭的局面。一方面，西方文化猛烈冲击着以儒学为核心的中原封建文化；另一方面，高势能的儒学文化向长期封禁的蒙古地区的扩散逐渐呈现增强态势。蒙古社会特别是漠南蒙古地区出现了学习研究中原儒学文化的现象，这是蒙古文化继接受佛教文化后又一次规模较大的与外来文化的交流，无疑也是蒙古文化发展的新契机。与佛教倡导的出世理论相反，儒学尊重人生、关注社会现实的精神，投合了要求摆脱宗教桎梏、向往追求现实社会和人生价值的蒙古人的心灵。它给佛教文化笼罩的草原带来了一股清新的文化和生活气息，也使人们被禁锢的思想从佛陀转向现实。

---

①《蒙古民族通史》编委会：《蒙古民族通史》，第二卷，361页，呼和浩特，内蒙古大学出版社，2002。

大都（北京）是当时儒学教育和传播的中心，也是儒学向蒙古地区传播的大本营。因为儒家思想自汉代独尊儒术之后，成为历代封建王朝的统治思想，作为满族政权清王朝，为了适应和联络各民族感情，巩固其在全国的统治也极力推崇儒学，奉为治国安邦的指导思想。为了向蒙古人有选择地宣扬儒家文化，清朝采取了一系列措施：1. 在北京和蒙古地区以及蒙古八旗驻防将军、都统所在地区设立蒙古义学、八旗学堂、八旗蒙古官学、绥远城蒙古官学等学堂，还在京城蒙古人和口外七厅举行科举考试，尽管科考的范围还很有限。2.《钦定理藩院则例》和《蒙古律例》中，加进了汉儒礼法的条款，如内札萨克蒙古因偷盗四项牲畜拟死罪及发遣人犯，符合条件，“俱准留养”。[①] 如此“存留养亲”及“凡孝义忠节者，察实以题而旌焉”等规定，表现了儒家孝亲原则，明显地带有儒家文化特色。3. 出版许多普及性读物，如蒙译《三字经》、《满蒙合璧三字经注解》、《御制劝善要言》、《三圣训言》及《四子集注》等。同时，一些古典名著如《三国演义》、《水浒传》及《红楼梦》等文学作品也被译成蒙古文，在蒙古南部地区得到了广泛的传播[②]。通过这些方式，促进了近代蒙古社会由宗教文化向多元文化的过渡。

儒家思想主要是在社会上层和知识分子中传播，使一些开明的蒙古王公贵族具有良好的儒学文化修养。“据学者的统计，在

① 故宫博物院编：《钦定理藩院则例》卷五十，海口，海南出版社，2000。

② 由于蒙古地区地域广大，晚清以后接触儒学及汉文化的地区主要集中在蒙古南部与汉地接壤的一些地方，如察哈尔、土默特、喀拉沁、科尔沁等，而在其他蒙古地区汉文化则少有波及。

清代用汉文写作的蒙古族学者达二百多人，其作品大部分是接受中原文化后，在子、史、经、集等领域的研究成果。”[①] 这使蒙古知识阶层的构成由佛僧为主向多种结构变化。《清代科举家族研究》一书中，记述了蒙古族著名科举家族，他们是正白旗蒙古巴羽·尚贤家族，正黄旗蒙古来秀家族，正红旗蒙古衡瑞家族。这些家族被称为科举家族，充分说明他们是熟读儒家经典，一举成名而成为蒙古族文人的代表人物，继而成为儒家文化的宣传者和推崇者。衡瑞之祖父倭仁就是晚清著名儒家学者。[②]

倭仁（1804—1871），蒙古正红旗人，乌齐格里氏。道光朝进士。曾任工部尚书。“命授皇帝读”，是同治皇帝帝师，施授文渊阁大学士，1871 年授予文华阁大学士。部分著述被编辑成《倭仁端公遗书》（十三卷）。倭仁推崇程朱理学，强调“格君心、行仁政、正风俗、重教育”的思想，以理学名臣而载入史册。

从一定意义上说，儒家文化的浸润，多元文化的冲突和融合局面为蒙古族近代宗教信仰的发展、演变奠定了基础，从一定程度上改变了蒙古社会唯佛教文化独尊的局面。如果说儒学在中原地区的社会作用主要在政治方面，那么，它在蒙古社会的影响则主要在思想领域，在于它的人文精神。

三、启蒙思想的兴起对佛教的冲击

近代以来，日益深重的社会危机和民族危机，社会矛盾的激

---

① 苏和、陶克套：《蒙古族哲学思想史》，242 页，沈阳，辽宁民族出版社，2002。
② 包文汉：《清代儒学在蒙古人中的传播与影响》，载《内蒙古大学学报》，2005（2）。

化和统治阶级的重组，在蒙古族思想领域产生很强的冲击；同时，随着儒学思想在蒙古社会的传播，人们对佛之信仰产生疑问，形成一股疑佛思潮，一些蒙古族知识分子掀起了反对封建僧侣上层腐朽颓败，反对封建世袭制度的启蒙思潮，拉开了近代宗教批判、思想启蒙的序幕。主题是批判宗教蒙昧主义和封建世袭制度，其中既有对民族劣根性的无情鞭挞，也有对民族优良传统的颂扬，既有对民族历史的痛苦反思，也有对民族前景的美好描绘。

（一）启蒙思想家的反佛意识

近代蒙古族启蒙思想家尹湛纳希、罗卜桑却丹及云亭等一批有志之士深刻分析了蒙古社会贫穷落后的社会根源，认识到藏传佛教对蒙古社会的消极作用是蒙古民族由盛转衰的主要原因。如《清朝理藩院档》载："蒙古之弱，纪纲不立，惟佛教是崇。于是，喇嘛日多，人丁日减，召庙日盛，种类日衰。"甚至部分蒙古王公贵族都意识到要开启民智必须限制藏传佛教。发出了蒙古"贫弱之根，实积于此。急欲图强，非取缔宗教不可"的呼声。

尹湛纳希（1837—1892），汉名宝瑛，字润亭，号衡山，原卓索图盟土默特右旗（今辽宁北票市）人。尹湛纳希秉承家学遗风，终生以笔墨为生，深谙蒙古、汉民族的历史文化，精通蒙古、汉、满、藏四种文字，潜心研究中国历史尤其是蒙古族社会历史，著有《青史演义》等，翻译有《中庸》等汉文典籍，是近代蒙古族文学家、思想家。尹湛纳希所生活的时代，正是清王朝日益腐朽没落，蒙古民族沉湎于宗教的时代，他的反佛思想正是在这样的历史背景下展开的。

在《青史演义》的首页，尹湛纳希加了一篇反佛序言，堪称是一篇反佛檄文。他从历史事实出发，认为“辽国在它太平时沉迷于玄术，佛教盛行，国政废弛，世道禁锢，社稷倾覆，所以才说辽国毁于释教。”而蒙古人不顾自己的能力，凡事所求甚高，势必心从释氏，妨碍世道，贪图安逸，顾望玄术。这是蒙古人崇信佛教的心理原因。他说：“我们的蒙古国不正是因为贪图安逸，溺于玄术而濒于灭亡的吗？然而人们至今仍不知道，一心想当佛祖，到头来成了马猴，难道那佛祖是人人都能当成的吗？这正如一个婴孩连走路都不会，竟想一步登天，结果便窒息而死。不仅如此，当别人给他讲明道理时，他们却听不进去，反而说别人的议论是邪教异端。”①

尹湛纳希还专门写了三篇反佛杂文，即《石枕之评论》、《释者的虚伪》及《佛经和儒书》。在《佛经和儒书》中，尹湛纳希写道：“佛经如太阳，儒书似黑夜里的蜡烛。太阳不能握于手中，左右翻动细察其状，但蜡烛可以亲手制作，还可以任意调其光线之高低强弱。世界上的一切书籍都是真实事物的记录而已。”作者通过形象比喻，指出佛经远离生活、与事无补，而儒书则接近生活、指导人生。在谈到佛教与儒学的关系时，尹湛纳希也同时承认：“敝人虽不精通各教，但并不认为哪个教门绝对错误”。“喇嘛教宣扬人应该追求无忧无虑的极乐幸福，这是人人向往的；儒教提倡生

---

① 尹湛纳希著，黑勒、丁师浩译，王利器校：《青史演义 · 初序》，1—2 页，呼和浩特，内蒙古人民出版社，1985。

儿育女显示功名，这是有利于民族生存的。”肯定其有利于社会和民族进步的思想因素。

17 世纪，《甘珠尔经》（108 函）全部译成蒙古文，受佛教和藏族编修史书体例的影响，蒙古地区出现了一批新型的编年史著作，这些史书——《黄金史纲》、《蒙古源流》的作者，从宗教历史观出发，不满足传统的单一的古代蒙古历史的记叙，而是发展了印度—西藏—蒙古王族一脉相承的谱系，使蒙古族同佛教联系在一起，成为佛教世界史的一个组成部分，提出“印、藏、蒙同源论”。“印、藏、蒙同源论”在蒙古社会意识形态领域产生了重要影响。这种“他生论”的族源观，反映了两个问题：一是北元时期，蒙古汗权衰落，汗权的精神支柱——天命论逐渐被佛教历史观取代；二是清代以来漠南蒙古封建主的领地被划分为 49 旗，丧失独立领地，失意的蒙古人为维护自身权益，只好求助于宗教（藏传佛教），以此证明成吉思汗黄金家族汗权不可侵犯的神圣性。

为了让“所有的蒙古人都能知道自己的历史”，“知道本民族的历史和宗姓”①尹湛纳希驳斥了这一“神圣起源论”。他说：“佛祖本来是印度人的佛祖，到了今天他又成了我们蒙古人的佛祖”，“蒙古人想让孩子成佛而让他们当喇嘛”，这是“根绝后代”。②在尹湛纳希看来，清朝统治者提倡佛教的文化政策导致的结果是：其一，部分蒙古族知识分子“不问祖宗根底”，“不知自己的根基”

① 尹湛纳希著，黑勒、丁师浩译，王利器校：《青史演义 · 初序》，6 页，呼和浩特，内蒙古人民出版社，1985。

② 尹湛纳希著，黑勒、丁师浩译，王利器校：《青史演义 · 初序》，22 页，呼和浩特，内蒙古人民出版社，1985。

却否定本民族文化；其二，百姓“谋求阴德而不务时事”，为子孙成佛而去做喇嘛，使蒙古人快灭绝了。“有的人崇信喇嘛佛爷为自己的来世祷告积善，从而贻误今生者仍然不少”；其三，由于民族歧视政策和封建世袭制度，关闭了蒙古族科举考试的大门，使世俗贵族不思进取而日益堕落。为了唤醒民族意识，尹湛纳希废寝忘食、夜以继日地创作了大量具有浓郁民族气息的作品，向人们展现丰富多彩的民族文化。在《青史演义》中，尹湛纳希认为蒙古民族的衰败也与成吉思汗的不孝子孙有直接关系。“这些东西不习文练武……头戴珠宝桂冠，帽插彩色花翎，身穿黄袍马褂……出则前簇后拥，宝辇快车招摇过市，入则美妾佳婢相迎，居则天堂般的宫殿……看起来尊贵无比，闻起来死猫般的恶臭。”这些仰仗成吉思汗福荫作威作福的贵族，甚至“不知自己的根基”。在尹湛纳希看来，蒙古民族的衰败是长期奉行民族歧视政策的结果。①

尹湛纳希还对那些自称是“葛根”的上层喇嘛提出大胆的批判：“奉劝人们不要以佛爷的名义来抬高自己，不要以自己做不到的装神弄鬼的行为来欺骗别人。有人自称是佛门弟子，活佛呼图克图，然而却又贪图皇帝之奖赏，随军出征，杀人放火，不免越规违章，为国法所不容，如此欺侮无声的佛爷，是多么令人痛恨。”在《青史演义》中，他记述了成吉思汗统一蒙古各部的历史功绩，告诉人们：我们的祖先曾经多么辉煌，如今却落魄到如此地步，为唤醒民众，尹湛纳希高呼“勿忘祖先”！

罗布桑却丹（1874—？），卓索图盟喀拉沁左旗（今辽宁省

① 乌兰察夫等：《蒙古族哲学思想史》，211—212页，呼和浩特，内蒙古大学出版社，1994。

喀拉沁左翼蒙古族自治县）人。生活于清末民初，是继尹湛纳希之后，批判佛教开启民智的又一典型代表。他在著作《蒙古风俗鉴》中深刻揭露了佛教在清代对蒙古民族所造成的危害。

在《蒙古风俗鉴》中，针对佛教“三世说”的世界观，罗布桑却丹指出：“喇嘛教宣扬世事虚空不实，人不长生，一切无用。”[①]而人们相信了这类说教，“认为自己今生已经无所指望，希望投生幸福乐园，以便来世生活过得美好而潜心诵读佛教经卷。”由于佛教“因果报应”、“解脱轮回”等教义的影响，现实中许多不公得到了“命中注定”的合理解释。汗和诺颜等一切显贵都是因为他们前生的善行才尽享富贵，而百姓的苦难则是他们前生作孽而遭受的惩罚。罗布桑却丹写道：“诺颜家族，认定自己世世代代为诺颜，总把自己看作高人一等，盛气凌人，不可一世；哈剌雅特人家，则断定自己永世不得当上诺颜，痛恨自己生为下民，抱怨命运，抑郁不乐。”[②]蒙古人逐渐沉醉在“天堂”的虚幻之中，希望通过“活佛”的“引渡”而得救。对此，罗布桑却丹无不痛心地指出：“蒙古的民族性已经变易。佛教把‘非永生，皆虚幻’之类说教在老幼妇孺间说来道去，日久天长，使人们的习性变得特别懒散，意志变得特别懦弱。”[③]

罗布桑却丹借用当时智者的话说：“英雄的宝剑换成了手中的念珠，无畏的勇士变成了跪叩的懦夫，健康的人无谓地向佛像乞求佑护。人人手持念珠诵咒，家家喇嘛念经祈祷，敞开死亡的

① 罗布桑却丹：《蒙古风俗鉴》，172页，呼和浩特，内蒙古人民出版社，1981。
② 罗布桑却丹：《蒙古风俗鉴》，172页，呼和浩特，内蒙古人民出版社，1981。
③ 罗布桑却丹：《蒙古风俗鉴》，174页，呼和浩特，内蒙古人民出版社，1981。

大门，面朝永不回首的方向。”[①]

罗布桑却丹认为众多蒙古人信仰佛教，出家当喇嘛，与清王朝实行的愚民政策有直接关系。如“乾隆七年（1742），皇帝下令，将蒙古盟旗所有古书文献，都集中起来送到北京，控制在宫廷里，以防这类文献在盟旗流传……同治十三年（1874），皇帝下令，禁止蒙古人学习汉文汉语。”[②] 清朝政府明令禁止蒙古人学习汉文，所有公文都不得使用汉字，因而使蒙古人失去了参加科举考试的机会；而学习蒙古文，又不能参加科举考试，所以，只好出家当喇嘛学经文。对此，罗布桑却丹指出：“在满清法律上规定，蒙古人不得学习汉文、汉字。蒙古人虽然是清朝的公民，却被清朝当作外族异类来对待，因而，在清代，蒙古人愈加不重视学蒙古文了。尽管旗札萨克在使用蒙古文，但只有札兰、梅林两个可以进取的爵位。无论旗分大小，仅此两位，所以，学习蒙文有何用呢？学蒙文既不能同汉人一样参加科举考试，可以当官封爵，也无法变更法定世代世袭的诺颜，可以取而代之……于是（蒙古人）稍微长大懂事之后，便相信喇嘛的‘一切无常，虚空不真’的说教，而一心研读佛教经文。”[③] 而“作为顺臣的蒙古诺颜，为了讨好满清皇帝，在各自的旗地争相修筑甘珠尔庙，并规定举行祝福对皇帝万寿的诵经人，正因如此伊始，蒙古旗府所在地甚至

① 罗布桑却丹：《蒙古风俗鉴》，呼和浩特，内蒙古人民出版社，1981。

② 梁冰：《鄂尔多斯历史管窥》，302 页，呼和浩特，内蒙古大学出版社，1989。

③ 罗布桑却丹：《蒙古风俗鉴》，170—172 页、228 页，呼和浩特，内蒙古人民出版社，1981。

远乡僻野都尽力修筑了大大小小的喇嘛庙。”①

对于藏传佛教在蒙古地区盛行的社会根源，罗布桑却丹一针见血地指出：“满清皇帝和大臣们的想法，他们对所征服的部落和民族的妙计是，一方面要随顺被征服者的心意，另一方面要控制在自己的淫威之下。为此，他们以尊重被制服者的风俗习惯为名……在蒙古地区大力兴建寺庙，推行佛教，其缘由在于或是为了信仰，或是为了试探，或是为了计谋，以此来进行诱导和安抚。”②

在罗布桑却丹看来，推行佛教的结果严重影响了蒙古族人口的增长，出现不断下降的趋势。由于佛教所宣扬的禁欲主义，要求人们修善积德，憧憬来世所谓美好生活，使“人们相信‘非永生，皆虚幻’的说教，便不考虑如何生存繁衍，传宗接代，却更多的思虑身后死亡之事而不注重如何过好今生。”蒙古人“不管兄弟几个，只留一个充俗守家业，其余均上寺庙当喇嘛。”清朝时期，蒙古族不仅经济文化落后，人口也出现了严重下降，昔日强悍的蒙古民族变得软弱衰落，罗布桑却丹疾呼：“眼下蒙古民族委实岌岌可危了！”

（二）民间疑佛反佛意识

与崇佛意识同时出现的是疑佛、反佛意识。早在清朝初期，蒙古各部抗金斗争的失败、蒙古汗权政治衰落，就使人们的崇佛思想即发生过最初的动摇。佛教宣称能将“血潮汹涌之大江，代

---

① 罗布桑却丹：《蒙古风俗鉴》，呼和浩特，内蒙古人民出版社，1981。
② 罗布桑却丹：《蒙古风俗鉴》，呼和浩特，内蒙古人民出版社，1981。

为溢乳清澈之澄海”，佛光普照大地如同白昼，给人们带来健康幸福，给社会带来安宁兴旺，给汗权带来太平永久。这“无情世界的感情”使饱受割据混战之苦的人民似乎看到了一线希望。然而，现实无情地告诉人们，佛祖并不能保佑他们的福和爱，诵经并不能判明是与非，只有依靠人民自己的力量。

反佛思潮的初期表现是怀疑意识，即对佛之权威及佛教经典提出疑义。诗人朝克图台吉也曾虔诚信仰佛教，建过佛寺，翻译经文，招僧诵经，以保安康幸福。可事实并非如此，佛祖的承诺与现实出现分离。他在诗文中写道：“至上的天神，人间的帝王，虽有上下之别，福与爱的本质无两样；仙洞的菩萨，人间的善者，虽有处所之异，仁与慈的本质无两样。”表达了作者对信仰的反思，虽然诗中没有直接责难佛祖，但崇佛的立场开始产生动摇，对佛祖的权威性产生怀疑。另一首诗《诺敏古鲁之歌》中，反佛倾向更加明显。诗中写道；“大千世界万物长存，难道遵循命运安排？幸福与痛苦这两者啊，莫非真的彼此轮回？极乐世界仁慈佛祖，请问有谁亲临亲见？”

在蒙古族思想史上，怀疑和否定宗教神权的无神论思想倾向最早出现在文人的作品中，而广大民众疑佛反佛的无神论思想到了近代才反映出来。主要体现在民间文学及民歌、谚语中，反佛思想的表达也更加直白。许多民间文学揭露喇嘛给人们带来恶果，认为人的福禄命运与佛陀无关，揭露喇嘛及其行为的虚伪性。如讽刺故事集《巴拉根仓的故事》，就表达了广大民众的疑佛反佛意识，巴拉根仓[①]以其特有的讽刺、批判、嘲弄等斗争形式，揭露僧俗统治者王公、诺颜、活佛、喇嘛的丑态，对苦难的民众寄予深切的同情，在百姓中广为流传。在《说谎》的故事中讲，有一天，巴拉根仓给牧民讲了一个故事："我爬到天上下不来了，这怎么办？我一想，人们不是说佛爷在天堂住吗？好，就去找佛爷吧……我上前作了个揖说：'佛爷呀，都说你们天堂好，可是我的肚子饿坏了，有什么好吃的东西快给我一点吧。'佛爷理也不理我。过了半天，他们见我不走，才慢慢抬起头来说：'你没有看见我们也饿得面黄肌瘦吗？现在磕头的人不多了，送供品的就更少了。我们自己都没饭吃，哪里还顾得上你。'我一看，果然这些佛爷饿得又干又瘦，说话有气无力的。我总不能瞪着眼睛饿死，就到处寻找门路……我心里想：还是让佛爷享受这个清福吧！我可受不了，得想法下去。"[②] 在这个故事中，巴拉根仓以"亲眼目睹"的事实，否定了人们所崇拜供奉的"天堂佛爷"，引导人们追求人间的幸福，佛爷、喇嘛的神圣地位被动摇。民间流传着许多类似的故事，表现了民众否定神权、面对现实的无神论思想，反映了强烈的战斗精神。在《"查布干其"（尼姑）的虔诚》[③]中，就狠狠地奚落了尼姑的伪善，辛辣地嘲讽了佛教的一些清规戒律。

蒙古族民间流传很广、影响深远、深受群众欢迎的《沙格德

① 巴拉根仓：是人们根据自己的愿望虚构出来的一个形象生动的理想人物，是真理和正义的捍卫者。

② 芒·牧林编辑整理：《巴拉根仓的故事》（蒙古文），39页，呼和浩特，内蒙古人民出版社，1984。

③ 陈清章、赛西·芒·牧林整理翻译：《巴拉根仓的故事》，呼和浩特，内蒙古人民出版社，1979。

尔的故事》中也有许多生动的反佛故事。《沙格德尔的故事》是广泛流传于内蒙古东部地区的讽刺故事集。[①]书中主人公沙格德尔从小在召庙当喇嘛，看透了某些上层喇嘛的虚伪和丑恶，这些人与王公诺颜相勾结，做尽坏事，沙格德尔勇敢地站出来揭露和讽喇这些上层喇嘛在“积德行善”旗号下的丑行：

坏事做尽不知耻，
目空一切座位高。
佛经他不晓，
装神弄鬼披法袍。
啊，所幸召庙是岩石砌成，
这才保留到今朝；
如果它是白面捏的，
早被这些“活佛”们吞食净尽了！

他蔑视菩萨偶像神灵，认为那“无非是黄铜铸成、紫钢炼就的铜像，无非是颜色涂成、泥巴塑就的泥胎，无非是毛笔绘成、浆糊粘就的画幅”。由于对菩萨的公开亵渎，对王公和上层喇嘛的无情揭露，沙格德尔受到残酷迫害。然而，面对着社会的黑暗，王公僧侣的虚伪残暴，他愤怒地发出战斗檄文：

我和太虚苍天有仇！
我和黄金大地有恨！
我和观音菩萨有冤！
我和王公诺颜有愤！

① 陈乃雄、道布译：《沙格德尔的故事》，呼和浩特，内蒙古人民出版社，1963。

你们要问这是为什么？这是因为：
苍天，它没有了恩佑，
大地，它失去了爱怜；
神佛，它不再仁慈，
掌权的诺颜们啊，
已经无法无天！

从这首战斗诗篇不难看出，一身充满正气的沙格德尔的勇气和大无畏的战斗精神，他敢于公开亵渎神灵，诅咒佛祖，抨击某些上层喇嘛的虚伪，揭露王公贵族腐朽的战斗精神，不仅反映了沙格德尔闪光的民主思想，也表现了他强烈的无神论思想。

四、寺院经济的膨胀与佛教的衰落

如果说近代以来宗教政策的改变、儒学思想的浸润、启蒙思想的兴起为宗教走向衰落的重要因素，寺院经济的膨胀则注定了藏传佛教的衰落。如前所述，在清代，寺庙既是蒙古地区的宗教和文化中心，同时也是社会财富最集中的地方。至清朝末期，佛教寺庙不仅拥有大量牧场、牲畜，有的寺庙还兼营商业和工矿业。一些大活佛的财产远远超过世俗王公贵族，成为蒙古社会中最大的封建领主集团，寺庙经济成为整个蒙古地区社会经济的重要组成部分。①

清道光朝以后，封建经济呈现衰退状，逐渐对蒙古地方放垦，

①《蒙古民族通史》编委会：《蒙古民族通史》，第五卷（下），776页，呼和浩特，内蒙古大学出版社，2002。

实行所谓“移民实边”。光绪年间，推行的“新政”政策，进一步使草原被大量开垦。但为了维持寺庙及喇嘛生计，继续划给寺庙一定数量的土地，有的寺庙则用化缘、布施得到的资金购买土地，即“庙地”或称“香火地”。寺庙再把这些土地出租，这样，土地收益成了寺庙经济收入的主要来源之一。如，今呼和浩特的席力图召，在清代一直是归化城掌印札萨克达喇嘛所驻寺庙，不仅政治地位高，经济实力也很雄厚。据清末民初统计，席力图召拥有耕地达二万多亩，尚不包括其他庙产。位于今包头市郊的五当召是内蒙古西北地区的大寺庙，清末民初时拥有耕地4000余顷，每年租银、租粮收入很多。内蒙古东部地区锡勒图库伦喇嘛旗的兴源寺、象教寺、福缘寺三大寺也拥有大量庙产，包括耕地、林地、柳条地及草场，还有许多出租房屋。

畜牧业也是寺庙经济的重要来源。许多寺庙都有大量牧场。沙毕纳尔放牧的牲畜，所有自然繁殖及畜产品全部归寺院所有。哲里木盟科尔沁左翼中旗莫力庙，在寺庙周围拥有80华里的牧场，有牛马1万多头（匹），羊4万多只及大量耕地，甚至开设商号、当铺，大批出租房屋。由于汇宗寺的兴建，在内蒙古草原上兴起了一座聚集了十几万内地商贾的多伦诺尔商贸城，以寺院经济为核心的“旅蒙商”也从此发达起来。

清末，姚锡光的《筹蒙刍议·实边条议》中有这样的记载：“秋成之后，比户唪经（挨家挨户诵经），现款销糜，莫此为甚。一年所得，不过数日之耗。资生之谋，惟在利债。而喇嘛实力蒙户债主，通计月息约合三分、五分，或至加一加二以上不等。秋收所入，除还债唪经抵用以外，所余无几。不等来春，又须挨借贷度日矣。”这说明喇嘛还充当高利贷者的角色。可见，寺院经济从多方面对世俗社会经济生活产生冲击。

苏联史学家兹拉特金在《蒙古人民共和国史纲》中提到宗教问题时说：“2565所寺院拥有105577名喇嘛……在蒙古几乎没有一家阿拉巴特牧户（牧民）是没有一个成员当喇嘛的；无论如何，全国喇嘛的人数总是超过全国牧户户数的。”[①] 除此之外，还有很多在家修佛的“乌巴什”（善男）和“削发、受戒、终日念佛数珠”的“察巴罕察”（信女）。当上层喇嘛每年为清朝皇帝祝寿举办大型法会时，聚众喇嘛多达几千人，最多时甚至达到一万多人。正如《草原帝国》的作者格鲁塞所说：那些“再度高唱成吉思汗的史诗的人们，已不可思议地沉溺于宗教的惰性，专门埋头于养肥那些喇嘛。”据近代调查，内蒙古西部地区寺庙总数为382所，内蒙古东部地区境内共有寺庙294所。这些寺庙绝大多数为清代所修。另有资料显示，至清光绪年间，内蒙古地区有寺庙1600座，仅在鄂尔多斯七旗即有寺庙243座，各旗都有旗庙，每个旗的寺庙数量不等，平均每个旗有寺庙20多座，最多甚至达到40多座，最多的科尔沁右翼中旗有76座。在人口稀少、交通闭塞的蒙古各地，建造如此众多的寺庙，其劳民伤财的程度可想而知。

这些寺庙或规模宏大，或华丽壮观，耗费了巨额资金，资金的重要来源是：清政府从国库中拨出巨额资金兴修寺庙，以发展佛教；蒙古王公贵族慷慨解囊倾力兴修寺庙；一些有名望的高僧

---

①［苏］伊·亚·兹拉特金著，陈大维译：《蒙古人民共和国史纲》，第51页，北京，商务印书馆，1972。

大德为了给自己树碑立传，千方百计向信徒化缘、布施；许多蒙古族信徒信仰虔诚，为了表达虔诚之心，不惜把自己的资财献给喇嘛和寺庙。如此种种，严重阻碍了蒙古地区的经济发展。

上层喇嘛的奢侈生活乃至一般出家人的衣食住行无一不依靠牧民的艰辛劳动，庞大的僧侣集团肆意吞噬着宝贵的社会财富，自然加剧了蒙古地区的社会贫困。面对如此状况，罗布桑却丹痛心地写道：“蒙旗各地有如此众多的白吃闲饭的人，怎能不贫困下去呢？无论何等富庶的国家也不可能养活起这么多坐享其成的人！……喇嘛们饱食终日而无所事事，怎能不使蒙古民族走向衰亡呢？”①

寺庙经济的恶性膨胀还导致了腐败现象不可避免。上层喇嘛生活腐化、挥霍无度，为了争名夺利一掷千金亦在所不惜；有的上层喇嘛甚至为了获得各种高级宗教职衔，进京以重金买通朝廷要员；还有的喇嘛采取各种手段肆无忌惮地侵吞庙产，贪污现象十分普遍，使寺院内部出现了严重的两极分化现象。同时，寺庙的法会也越来越多，越办越大，如阿拉善旗的广宗寺一年之内大小法会轮番举行，仅大法会就有 136 天之多，用于佛事、法事的各项费用难以记数。一个曾经以自己的实力改变了世界历史进程的民族，如今伴随着寺庙升起的缈缈香烟飘向颓败。

寺庙经济的恶性膨胀无疑是佛教走向衰落的基础性原因。数量庞大的财富不是用于扩大再生产和社会经济建设，而是用于礼佛、诵经及供养数量众多的寄生阶层——喇嘛的宗教活动，势必

---

① 罗布桑却丹：《蒙古风俗鉴》，175 页，呼和浩特，内蒙古人民出版社，1981。

导致宗教上层的腐败和世俗社会的反抗，从而加速了藏传佛教在蒙古地区的衰败。正如海西希所言：“喇嘛教团的地产和财富的积累便使这些教团适应了时代的潮流，使它们与那些截至当时为止一直是唯一的财产主人贵族们处于对立状态，同时也与没有财产的贫民阶层处于对峙状态。”[①]事实也正是如此，锡勒图库伦喇嘛旗在1931年政教分治后，人们不仅不再奉献，反而将已经奉献的土地、草场一一收回。诸如此类的事件正表现了广大民众对宗教集权势力的抵制和对世俗富裕生活的向往。

五、小结

近代以来藏传佛教在蒙古社会走向式微有其深刻的社会根源，是社会政治、思想文化、寺院经济等多重原因相互作用的必然结果。如果说清廷宗教政策的转变是前提，儒学思想的渗透如域外来风，疑佛反佛的启蒙思想如星星之火，那么，寺院经济的膨胀则加剧了藏传佛教的衰落。然而，近代蒙古社会佛教文化逐步走向衰落的脚步，正预示着蒙古民族挣脱禁锢、精神觉醒的时代即将来临！

①［意］图齐、［德］海西希著，耿升译，王尧校订：《西藏和蒙古的宗教》，396页，天津，天津古籍出版社，1989。

第三章
民国和“日伪”时期的蒙古族宗教

光绪三十三年（1907年），东北（奉天、吉林、黑龙江）、新疆等边疆地区相继建省，设东三省总督及各省巡抚，内蒙古的七个旗划归东三省，行省公署下设蒙务司掌管蒙务，行政建制方面发生了很大变化，而蒙古大部和西藏仍然保持既有的行政格局。清末开始推行的所谓“新政”改革、“移民实边”政策，使蒙古地方被大规模放垦，给蒙古社会以极大冲击和震动，加剧了蒙古牧区的经济贫困，激化了民族矛盾，引起了王公上层的普遍不满和离心倾向，民族内部因此而产生了图强变革的意识。辛亥革命的爆发，满清王朝和封建君主制度的灭亡，是具有划时代意义的历史事变。这一历史巨变，在蒙古地区也引起了激烈的震荡，出现了对蒙古地区乃至中国政局产生重大影响的蒙古“独立”、“自治”运动。1911年12月16日，蒙古国宣布独立，第八世哲布尊丹巴呼图克图实行“帝制”，组成了“大蒙古国”政府。与此同时，内蒙古地区的封建王公和上层喇嘛，也导演了“独立”、“自治”运动，因此，这一时期的蒙古族宗教状况发生了一系列微妙的变化。在这种社会背景下，中华民国成立后，承续清代的一些有效的宗教管理措施，在中央政府中设立专职机构管理蒙古、西藏地区。这一时期，内蒙古地区基本停止兴建寺庙，出家喇嘛人数也相对减少，宗教逐渐趋于衰弱、停滞状态。

一、民国时期的宗教政策

(一)民国政府对蒙宗教政策

为了迅速稳定蒙古地区局势，袁世凯领导的民国政府于1912年8月颁布《蒙古待遇条例》，规定：1. 嗣后各蒙古均不得藩属待遇，应与内地一律，中央对于蒙古行政机关，亦不用理藩、拓殖等字样；2. 各蒙古王公原有之管辖治理权，一律照旧；3. 外蒙古汗、王公、台吉、世爵各位号，应予照旧承袭，原在本族所享之特权，亦应照旧无异；4. 蒙古各地呼图克图、喇嘛等原有之封号，概仍其旧等。采取了笼络蒙古王公和上层喇嘛的宗教羁縻政策。由于六世章嘉呼图克图首先表示“翊赞共和”，民国政府不仅承认清代所授予的“灌顶普善广慈大国师”封号、金册、金印等，再“加给年俸一万元，以示优待”，还特别加封“宏济光明”名号，“赉予银一万元”。

民国政府基本承袭了清代的对蒙宗教政策。这些承袭旧制的做法遭到一些蒙古族知识分子和部分王公的反对，他们强烈要求对蒙古喇嘛教实行改革和限制，不可继续清代的民族宗教政策，并于1924年提出关于《限制蒙人充当喇嘛案》议案，要求取消抽丁当喇嘛的旧法。这一议案经过蒙事会议审议通过后，由蒙藏院通知“各盟、旗一律实行通过”。但是，由于当时军阀割据、连年混战，这一议案没能得到实施，内蒙古宗教情况依然如故。

(二)南京政府承袭了民国政府的对蒙政策

南京政府承袭了民国政府的对蒙政策，于1930年发布《蒙古盟、部、旗组织法》。该法规定：1. 蒙古各盟、部、旗之管辖治理权依旧；2. 蒙古各盟盟长及各旗札萨克分别总理盟务、旗务，并监督所属职员及机关；3. 蒙古各盟及特别旗直属行政院；4. 蒙古地方之军事、外交及其他国家行政统一于国民政府。同时，在行政院下设立蒙藏委员会，负责蒙藏地区事务，章嘉呼图克图也被安排为蒙藏委员会委员。还在北京设立了"喇嘛事务所"，专门掌管寺庙喇嘛的度牒、印信、册籍、钱粮费用、外遣调补等事宜。1931 年国民政府公布《蒙古喇嘛寺庙监督条例》，制定了一系列对蒙古地区藏传佛教的政策和治理措施。其中特别强调：1. 寺庙之首席喇嘛为主持喇嘛，以其现有之职衔主持该寺庙；2. 蒙古各旗之喇嘛寺庙主持者，由所辖盟、旗官署任命之，并呈报蒙藏委员会；3. 蒙古各旗外之喇嘛寺庙主持者，由蒙藏委员会任命之；4. 有五十以上之喇嘛寺庙，设管理委员会，辅佐主持者办理事务；5. 各寺庙主持者制定喇嘛名簿，关于喇嘛之还俗、圆寂、转世等，需明确登记，呈报监督官署；6. 寺庙之一切财产、佛具详细记明其增减，呈报监督机关，且不经许可不得动用。

1927 年南京中华民国政府成立之初，内蒙古的佛教领袖六世章嘉呼图克图派遣使者到南京觐见蒋介石。1932 年国民政府还对章嘉呼图克图予以表彰，令称"章嘉呼图克图宣扬黄教，共和，声望夙孚，屡膺殊锡……忠诚奋励，振导宗风，洵堪嘉尚，兹加'净觉辅教'四字名号，以示优异。"

管理宗教的《施政纲领》对调查宗教状况、保护庙产、政教分治等都作了具体规定，并于 1936 年公布了《喇嘛教转世办法》。值得肯定的是，国民政府还制订了一系列改善蒙古宗教的新政策，如实行政教分立，解放寺庙“黑徒（即寺庙属民）”；禁止未成年者当喇嘛，“凡未成年者，不得充当喇嘛，其家长、亲属强迫者惩罚之”；提倡喇嘛还俗参加生产劳动；各寺庙设立补习学校，开展喇嘛教育事业，“励行喇嘛识字运动”，让年轻喇嘛学习文化知识，鼓励寺庙兴办慈善公益事业等。这些措施客观上对内蒙古自治区成立后实行的宗教改革起到一定的借鉴作用。

（三）设置蒙藏院和蒙藏委员会

1912年3月，民国政府临时大总统袁世凯下令取消清代理藩院，在内务部下设蒙藏事务处。并发布大总统令：“现在五族共和……自不能如帝政时代，再有藩属名称。此后，蒙、藏、回、疆等处，自应统筹规划，以谋内政之统一，而冀民族之大同。民国政府于理藩不设专部，原系视蒙、藏、回、疆与内地各省平等，将来各地方一切政治，惧属内政部接管……”① 1912年7月，经参议院决定，将蒙藏事务处改为蒙藏事务局，规定“蒙藏事务局直隶于国务总理，管理蒙藏事务。”任命内蒙古卓索图盟盟长、喀喇沁右旗札萨克贡桑诺尔布为总裁。1914年5月，蒙藏事务局改为蒙藏院，仍任命贡桑诺尔布亲王为总裁。规定：“蒙藏院直隶于大总统，管理蒙藏事务。”同时公布了蒙藏院组织条例、官制和职权范围。蒙藏院成为政府专门管理蒙藏等少数民族事务和宗教事务的机构。蒙藏院为调查研究蒙藏情况提供咨讯，特别是在笼络蒙古族上层人士和宗教上层人士方面起到了不可替代的重

①《内蒙古档案馆》全宗号，440卷，23页。

要作用。

鉴于蒙古族知识阶层及部分王公贵族对蒙古喇嘛教实行改革和限制的强烈要求，1924 年 3 月，蒙藏院召集蒙事会议，提出了关于《限制蒙人充当喇嘛案》的议案，具体内容是：1. 凡孤子不许当喇嘛；2. 凡一事兼挑者，不许当喇嘛；3. 凡本人不愿出家者，其父母亲族不许使之为喇嘛；4. 凡未达法律上成年之年龄者，其父母亲族不许使之为喇嘛；5. 将出家之先必须报告本旗，旗主审查果无以上情弊者，方许为喇嘛。这一提案经过蒙事会议审议通过后，由蒙藏院通知各盟、旗一律实行。遗憾的是，由于这一时期军阀混战，这些政令并没有得到实施，内蒙古地区宗教状况依如从前。[①]

1927 年南京国民政府成立后，于 1928 年 3 月决定成立蒙藏委员会。蒙藏委员会采用委员制，即设正副委员长各一人，委员 9 ～ 15 人，阎锡山任第一任委员长。委员中有九世班禅额尔德尼、六世章嘉呼图克图等。蒙藏委员会内设总务处、蒙事处、藏事处、调查处等十几个处室。还有许多派出机构，如班禅额尔德尼驻京办事处、章嘉呼图克图驻京办事处以及北平喇嘛事务所和北平喇嘛寺庙整理委员会等。

（四）其他措施

为了加强对蒙古宗教事物的管理，南京政府对蒙古地区宗教制定了许多政策措施。1. 1929 年制定的《蒙藏委员会施政纲领及

① 德勒格编著：《内蒙古喇嘛教史》，182 页，呼和浩特，内蒙古人民出版社，1998。

进行程序》，详细规定了对藏传佛教问题的政策及具体工作规划。2. 1932 年 6 月，南京政府立法院通过了《蒙古喇嘛寺庙监督条例》18 条，规定了对藏传佛教寺庙的监督、管理方针。3. 1932 年 6 月 25 日，南京政府又公布了《喇嘛登记规则》25 条，加强对各阶层喇嘛的登记管理。4. 1934 年，南京政府仿照清康熙年间制订的《年班洞礼制度》，制订了《边境宗教领袖来京展觐办法》，规定蒙古宗教上层人物共 56 人，分六班进京展觐。只是限于国际国内形势，这一办法并未得到执行。5. 1936 年 2 月，南京政府行政院公布了《喇嘛教转世办法》13 条，基本承袭了清朝乾隆皇帝所制订的《金瓶掣签法》中有关大活佛转世的办法。

值得一提的是，1931 年 3 月，蒙藏委员会呈报国民政府行政院核准，废除了内蒙古锡勒图库伦喇嘛旗的政教合一制度，彻底实行政教分立。

根据当时的国际国内形势，南京政府还针对藏传佛教提出了一些改革措施。如制定《禁止宗教首领与外人私订各种契约》，从法律上限制上层喇嘛的政治权限以防止境外势力的渗透。宣布解放“黑徒”，即解放清代以来蒙古地区藏传佛教实行的寺院属民（阿拉巴特）制度，从一定程度上削弱了寺院经济的发展。

综观民国时期的宗教政策可以看出，政策的制定大多是从维护国家统一和边疆稳定出发，长期施政与具体政策相结合，加强了中央政府对民族宗教问题的管理，为后来的内蒙古宗教改革奠定了基础。

二、“日伪”政权统治下的蒙古地区宗教

1932—1945 年，日本占领我国东北及内蒙古地区，这一时期通常称为“伪满”时期。当时，内蒙古大部分地区沦陷，尤其是中部、东部地区全部沦为日本的殖民地，成为伪满洲国之兴安行省。由于考虑到藏传佛教在蒙古民众的精神和社会生活中的地位，日本关东军在制定对蒙政策时，将藏传佛教作为把握民心的重要方面加以强调。1932 年 12 月，兴安总署发布了《禁止喇嘛干涉政治之件》的训令，训令在回顾宗教史上宗教参与政治、政教结合所产生弊端的基础上，确定了严格实行政教分离的方针。“伪满”国务院又于 1940 年制定喇嘛教政策的纲领性文件《喇嘛教整备要纲》，着手进行所谓喇嘛教改革。成立喇嘛教宗团、限制喇嘛到西藏游学等，改革的根本目的在于排除西藏对蒙古喇嘛教的影响，将蒙古的喇嘛教日本化，培养亲日的宗教领袖；打破了满清直至民国以来喇嘛免服兵役和劳役的成规，强征青年喇嘛入伍，为建立“大东亚共荣圈”的侵略战争服务。蒙古宗教界也利用各种方式进行反抗斗争，出现了一些爱国爱教的开明宗教人士。

1937 年，日本占领内蒙古西部察哈尔盟、乌兰察布盟、锡林郭勒盟、伊克昭盟等地区后，有关蒙古宗教事务由伪蒙疆政权管理，依然强调政教分离政策，并提出一些改革措施。1940 年 12 月，提出《宗教施策》，决定设立喇嘛训练所、成立喇嘛印务处、管理寺庙经济、提高喇嘛素质。1942 年，德王（锡林郭勒盟副盟长）在贝子庙主持召开了锡林郭勒盟十旗札萨克及各大寺庙喇嘛代表 100 多人参加的会议。会议主要对盟旗的经济发展和藏传佛教问题进行了讨论，决定限制出家当喇嘛的人数；考核、淘汰不

称职的喇嘛，使其还俗；如喇嘛犯法须由旗公署进行惩罚；40岁以下的喇嘛必须学习蒙古文；寺庙没有法事活动时组织喇嘛学习手工艺等。1943年5月，在张家口召开蒙古佛教复兴会议，成立喇嘛印务处，成为伪蒙疆政权管理喇嘛和寺庙的专门机构。

1932—1945年，“日伪”统治时期，从他们联合满蒙的战略出发，日本人对内蒙古的宗教做了一些实地调查，出版了《蒙古之旅》、《蒙疆漫笔》、《蒙古的资源与经济》、《蒙疆的自然与文化》等，客观上说，这些资料对我们的文化研究还是有积极意义的。

1936年，满洲国蒙政部对内蒙古东部地区的藏传佛教状况进行了调查统计，列表如下：

“伪满”时期藏传佛教寺庙、喇嘛统计表[①]

地区	寺庙数	喇嘛人数	备注
兴安西省	107	8393	1932—1945年，日本占领我国东北及内蒙古地区，内蒙古中部、东部地区全部沦为日本的殖民地，成为兴安行省
兴安南省	197	9015	
兴安北省	42	3297	
省外四旗	34	1271	
锦州热河蒙旗	282	7009	
合计	662	28985	

① 德勒格编著：《内蒙古喇嘛教史》，452页、453页，呼和浩特，内蒙古人民出版社，1998。

1938 年，伪蒙疆政府对内蒙古中西部地区藏传佛教寺庙、喇嘛情况进行了调查，结果如下：

内蒙古中、西部地区藏传佛教寺庙、喇嘛统计表[1]

地区	寺庙数	喇嘛人数	备注
察哈尔盟	63	3796	新中国成立后，撤消察哈尔盟、巴彦塔拉盟建制，合并到其他盟市。
巴彦塔拉盟	39	1952	
乌兰察布盟	118	5315	
伊克昭盟	250	17894	
锡林郭勒盟	130	15000	
阿拉善盟	37	5000	
合计	637	48957	

以上两表基本反映了内蒙古地区 20 世纪三四十年代藏传佛教的状况。两表相互参照，统计数字之和大致就是当时内蒙古地区藏传佛教寺庙和喇嘛的情况。

三、藏传佛教与近代蒙古社会

作为一种社会主流宗教，藏传佛教深刻地影响了近代蒙古社会的方方面面，尤其是对近代蒙古社会政治生活的影响最为显著。宗教领袖参与社会政治活动，赞助共和，安抚民众，宗教上层人

① 德勒格编著：《内蒙古喇嘛教史》，453 页，呼和浩特，内蒙古人民出版社，1998。

物往来于政府与寺庙之间，给动荡的局势平添几分安宁之气。

（一）藏传佛教与近代蒙古社会政治

综观民国及日伪时期的蒙古地区宗教，突出的表现之一就是宗教上层与政治关系紧密。一方面，民国政府仍对宗教上层采取了笼络、利用政策；另一方面，上层喇嘛享有与蒙古王公同等的优厚待遇及各种尊贵名号和职衔，他们在寺院内甚至还拥有行政司法等权力，并干预蒙旗政治事务，参与了许多重大政治事件。①

北元时期藏传佛教的传入可以说是宗教与蒙古统治集团成功合作的结果，从俺答汗与索南嘉措的互封尊号，我们就可以感受到其中浓烈的政治气息。那么，到了近代即晚清和民国时期，藏传佛教与蒙古社会政治生活的关系愈加紧密。

首先，喇嘛在蒙古族人口中所占的比例仍然相当高。据20世纪30年代的调查统计，内蒙古东西各盟合计蒙古族总人口为1388271人，喇嘛人数为81463人，寺庙1630座，喇嘛占蒙古族总人口的5.87%，大约占蒙古族男性总数的11.74%，这个比例是相当高的。上层喇嘛拥有许多特权，享有很高的社会地位，有些呼图克图的特权甚至超过了世俗封建贵族，作为当时社会的知识阶层，因此，如此众多的喇嘛所代表的社会力量是不容忽视的。况且，寺庙也是当时的经济、文化中心。名目繁多的“庙会”、“法会”成为人员往来、信息传递的必要场所和手段。

---

① 义都合西格主编：《蒙古民族通史》，第五卷，第七章第三节，呼和浩特，内蒙古大学出版社，2002。

其次，晚清政府和中华民国政府仍对宗教上层采取了笼络、利用的政策。晚清政府虽然调整了对蒙古的政策，但对宗教上层还是基本保持了原来的笼络、利用政策。中华民国成立之初，政府为了迅速稳定蒙古地区局势，仍然率由旧章，1912年8月颁布的《蒙古待遇条例》中规定："蒙古各地呼图克图、喇嘛等原有之封号，概仍其旧。"1912年11月，民国政府对首先表示"翊赞共和"的内蒙古喇嘛教首领第六世章嘉呼图克图大加笼络，承认其清代所授予之"灌顶普善德大国师"封号、金印、金册及各项荣典，特加封"宏济光明"名号，"赉予银一万元"，复"加给年俸一万元，以示优待"。1932年4月，国民政府还任命章嘉为"蒙旗宣化使"，并加封"净觉辅教"名号。

第三，在蒙古社会生活中，从王公贵族到一般民众，对得失祸福、生老病死、婚丧嫁娶等问题，仍习惯于听从喇嘛的意见。尤其是"活佛得于无形中支配王公的思想，进而支配政治，活佛下之大喇嘛，其片语只言，虽王公不敢违逆。"[①] 因此，宗教不仅仅是信仰问题，而且往往参与、干涉蒙古地区的政治活动，甚至有些上层喇嘛直接掌握蒙古地区的行政权力。

当然，宗教不等于政治。"但从阶级社会形成以来，宗教就从来没有与政治完全分离，它或是政治斗争的工具，或是利用政治为其自身的目的服务。"[②]近代以来，蒙古地区发生的一系列重大政治事件均有藏传佛教上层喇嘛参与并在其中扮演主要角色。

---

① 黄奋生：《蒙藏新志（下）》，718页，见张羽新主编之《中国西藏及甘青川滇藏区方志汇编》，第五册，北京，学苑出版社，2003。

② 吕大吉：《宗教学纲要》，367页，北京，高等教育出版社，2003。

表现了藏传佛教与蒙古地区社会政治千丝万缕的关系。

1. 20世纪上半叶，蒙古历史上最大的政治事件便是喀尔喀（今蒙古国）蒙古的独立。在这一事件中，外蒙古宗教领袖八世哲布尊丹巴呼图克图是核心人物。直到1924年圆寂为止，他掌握外蒙古政教权力达十几年。此后，蒙古人民共和国政府曾作出专门规定，禁止寻认哲布尊丹巴的转世灵童，哲布尊丹巴活佛系统就此宣告终结。此后，藏传佛教对喀尔喀（今蒙古国）蒙古政治的影响逐渐削弱。

2. 与喀尔喀蒙古第一次独立同时发生的内蒙古“独立自治”运动中，藏传佛教上层同样起了相当重要的作用。

1912年，哲里木盟科右前旗郡王乌泰发动的“东蒙古独立”事件中，该旗王爷庙锡勒图喇嘛布和布彦即是主谋之一，他曾被派往库伦与哲布尊丹巴集团进行联系。乌泰正式宣布“东蒙古独立”之时，锡勒图喇嘛和该旗葛根庙活佛等被封为各路统兵元帅，并以所谓“神佛保佑”等说法发动信众。

1933年以德王为首倡导的内蒙古高度自治运动，试图借助九世班禅的声望。德王当时只是锡盟副盟长，声望并不高，年纪又轻，要倡导内蒙古自治，必须得到各盟旗王公的支持方可。为此，他首先和锡盟盟长商定，联络各盟旗集资在内蒙古为九世班禅建庙，请班禅大师长期留驻内蒙古，以形成一个宗教中心，各盟旗王公一致表示赞成。为此，决定在西苏旗和西乌旗为班禅各建一所寺庙供班禅大师驻锡。1933年德王等在百灵庙召集内蒙古各盟王公会议，向国民政府发出“高度自治”的要求。

在内蒙古人民革命党领导的大革命运动中也有一些上层喇嘛

参与其中。如伊克昭盟札萨克旗喇嘛庙活佛、“独贵龙”[①] 运动著名领袖旺丹尼玛，可以称为“革命喇嘛”。从个人思想气质上看，旺丹尼玛自幼出家，一心致力于宗教事业，但他的民族气节在关系民族利益的关键时刻表现了出来，撼动他幽静佛心的事件是草原放垦。为了摆脱内外交困的局面，清政府于光绪二十八年（1902年）派贻谷为钦差大臣、归化城将军，来内蒙古筹办边垦事务。草原放垦风潮波及到鄂尔多斯高原（伊克昭盟），旺丹尼玛活佛在放垦问题上与札萨克旗王爷发生了冲突，为了制止放垦、保护草原，旺丹尼玛活佛发动牧民，组织了以反对放垦为主要内容的“独贵龙”运动，展开政治斗争和武装斗争，与推行放垦的各种政令相抗衡。1918年以后，旺丹尼玛与鄂尔多斯另一位“独贵龙”运动领袖席尼喇嘛一起在北京接受了中国共产党的秘密宣传，与李大钊有了接触。1925年秋，在“内蒙古人民革命党”第一次代表大会上，旺丹尼玛当选为内蒙古人民革命军总司令，席尼喇嘛当选为内蒙古人民革命党中央执行委员。[②]这些历史事实充分说明，民国时期蒙古地区的宗教势力，尤其是上层喇嘛与社会政治的关系仍然相当紧密。

3. 宗教上层直接掌管蒙古地区的政治权力，实行“政教合一”的统治是藏传佛教与蒙古地区政治发生关系的另一种主要表现形式。

盟旗制度是清朝在蒙古地区实行的特殊行政制度。清王朝根

---

①“独贵龙”：近代蒙古人民反抗封建压迫的一种斗争形式。“独贵龙”蒙古语意为“圆圈”、“环形”。参加斗争活动的人们在集会和在文书上签名时，环列成一圆圈，以表示成员一律平等，也不易暴露组织的召集人和领导人。

② 梁冰：《鄂尔多斯历史管窥》，467页，呼和浩特，内蒙古大学出版社，1989。

据“众建以分其势”的分而治之的原则，把蒙古地区分成了许多互不统属的旗。旗是基本军事、行政单位，同时也是清朝皇帝赐给旗内各级蒙古封建主的世袭领地。一般称札萨克旗，此外还有总管旗和喇嘛旗。喇嘛旗是建立在大寺庙领地上的特殊旗，总共设有七个喇嘛旗，规定喇嘛札萨克享有特殊的权力，实行政教合一的管理。如哲里木盟锡勒图库伦旗就是一个完全实行了政教合一制度的喇嘛旗，其政治机构和管理方式都不同于一般札萨克旗。喇嘛札萨克管理全旗行政、财政、税收、民事、诉讼等事务，当然也管理寺庙和喇嘛。寺庙拥有大量的哈里雅特税户、土地、草场、房屋等财产，其教务全由札萨克喇嘛直接管理。这种政教合一的管理制度一直延续到民国时期的1931年。

民国时期，锡林郭勒盟东乌旗的嘎布济庙喇嘛罗布桑，因不满该旗札萨克多尔济在旗内推行的苛政，组织嘎布济庙属民，停止向旗公署缴税应差，拒绝执行旗公署的任何命令，并在其寺庙附近实行定居放牧，招收牧民子弟到庙里所设的小学和手工艺工厂学习，与旗公署形成对峙局面。为此蒙古联合自治政府派兴蒙委员会委员长松津旺楚克前去解决，禁止罗布桑喇嘛干涉地方行政事务，严格规定该庙属民服从旗公署的管辖，同时撤消该旗札萨克职务，由该旗协理多布丹代理。这样才平息了东乌旗的这场政教之争。类似事件还有很多，藏传佛教对蒙古社会影响之深由此可见一斑。

（二）九世班禅大师与内蒙古佛教

班禅额尔德尼简称“班禅”，是藏传佛教格鲁派两大活佛转世系统之一的称号（另一为达赖喇嘛），“班禅”即大学者之意。康熙五十二年（1713），康熙帝封班禅五世罗桑益西为“班禅额尔德尼”，并赐予金册金印，确立了“班禅”在藏传佛教格鲁派中的领袖地位。此后历世班禅转世，必经中央政府册封，成为定制。“班禅”、“达赖喇嘛”两系活佛转世系统历来在蒙古族信众中享有崇高的威望。

光绪十四年（1888），九世班禅大师被认定，法名曲吉尼玛，于光绪十八年（1892）坐床。与前世班禅大师一样，统领后藏事务。曾与十三世达赖喇嘛一道抗击英帝国主义的侵略。1913 年，民国政府大总统袁世凯封九世班禅大师“致忠阐化”名号，“以彰民国优待忠勤，尊崇黄教之意”。大约 1915 年以后，因十三世达赖喇嘛在班禅属地日喀则征赋、抽丁等，侵犯班禅权益，互生间隙，导致二者失和。1923 年 1 月，九世班禅率少数侍从出走内地，足迹遍及大江南北和东北、内蒙古、甘肃、青海等地，进行宣化传法等佛事活动。期间正值军阀内战，班禅大师目睹了国无宁日，边事混乱，于是发表宣言，呼吁“五族共和”，为祈祷国运亨通、人民安乐而奔走。1925 年 2 月，班禅大师到达北京，受到官方热烈欢迎。此后，内外蒙古的王公和僧俗群众“来膜拜者，源源不绝，无日无之，而多则五六次，少则一二次，供养之盛，得未曾有”，前后来京蒙古族不下数万人。1925 年 8 月，民国政府册封班禅为“宣诚济世”封号。

此后，从 1926 年至 1935 年，九世班禅大师在内蒙古地区活动长达十余年。期间他的足迹踏遍了归绥、包头及哲里木、昭乌达、呼伦贝尔、锡林郭勒、伊克昭盟等地，由于藏传佛教领袖在蒙古

第九世班禅大师在百灵庙

信众中享有崇高的地位，因此，九世班禅大师在内蒙古地区的活动与内蒙古地区时局发生了相当密切的关系，也对当时的蒙古族佛教产生了深刻影响。[①]

1926 年，九世班禅大师应蒙古东部各旗王公邀请，前往沈阳。奉系军阀张作霖掌管北京政府实权后，为利用班禅来安抚内蒙古民心，安排大师到沈阳黄寺居住。1927 年 5 月，九世班禅大师应哲里木盟各旗王公邀请，赴达尔罕旗、图什业图旗宣化、传法。1928 年 4 月，由亲王杨桑巧为施主，在锡王庙举行了第一次

① 牙含章编著：《班禅额尔德尼传》，第七章，拉萨，西藏人民出版社，1987。

“时轮金刚法会”，蒙古王公、僧俗施主前来求法、施戒、摩顶者络绎不绝，供养的金、银、驼、马、牛、羊无数。1928 年 7 月，由东部蒙古十旗王公为施主，九世班禅大师在达尔罕旗温都尔庙举行第二次“时轮金刚法会”，铺设法坛，祈祷和平，教化蒙众，僧俗听众达 20 多万人，功德圆满。这两次法会使班禅大师在当地蒙古族中威名大震。

1929 年至 1930 年，九世班禅大师应锡林郭勒盟盟长索王之邀赴锡林郭勒盟讲经宣化，期间以盟长索王做施主，举行两次“时轮金刚法会”，先后为十几万王公贵族和僧俗信众唪经传法。为了邀请九世班禅在锡林郭勒盟长住，锡盟盟长索王还联络各盟旗王公捐款集资 10 万余银元，在乌珠穆沁右旗和苏尼特右旗各建一座“班禅庙”供班禅驻锡[①]。

1931 年 2 月，班禅大师应国民政府邀请经沈阳到南京，在国民会议上致辞呼吁全国民众，一致努力，捍卫国家主权，维护国家统一，赢得了广泛的赞誉。被国民政府册封为“护国宣化广慧大师”称号。1931 年秋，班禅大师应内蒙古呼伦贝尔副都统凌升邀请，回到呼盟最大的甘珠尔庙等地，为广大蒙古族僧俗民众讲经、摩顶。宣化民族团结、同舟共济，在民族危难之际，御侮图存大义，安抚了民心，深得人们敬爱。

“九一八”事变后，东北沦陷，日本的战略是“欲占领中国，必先占领满蒙”，内蒙古形势十分严峻。在此多事之秋，国民政府寄希望于九世班禅大师，蒙藏委员会致电内蒙古锡林郭勒盟盟

---

① 李烨：《九世班禅在内蒙古宣化传法的历史功绩》，载《中国藏学》，2005（2）。

长索王和乌兰察布盟盟长云王，要求他们设法保护班禅大师前往内蒙古西部。在西行途中，九世班禅大师仍对沿途欢迎他的蒙古王公、喇嘛和广大民众宣化，对安定蒙古僧俗群众之心起到了积极作用。

1932年3月，九世班禅大师发表“请安抚蒙民通电”：“……抚绥蒙民，望政府及时注意，速筹良法，免失指臂之效，国防幸焉。至班禅朝夕犹与蒙古各寺喇嘛诵经祈祷，祝邦家之永奠，弭祸患于无形。”[①] 1932年7月，九世班禅大师抵达乌兰察布盟达尔罕旗百灵庙并主持了第五次“时轮金刚法会”，三万多蒙古信众聆听了传法宣化，施主是乌兰察布盟盟长云王和乌盟各旗王公，这是九世班禅大师在内蒙古主持的最后一次“时轮金刚法会”。1933年1月21日，九世班禅大师在蒙藏委员会纪念周发表《西藏历史与五族联合》的演讲，呼吁“五族联合”、“力行团结”。

1933年春，内蒙古西部危在旦夕。锡林郭勒盟德王策划发动“内蒙古高度自治”运动，以期掌握蒙政大权。1933年7—9月，德王在百灵庙先后召开两次“蒙古自治会议”。为了借助九世班禅大师的影响，德王特地邀请班禅大师来百灵庙居住，并为此修建班禅行宫一座，希望得到九世班禅大师的支持。在此期间，冒充喇嘛潜伏的日本特务，利用德王发动“蒙古自治”的野心，对德王提出“应与日本合作进行”。班禅大师为防止“蒙古自治”运动被日本利用，在百灵庙召见参加“蒙古自治”的王公，并发表谈话劝说他们选代表向中央商承一切，以免为国际势力所利用。

①《蒙藏旬刊》，1932（12）。

"无论如何不能超出地方自治以外，而此种自治，须受中央之扶持与若干制度之限制也，然后蒙人方能享受到自治真正之益。"九世班禅大师的谈话在蒙古王公中影响很大，取得了圆满结果，稳定了局势。为此，国民政府于1933年10月18日发布褒奖令："护国宣化广慧大使西陲宣化使班禅额尔德尼，矢忠党国，愿力恢弘，前膺宣化使命，寒暑遄征，勿辞劳瘁，上以宏扬中央之意志，下以激发蒙旗之忠忱，德音广被，轸域胥融。顷者国难未已，疆隅多故，该使力镇危疑，维系边局，眷念勋勤，尤甚嘉慰，特予崇褒，以彰殊迹。"

1935年1月，九世班禅大师又应邀赴阿拉善旗宣化，并建立"西陲宣化使公署"，告诫蒙古王公、上层喇嘛要警惕日本的侵略图谋，团结一致，御侮图存。从1926年至1935年，在民族危亡之际，九世班禅大师不畏寒暑，先后在内蒙古数十座寺院唪经弘法，举行五次"时轮金刚法会"，为蒙汉民众开诚宣化，安抚民心，力倡民族团结，为近代蒙古族佛教史写下了辉煌的一笔！

（三）民国时期的六世章嘉活佛

章嘉呼图克图系统与达赖喇嘛、班禅额尔德尼、哲布尊丹巴并称为藏传佛教四大活佛转世系统。章嘉呼图克图的统治地位的确立始于17世纪中叶。章嘉本是西藏萨迦派的转世活佛，受康熙皇帝册封之前，已转十三世。第十四世就章嘉呼图克图阿格旺罗布桑却丹于康熙四十五年（1706）受封"呼图克图"、"灌顶普善广慈大国师"，奉旨总管内蒙古佛教事务后，又转六世。因此，在蒙古地区活佛系统中，把第十四世章嘉活佛称为第一世章嘉呼图克图。

活跃于民国时期蒙古地区的是第六世章嘉呼图克图。六世章嘉在民国时期的影响主要表现在两个方面，一是政府为他加封了各种各样的名号、封号，提高了章嘉作为宗教领袖的地位和影响；二是他在蒙古地方旨在呼吁团结抗日、安定民心的宣化活动。

六世章嘉呼图克图业喜道尔吉 1899 年曾奉旨进京，驻锡嵩祝寺。光绪二十六年（1900）被任命札萨克达喇嘛，加赐前世各项荣典，管理京城和内蒙古佛教事务。1904 年，清政府依前世惯例，发给六世章嘉活佛“灌顶普善广慈大国师”印绶和书。1911 年，六世章嘉活佛赴五台山驻锡镇海寺，诵经拜佛。

1912 年中华民国政府成立，六世章嘉活佛返回北京，发表声明，拥护中华民国政府，开始了赞助共和的活动。1912 年 10 月，民国政府加封六世章嘉活佛为“宏济光明大国师”尊号，“据蒙藏事务局呈，已悉章嘉呼图克图，道行高深，此次翊赞共和，厥功尤伟，应即准如所请，加给年俸一万元，以示优待，以令行喇嘛印务处知照备案可也。”还封六世章嘉的父亲格尔玛林沁为“辅国公”，授予其师傅达齐札木苏为“莫尔根堪布”封号。1916 年，加封“昭因阐化”四字名号，册封为“灌顶普善广慈宏济光明昭因阐化综持黄教大国师”，“大总统府高等顾问”，发给金册，授权掌管京城、内蒙古、察哈尔、五台山、热河等地寺庙。由于章嘉呼图克图发表声明翊赞共和，受到特使优礼，产生了示范效应，内蒙古地区其他大呼图克图等宗教上层人物，随之纷纷发表声明，赞助共和，并呈送供品进京祝贺，成为一时风气。这也致使民国政府于 1913 年颁布了“各呼图克图第一次来京行资条例”，从经济上资助他们进京晋见。

1919年，封给“导教黄教”匾额，令章嘉继续劝导外蒙古放弃独立。

1921年，六世章嘉呼图克图派代表祝贺南京成立国民政府，国民政府表示承认章嘉过去的荣典和待遇，并任命他为国民政府蒙藏委员会委员。1929年，国民政府批准六世章嘉活佛在南京、北平、太原、张家口等地分别设立“大国师章嘉呼图克图办事处”，管理各项佛教事务。1932年4月，六世章嘉活佛参加国民政府在洛阳展开的国难会议，并在会上用蒙古语演讲拥护国民政府，取消外蒙古独立，呼吁各族各界团结一致，在国民政府的领导下，团结抗日，抵御日本侵略，得到与会者的一致赞许。

20世纪30年代，喀尔喀蒙古独立、内蒙古“自治”运动使北国风云一度紧张。为了应付日益紧张的局势，鉴于宗教领袖的特殊地位和威望，1932年国民政府批准任命六世章嘉呼图克图为“蒙旗宣化使”，并加给“净觉辅教”名号，“蒙旗宣化使”的主要使命是对内外蒙古感化宣传，进行安抚，劝导他们取消独立或自治的要求。1934年3月，六世章嘉活佛赴内蒙古宣化，在包头、伊克昭盟、呼和浩特等地的几个寺庙举行法会，为喇嘛和信众诵经释法一个多月。他每到一地，都大量散发蒙汉文字的宣传品，如告蒙古民众书、告喇嘛书、告王公书等，发表演讲宣化南京政府对内蒙古的方针政策。抗战时期，六世章嘉活佛随南京政府撤退到重庆，抗战胜利后回到北平，1948年到台湾直到1958年圆寂。

九世班禅大师和六世章嘉活佛在民国时期的活动，说明当时的佛教领袖在蒙古社会的威望和蒙古族民众对佛教信仰的虔诚，也表现了班禅大师、章嘉活佛在国难当头时的爱国精神。反映了当时宗教与社会政治关系之密切。

四、小结

近代以来，藏传佛教在蒙古社会逐渐衰落，与此同时，宗教与蒙古社会政治的关系却更加密切而复杂。这种“宗教世俗化”的出现固然与近代蒙古社会变革及当时的国内国际形势紧密相关。然而，最根本原因仍在于宗教与政治统治的互相利用。一方面，从宗教上层来说，他们希望依靠世俗政治权力来摆脱日益衰落的命运。另一方面，对世俗统治者来说，他们既要强调政教分离、宗教不得干涉政治等原则，又希图在需要的时候宗教势力能为其统治提供辅佐。事实上，与外部世界基本处于隔绝状态的蒙古地区在表达意愿争取自治时，除了依靠宗教势力外，似乎也没有可以依靠的有影响的政治和意识形态力量。这一切决定了在风云变换的近代社会藏传佛教与蒙古地区政治生活密切而复杂的关系。

第四章
内蒙古宗教改革

20世纪上半叶的中国,是一个动荡不宁、内忧外患共存的时期。与中华民族的命运紧密相联，蒙古社会政治、经济、文化发生了剧烈变动。

一、新中国初期内蒙古地区的宗教状况

内蒙古地区的藏传佛教经过晚清、民国、“日伪”统治和连年战争逐渐走向衰微，一些寺院在战乱和土地改革时期遭到严重破坏。尤其是内蒙古东部一些地方，在 1946—1947 年土地改革时期，在“左”倾的工作方针指导下，提出“砸碎封建枷锁，破除宗教迷信”、“打倒黄色封建阶级（上层喇嘛）”、“消灭地主和喇嘛”等口号，藏传佛教受到了严重打击，很多寺庙被拆除；经卷、资料被焚毁；佛像、法器等被毁坏，人为破坏比较严重。尽管如此，新中国初期，根据内蒙古有关部门和研究人员的调查统计，内蒙古地区仍有寺庙 1300 余座，喇嘛 6 万余人，约占蒙古族人口的 8% 左右。无论是绝对数量还是相对数量都相当多，具体情况见下表：

内蒙古各盟市藏传佛教寺庙、喇嘛统计表①

地区	寺庙数	喇嘛人数	备注
哲里木盟	242	12174	此表中不包括清代属于内蒙古卓索图盟土默特左、右旗和哲里木盟郭尔罗斯前、后旗的 36 座寺庙。
昭乌达盟	201	9897	
呼伦贝尔盟	42	2655	
兴安盟	31	2614	
锡林郭勒盟	273	14378	
乌兰察布盟	139	2611	

① 德勒格编著：《内蒙古喇嘛教史》，453 页，呼和浩特，内蒙古人民出版社，1998。

地区	寺庙数	喇嘛人数	备注
伊克昭盟	252	9000	表中数字有些地方以1945年为准，有些地方以1949年为准。
巴彦淖尔盟	60	3368	
阿拉善盟	37	4103	
呼和浩特市	39	350	
包头市	15	700	
合计	1331	61850	

二、宗教改革的必要性

作为社会文化现象，宗教必然会受社会发展的制约，随着社会关系的变化而变化。20世纪中叶的蒙古族地区，经济萧条，民不聊生，如此社会经济状况必然波及到宗教领域，生活极度贫困的人们已经无力向寺庙上布施，使得一些寺庙香火不继，有些喇嘛为了躲避战争或饥谨而流散各地或回家。与此同时，随着时代的发展和蒙古民族的精神觉醒，人们对藏传佛教之于民族的危害有了普遍认识，出家当喇嘛的宗教热情已大不如前。从藏传佛教内部来看，也是矛盾重重。寺庙拥有土地、牲畜及其他生产资料，通过出租等形式剥削农牧民，直到新中国成立，寺庙内部的管家制度、等级制度、打罚制度、戒律制度、寺庙间的隶属制度等仍然存在。寺院还享有各种特权，庙仓是上层喇嘛的财产，佛仓则是活佛的私产，甚至还私设监狱随意处罚民众。陈旧的宗教制度，已经成为蒙古民族生存和发展的巨大障碍。大批蒙古男子出家当喇嘛，使得社会生产和家庭生产的沉重负担大都落在妇女身上，蒙古族人口性别比严重失调，人口一度出现“高出生、高死亡、低寿命、负增长”的情况。据 1940 年的调查，蒙古族出生率 3.73%，死亡率高达 4.42%，人们的平均寿命不到 40 岁，致使 1947 年内蒙古的蒙古族人口仅有 80 万左右，而喇嘛人数大约 8 万余人，占总人口的比例相当高。宗教改革势在必行。

1947 年 5 月，内蒙古自治区成立，成为我国第一个民族自治地区。如何对待具有悠久历史、重大影响和广泛社会基础的藏传佛教，采取什么样的政策和措施，直接关系到内蒙古新民主主义革命的成败，直接关系到蒙古民族的社会解放和思想解放，甚至直接关系到新政权在内蒙古的巩固和发展。改革传统宗教这一历史重任严酷而现实地摆在共产党人面前。因此，从 1947—1956 年，内蒙古地区进行了全面而深刻的宗教改革。宗教改革主要是针对藏传佛教进行的，这次改革不同于历史上的宗教改革，不仅仅局限于宗教内部，而是宗教内部和外部结合进行的，可以说是一场深刻的群众自我教育运动。

三、内蒙古自治运动时期及新中国的宗教政策

早在建党初期，李大钊领导的中共北方党组织的一些著名活动家邓中夏、赵世炎等通过在蒙藏学校[①]的蒙古族学生进行调查研究，深入分析了蒙古社会状况，提出“其（指清政府及北洋政府）对蒙古民族，纯用藩属政策，以笼络其王公喇嘛，沦蒙古民族于外国的帝国主义、中国的帝国主义、蒙古王公的封建制度、喇嘛

① 蒙藏学校：创建于 1913 年。

鄂尔多斯市乌审旗席尼喇嘛纪念塔（2005 年摄）

教的愚民剥削四重压迫之下，而未有解脱。”[1]中共北方党组织多次向蒙藏学校的蒙古族学生宣传马克思主义，宣讲国际形势，培养了一批追求真理、致力于蒙古民族振兴的蒙古族青年，为日后进行社会革命和宗教改革奠定了基础。1940 年，中共中央西北工委在《关于抗战中蒙古民族问题提纲》中即对处理蒙古宗教问题提出建议。当时对内蒙古宗教工作的基本态度和政策是：“政教分离”、“信教自由”。宗教不得干涉政治，教徒享有公民权力及尊重宗教习俗，取消必须抽丁当喇嘛的旧法，亦不强迫喇嘛还俗，保证喇嘛安全。1946 年 12 月，中央冀热辽分局关于热河蒙民工作的指示：“蒙民所信奉的喇嘛教，在满清时代，是被利用来作为消灭蒙古民族的一种工具，伪满时日寇也利用它来实现同一目的。由于喇嘛教的盛行，就大大减少蒙古民族的人口，同时也大大减少劳动力，使经济无法发展，长期限于贫穷之境。更有甚者，是糜费内蒙古民族强悍的斗志，为害之大实属显见。但对喇嘛的偶像崇拜，由于长期历史之遗留，在蒙民中还是根深蒂固，现在虽有走向没落之象,然并非绝灭之时。因此我们主张‘政教分离’，‘信教自由’。宗教不得干涉政权，教徒享有公民权利及尊重宗教习俗，取消必须抽丁当喇嘛的旧法（包括成文法与习惯法）。亦不强迫喇嘛出教，保证喇嘛安全。但因蒙民觉悟程度，逐渐减少以至停止喇嘛对蒙民的敲诈勒索，我们还必须向喇嘛宣传教育，要他们参加反美反蒋争取内蒙古自治的神圣事业，并动员他们出

① 内蒙古档案局编：《内蒙古统战史档案史料选编》，11 页，1987。

资兴业，参加劳动，增进蒙古人民的福利。”[①]

1947 年 5 月内蒙古自治政府成立之初，便在其《内蒙古自治政府施政纲要》中明确规定：“实行信教自由与政教分立，保护庙产，提倡喇嘛自愿投资经营工商业与各种合作事业，奖励喇嘛自愿入学，参加劳动与行医。”1947 年 10 月，内蒙古共产党人根据中共公布的《中国土地法大纲》，结合内蒙古地区的民族特点，确定了消灭封建剥削的基本政策，其中有一些与宗教相关的内容：1. 内蒙古境内土地为蒙古民族所公有，废除内蒙古封建的土地所有制度；2. 废除一切封建阶级及寺院占有的土地所有权；3. 蒙古族人民信教自由，喇嘛不许有公民以外的特权等。内蒙古自治运动的领袖乌兰夫同志在内蒙古自治运动联合会目前工作方针报告中也指出：“对于喇嘛教之政策，基本上是信教自由，不信教之人也自由，不能用强迫命令行之。我们应该经过说服教育之方式，争取年幼的喇嘛求学。对于一般之喇嘛，应当使他们能为民族事业服务。对各庙喇嘛之财产应当保护。”[②]

1949 年 3 月，在中共七届二中全会上，乌兰夫同志在论及内蒙古宗教工作时说：“在内蒙古地区，我们采取信教自由、不信教也自由的宗教政策。在各旗的喇嘛庙附近办学校，提倡小喇嘛读书，学习文化。大喇嘛中有的会治病，我们开办喇嘛医学院，进行医疗训练。并提倡喇嘛参加劳动，帮助他们行医、就业……我们的政策基本上是，团结喇嘛下层群众，争取喇嘛上层人士，

① 乌兰察夫主编：《蒙古族无神论思想研究》，151—152 页，呼和浩特，远方出版社，2000。

② 内蒙古档案局编：《内蒙古统战史档案史资料选编》，289 页，1987。

逐步引导他们按党的宗教政策办事”。并强调“宗教只有在人民群众的政策水准和文化水平提高后，才会逐渐消亡。今天对这种思想信仰的问题，不是采取行政命令所能解决的”。[①]1949年10月，中共中央在《关于少数民族工作指示草案》中也指出：取得少数民族信任的最可靠的办法，在于我们认真尊重少数民族的风俗习惯和宗教信仰的行动。

在党的民族宗教政策指引下，内蒙古共产党人深刻分析了蒙古民族的历史及现状，从蒙古族的民族宗教信仰特点出发，对藏传佛教信众采取争取、团结、教育、改造的方针。宣布：“实行信教自由和政教分立”，一方面，揭露佛教对蒙古民族的危害，废除了喇嘛上层的宗教特权和封建特权；另一方面，鉴于藏传佛教在蒙古社会中的特殊地位和深厚的信仰基础，采取了政教分离、信仰自由政策，始终把对人的教育、改造放在第一位，也包括对寺庙的经济改造，保护喇嘛寺庙及庙产，保护正当的宗教活动等措施。同时提倡和鼓励喇嘛还俗、求学、行医、参加农牧业生产等各种世俗劳动，逐渐淡化其宗教特性和社会影响。乌兰夫同志指出：“提倡喇嘛自愿经营工商和各种合作事业，奖励喇嘛自愿入学”，并进一步指出：“关于喇嘛念书问题，有些人不主张喇嘛念书。我看这也不好，各方面人士都需要学习，喇嘛当然也需要学习。喇嘛过去在蒙古民族里叫知识分子，现在搞社会主义，如果要维持知识分子的地位，不但要念书，而且要多多念书……把喇嘛的知识提高一步，劳动也好，学习也好，对喇嘛来说都是有

① 乌兰夫：《乌兰夫文选》（上册），110页，北京，中央文献出版社，1999。

好处的。”[①] 阐明了提高喇嘛文化水平的重要意义。内蒙古自治运动时期，中国共产党实行宗教信仰自由政策，得到了内蒙古人民的拥护。

1951年内蒙古自治区喇嘛教第一次代表会议通过了《内蒙古喇嘛界爱国公约》，其中有关宗教的主要内容是：在宗教界进行爱国主义教育，宣传党的宗教信仰自由政策。改进喇嘛医技术，为内蒙古人民治疗疾病；开办喇嘛学校，学习民族文字，提高爱民族、爱国家的觉悟；不强收未成年人当喇嘛等。这一政策很好地解决了宗教工作中存在的一些问题。《内蒙古喇嘛界爱国公约》成为新中国建立初期共产党对内蒙古地区宗教的基本政策和行动纲领。1951年至1955年内蒙古先后召开了三次喇嘛教代表大会，很好地落实了宗教改革方针。

1954年7月，在内蒙古自治区第一届人民代表大会第一次会议上，乌兰夫同志对宗教信仰自由政策作了更加系统的说明：“宗教信仰自由是每个公民基本权利之一，每个公民有信仰宗教的自由，也有不信仰宗教的自由；有信仰这种宗教的自由，也有信仰那种宗教的自由；在一个宗教内有信仰这一教派的自由，也有信仰那一教派的自由；过去不信宗教的，今天信了有自由，过去信宗教的，今天不信也有自由。”

这一系列宗教政策的制定，逐渐消除了宗教对人们思想的束缚，使得在蒙古民族中有着广泛影响的藏传佛教走下宗教神坛，在人们的思想意识深处不断淡化，有利地推动了内蒙古地区无神

① 乌兰夫研究会编：《乌兰夫论民族工作》，371页，北京，中共党史出版社，1997。

论教育的开展。

四、宗教改革与无神论教育

（一）宗教改革的内容

根据广大僧俗群众的要求，结合内蒙古地区的实际情况，宗教改革的核心内容是宗教制度的改革，主要从以下五个方面展开：1. 废除一切宗教封建特权。对私设法庭、监牢和刑罚、干涉民事、干涉地方政权事务、干涉文化教育事业、私藏武器、组织武装等一律予以废除。2. 废除寺庙的生产资料所有制和高利贷、无偿劳役等剥削制度。3. 禁止寺庙敲诈勒索群众财物，宗教活动不得妨害生产和违反国家的政策法令。4. 寺庙不得强迫群众当喇嘛，喇嘛也有还俗的自由。5. 废除寺庙内部的封建统治制度，如管家制度、喇嘛的封建等级制度、打罚制度和寺庙间的隶属关系等，宗教人员要自食其力并享有公民权利，履行公民义务。

宗教改革大体分两步进行。第一步是民主改革时期，主要是废除封建特权制度，逐步削弱封建剥削，贯彻宗教信仰自由政策。对于寺庙的土地等，根据不同情况采取了不同的处理办法。当时，内蒙古东部地区处于战争环境，且喇嘛内部出现了两极分化，鉴于此，宗教改革与当地的土地改革采取了大体相同的形式，给喇嘛个人分配了一份土地。而在内蒙古西部和平解放的地区（绥远省），则采取了较缓和的办法，为了照顾喇嘛的生活和寺庙的开支，把寺庙土地的一部分分给无地少地农民，一部分实行减租减息。由剥削惨重的“苏鲁克”改革成为按比例分红的合同制的新“苏鲁克”。

第二步是社会主义改造时期，主要是对寺庙经济进行社会主义改造，团结、教育广大中下层喇嘛和进步的上层喇嘛，改造、引导宗教界人士走社会主义道路。新中国成立以前，寺庙及喇嘛一般都占有大量庙产、土地和牲畜，还有许多施主的奉献，喇嘛属于社会特殊阶层，衣食无忧，不劳而获。然而，这种生活方式与社会主义制度并不相容。因此，对于宗教中的各种特权制度和剥削制度，共产党和政府根据当时当地的情况，采取了既有利于团结、教育、改造喇嘛，又有利于发展生产和团结群众的方针，逐步进行改造。

改造的总原则是：有斗争有团结，有严有宽，严宽都有一定限度。改造的限度就是在不损害社会主义根本利益的前提下，给予宗教人士和一般喇嘛较宽的待遇和出路。要求他们政治上必须拥护社会主义，对经济方面的改造主要采取赎买政策，同时在生活和工作上给予适当安排，对于积极拥护社会主义的进步人物，在政治上给予适当的地位；在思想改造上采取和风细雨、座谈交心的方式；坚持宗教信仰自由政策，对正当的宗教活动不予干涉。

在宗教改革的过程中，始终坚持把人的改造放在第一位。通过学习政治，参加生产劳动，改造思想，转变立场，由原来的寄生生活改造为依靠劳动生活。对于少数生活确实困难的老喇嘛，则由社会安排或政府给予救济。改造的目的就是既改造了喇嘛，又教育了人民，还发展了生产。为了加强政府与宗教界的联系，还协助宗教界成立了“中国佛教协会内蒙古自治区分会”，发挥宗教界人士的积极作用。

（二）无神论教育

建国初期，内蒙古地区开展了广泛而深入的无神论教育，无神论教育配合宗教改革同时进行。教育活动主要在两个层面展开：一是在广大群众中进行无神论教育；二是在宗教界，尤其是在佛教界开展无神论教育。可以说，对广大群众的无神论教育是这一活动的基础，对佛教界进行的无神论教育则是重点。为了配合宗教改革的进行，在佛教界开展了无神论教育，主要围绕以下几个方面展开：

1. 动员喇嘛参加生产劳动，成为自食其力的劳动者。1951年，在内蒙古自治区喇嘛教第一次代表会议上，正式提出了喇嘛参加生产劳动的问题，在会议通过的《内蒙古喇嘛界爱国公约》中明确规定喇嘛要“参加生产，提倡劳动”。历史上，在是否直接参与生产的问题上，藏传佛教与汉传佛教不同，喇嘛不同于和尚，他们是不参加生产活动的。如今要求喇嘛参加生产劳动的目的是使喇嘛通过参加生产成为自食其力的劳动者。1958年确定了结合牧区的社会主义改造，对藏传佛教也进行社会主义改造的方针。此后，绝大多数青壮年喇嘛在农牧区和厂矿企业中参加生产劳动，或在学校、医疗机构工作，既发展了生产、改善了生活，又在生产中改造了思想、提高了认识水平。

2. 加强政治教育，改造思想。为了达到团结教育喇嘛的目的，还在宗教界进行了系统的爱国主义和社会主义的政治思想教育。首先，进行党的宗教政策教育，使他们了解宗教信仰自由包括自由地选择信仰和放弃信仰，任何人不得干涉。其次，在宗教界进行正确处理宗教信仰自由与爱国守法的关系教育，使他们自觉地爱国守法，严格禁止一切违法活动。第三，在喇嘛中组织读报组、文化学校、事实报告会等活动，以正面教育为主，宣传党和政府的政策法规。

3. 学习科学知识，提高文化素养。在600多座寺庙中，建立了100多所喇嘛文化学校，组织喇嘛学习文化，在一些大寺庙还设有文化站、图书室等文化活动场所，使喇嘛学到了有利于提高自身技能的实用科学知识。

建国初期的无神论教育是比较成功的，对人们的思想观念产生了前所未有的影响。在对寺院经济进行社会主义改造的同时，也加强政治思想改造；提倡和奖励喇嘛还俗，可求学、经商、行医、兴办实业、从军、参加农牧业生产劳动等各种世俗社会活动；在100多所寺庙中举办喇嘛文化学校，鼓励喇嘛学习科学文化知识，逐渐削弱佛教在蒙古民族中的强大势力。

兴源寺大门（2007年摄）

（三）宗教改革的意义

宗教信仰自由政策，得到了蒙古人民的坚决拥护和支持。实践证明，这是一场对于蒙古民族的发展有着深远意义的社会变革。通过宗教改革，使蒙古民族长期被禁锢的思想获得了很大的解放，为保障公民宗教信仰自由创造了条件。我国《宪法》明确规定："中华人民共和国公民有宗教信仰的自由"。但在此前，宗教政策使得人们无权选择自己的宗教信仰，如果放弃宗教信仰，不参加宗教活动或不愿意上布施，往往会受到"教法"的惩罚。宗教改革使公民获得了应有的权利，提高了广大僧俗群众的认识水平，同时还保证了寺庙依照宪法和法律管理寺庙，主持宗教活动，贯彻自食其力、以寺养寺原则，协助政府贯彻宗教信仰自由政策。宗教改革的意义还在于它使蒙古民族的宗教状况发生了巨大变化，表现在：1. 喇嘛人数逐年减少，喇嘛曾经享有的特权被逐渐削弱，民众对佛教的认识发生了变化，不再愿意把孩子送去出家当喇嘛。如巴彦淖尔盟 1958 年的喇嘛人数比解放初减少了 42%。2. 宗教活动发生了变化，念经的规模缩小了，参加宗教活动的群众也大大减少，念经时间缩短了。过去一些寺庙法会、诵经等活动一年多达 100 多天，实行宗教改革后减少为三四十天甚至更少。3. 宗教活动服从了生产，农忙季节的法会提前或推后进行，凡是有劳动能力的喇嘛绝大多数参加了适宜的生产劳动，有的喇嘛还参军、年龄小的还上了学，有的甚至参加了行政工作。还俗的喇嘛成家立业，过上了自食其力的生活。不仅减少了宗教活动对社会财富的消耗，而且成为社会财富的创造者。宗教改革彻底改变了蒙古民族的心理状态和精神面貌，激发了他们的生产和生活热情。

1962年，乌兰夫同志在讲话中指出："解放初，内蒙古的喇嘛有8万多人，成为繁荣发展蒙古民族的主要障碍之一。经过我们15年（指内蒙古自治区成立15年）时间的团结、教育、改造工作，除了现行反革命而外，一个喇嘛也没有杀，一个喇嘛也没有关。现在，喇嘛人数只剩1.2万人了，绝大部分有劳动能力的喇嘛参加了劳动和工作，不少喇嘛已经娶妻生子，成家立业，不仅信教的人不多了，而且喇嘛的念经劲头也淡漠了。这是我们共产党人为蒙古民族做的一件好事"。[①]

五、小结

如果结合蒙古民族近代史进行考察，可以肯定，内蒙古宗教改革的积极意义是主要的，这是一场自我教育的思想解放运动，使人们的价值追求从彼岸回到现实，为蒙古民族走向现代化奠定了现实基础。然而，由于这场宗教改革是宗教内部和社会外部的综合改革，不可避免地带有时代的局限性。从今天的眼光审视宗教改革的过程和结果时，我们可以发现，宗教改革时期，人们对宗教的认识还基本是把宗教及其制度与封建剥削制度等同，由于"在人类历史上，宗教常常是社会的至高无上的上层建筑和意识形态，是统治性的文化形式"，[②]人们往往夸大了它的统治力量，

---

① 乌兰察夫主编：《蒙古族无神论思想研究》，169页，呼和浩特，远方出版社，2000。

② 吕大吉：《宗教学纲要》，253页，北京，高等教育出版社，2003。

而忽略了宗教的文化功能，忽略了佛教对于提升民族文化的意义。在思想上还缺乏对蒙古族藏传佛教的全面评价。

对于宗教自身的发展而言，这种大规模的宗教改革导致的宗教世俗化的结果，还有待于历史的检验。在具体工作中，也不可避免地出现一些过激的做法。也许这是任何改革都必须付出的历史代价。

第五章
宗教个案研究

通过以上几章的宏观考察，我们对近代蒙古族宗教演变有了全景式的了解。然而，只有宏观的展示似乎还不够，有必要做一些微观考察以使我们对近代蒙古族宗教演变有一个全面的把握。本章选取蒙古地区东部、中部、西部有代表性的寺庙为研究对象，以本人田野调研资料为依托，借鉴文献资料，展示蒙古族宗教（主要是藏传佛教）近现代演变的历史轨迹。它们分别是内蒙古地区唯一一个实行政教合一的喇嘛旗——锡勒图库伦喇嘛旗，内蒙古地区唯一一个以蒙古语诵经的寺庙——梅力更召，章嘉活佛驻锡地多伦汇宗寺，号称“东藏”的蒙古贞（今阜新蒙古族自治县）瑞应寺。

一、锡勒图库伦喇嘛旗

(一) 喇嘛旗设置的背景

北元俺答汗时期,藏传佛教格鲁派(黄教)再次传入蒙古地区,并迅速在蒙古社会中蔓延。至17世纪上半叶,黄教成为蒙古全民族信奉的宗教,其势力已深入漠南、漠北和漠西等广大蒙古地区。清朝前期,清政府利用藏传佛教作为柔服蒙古的工具,特别予以倡导和保护,经顺治至乾隆一个半世纪的优礼,黄教地位日崇,影响渐大,迅速发展到前所未有的规模。寺庙数量迅速增加,藏传佛教的影响随之扩大。上层喇嘛享有与蒙古王公同等的优厚待遇及各种尊贵名号和职衔,他们在寺院内甚至还拥有行政司法等权力,并参与蒙旗政治事务,呈一时之盛,前所未有。

清代藏传佛教在蒙古地区走向全盛的突出标志,就是哲布尊丹巴呼图克图和章嘉呼图克图系统的形成。为了保证佛教的顺利传播,防止寺院财产的外流,蒙古地区客观上也需要自己的活佛转世系统,需要自己的宗教领袖。1614年,应喀尔喀蒙古汗王之邀,西藏觉囊派僧人多罗那他来到库伦传教,被尊之为“哲布尊丹巴”。他于1634年圆寂,恰好1635年土谢图汗生有一子,即被指认为多罗那他转世,是为哲布尊丹巴一世。哲布尊丹巴一世后入藏学法,于1649年改宗格鲁派。清康熙三十年受封为呼图克图大喇嘛,管理喀尔喀蒙古藏传佛教事务。蒙古人又称之为“温都尔格根”。1691年,多伦会盟时,清廷正式承认了哲布尊丹巴在喀尔喀(漠北)蒙古的宗教领袖地位。章嘉呼图克图系统在漠南蒙古的地位则完全是由清廷确立的。当看到哲布尊丹巴活佛正在走向一个集

福缘寺大法会（2007 年摄）

政权和教权于一身的领袖位置时，清廷一方面有意扶植章嘉活佛系统以分哲布尊丹巴活佛系统作为蒙古地区黄教领袖的特权，另一方面，通过一系列措施将漠北政教权力移至蒙古大臣，再由蒙古大臣移至满蒙大臣，最后集中到满洲大臣之手，从一定程度上降低了活佛的世俗权力。对活佛转世则由蒙古人改为藏族人，以彻底清除任何形成政教一体势力的可能性。

藏传佛教在蒙古地区的迅猛发展固然有众多原因，但根本原因却在于清朝的民族宗教政策，即联络蒙古、藏并抑制回、汉族。早在努尔哈赤时期，针对“外藩蒙古惟喇嘛之言是听”的实际情况，即开始推行笼络和优待藏传佛教的政策，对其继承者产生了深远的影响。皇太极即位后，将尊崇藏传佛教视为“驭藩工具”，继续笼络之策，对前来归附的上层喇嘛，优礼有加。顺治时期曾多次派专使入藏，敦请达赖喇嘛前来内地，世祖诏书中坦言："当太宗皇帝时，尚有喀尔喀一隅未服，以外藩蒙古惟喇嘛之言是听，因往召达赖喇嘛。"然而，利用宗教统治蒙古这一政治策略最有利的实施者，当推康熙帝。通过兴建多伦汇宗寺确立了章嘉活佛统领内蒙古宗教事务的领袖地位，形成蒙古地区藏传佛教大喇嘛分主教权的局面，此后历代章嘉活佛都受到清政府的特殊礼遇。雍正和乾隆等后世帝王也继承了这一传统。

出于"兴黄教以安众蒙古"的统治目的，清廷所采取的一系列制度和措施相当完备。概括起来主要包括：1. 推行等级制度，以制度化和法律化的形式，封赏名号，如呼图克图、诺们汗等，提高喇嘛的特殊社会地位，使他们成为僧侣贵族。据有关史料载，清廷所封的呼图克图分四个等级有五十五位之多。2. 在喇嘛徒众比较集中的地区或重要宗教领袖所在地区设立喇嘛旗，授予宗教上层人物与世俗王公享有同等的政治权力和地位，确认其封建特权。3. 经济上予以扶持，赏赐丰厚，广建寺院。清朝前期，政府曾多次拨款兴建寺庙，如多伦的汇宗寺、善因寺及兴源寺等等。4. 设立理藩院，规范并强化宗教管理。其中，设置喇嘛旗，授予宗教上层人物与世俗王公享有同等的政治权力和地位，确认其封建特权，在局部地方实行政教合一的统治无疑是清朝宗教政策的重要内容。

（二）喇嘛旗设置的直接原因

说到政教合一，人们自然会想到藏传佛教在西藏地区的历史状况，然而，清代也曾经在蒙古族地区一些地方实行政教合一制度，即设置喇嘛旗以加强对蒙古族地区的控制。喇嘛旗的设置，与清代以来在蒙古族地区实行的有别于内地的盟旗制度直接相关。盟旗制度是清朝在蒙古地区实行的特殊行政制度。清初，根据“众建以分其势”的分而治之原则，把蒙古地区分成了许多互不统属的旗。旗是基本军事、行政单位，同时也是清朝皇帝赐给旗内各级蒙古封建主的世袭领地。旗是经过编组佐领，安置属民，分给牧地，划定旗界，任命札萨克形成的，一般称札萨克旗，此外还有总管旗和喇嘛旗，直接受清廷的控制。会盟则是蒙古地区自明代既已形成的传统，遇有重要事情，必采取若干部落或兀鲁思（清代为旗）会盟协商解决，清代以后定为惯例。盟旗制度的形成，成为清朝对蒙古地区进行有效统治的保证。

为了扩大藏传佛教的社会政治影响，提高宗教上层人物的政治地位，清政府授予蒙古地区藏传佛教首领人物与世俗封建主享有同等的政治权力和地位。《钦定理藩院则例》规定：“喇嘛之辖众者，令治其事如札萨克”。为此，凡喇嘛徒众比较集中的地区或重要宗教领袖所在地区，清政府于1667年批准一些大喇嘛或大寺庙的领地，设置喇嘛旗。清代在蒙古地区总共设有七个喇嘛旗，即：内蒙古的锡勒图库伦喇嘛旗、喀尔喀的哲布尊丹巴呼图克图旗、额尔德尼班第达呼图克图旗、札雅班第达呼图克图旗、青苏珠克图诺们旗、那鲁班禅呼图克图旗和青海的察汗诺们罕旗。其中五个在喀尔喀蒙古（今蒙古国），一个在青海，一个在内蒙古。喇嘛旗是建立在大寺庙领地上的特殊旗，喇嘛旗的地位与政治权利，同札萨克旗平等，规定喇嘛札萨克享有特殊的权力，除了军事事务外，所有宗教事务及领地内的行政、民事、税收、经济等事务，都由寺庙札萨克大喇嘛全权处理，因此，锡勒图库伦不是蒙古封建领主的世袭领地，而是由清朝统治者划定的宗教领地；统治者不是蒙古王公，而是由清政府直接委派的达喇嘛，实行政教合一的管理制度。另外，库伦曾经是内喀尔喀部的牧地，没有土著居民，在设置喇嘛旗以后，清政府命漠南蒙古各地派遣一批批牧民到此定居，做喇嘛旗的属民，所以，库伦旗与其他蒙古札萨克旗不同，没有台吉等世袭王公贵族。

（三）库伦喇嘛旗的建制与沿革

内蒙古东部的锡勒图库伦旗清代历史上就是一个完全实行了政教合一制度的喇嘛旗，其政治机构和管理方式都不同于一般札萨克旗。本书以锡勒图库伦旗为个案，说明喇嘛旗的建制、管理等相关问题。"锡勒图"是蒙古语，法座的意思，锡勒图喇嘛是仅次于呼图克图、葛根的职务，掌握政教两权，是宗教上的教主和行政上的首长。一般是在没有呼图克图、葛根的寺庙设此职务，全权管理本寺庙的政教事务。由于锡勒图库伦喇嘛旗是特别设置的喇嘛旗，而库伦旗主庙兴源寺又没有转世葛根（活佛），而把最高位喇嘛称之为锡勒图喇嘛，即锡勒图库伦旗札萨克喇嘛，故库伦旗亦称锡勒图库伦旗。所以，库伦旗的锡勒图达喇嘛就是全旗的最高领导，负责管理全旗的政教事务。

库伦旗在清代曾先后建起了大小 30 余座寺庙，其中，兴源寺、象教寺、福缘寺有库伦三大寺之称。始建于 1649 年的兴源寺是锡勒图库伦旗的主庙，也是宗教活动中心；建于 1670 年的象教寺是锡勒图库伦札萨克达喇嘛的执政中心，这里既是寺庙，又是衙门，是政治活动中心；福缘寺是库伦旗财务机构所在地，负责管理全旗交租纳税等事务。该寺的创建人阿旺札米扬是锡勒图库伦旗第十二任札萨克达喇嘛，在历任札萨克喇嘛中他是唯一被清廷赐予“呼图克图”称号的人。另有吉祥天女庙，建于1655（顺治十二年）年，由当时锡勒图库伦旗第三任札萨克达喇嘛、班第达诺们汗西札布衮如克主持建造。据说，该寺供奉的吉祥天女画像是当年五世达赖罗桑嘉措送给西札布衮如克的，是他的护法神，当吉祥天女庙建成后，吉祥天女画像即作为锡勒图库伦旗的主神供奉。该庙虽然规模不大，却因为供奉着库伦旗主神而地位很高。每逢正月初一，札萨克达喇嘛等全体喇嘛印务处官员，均需前来叩拜吉祥天女庙。

有清一代，锡勒图库伦旗札萨克喇嘛均由理藩院直接任免。从1667—1931年这200多年间，库伦喇嘛旗共经二十三任札萨克达喇嘛。锡勒图库伦旗札萨克喇嘛旗第一任札萨克达喇嘛名希力布，原籍青海安多地方的藏族萨木鲁家族。于17世纪初到蒙古东部地区传教，由于他在巴林、喀喇沁等地传教影响大，声望高，被尊称为曼珠锡礼呼图克图。17世纪20年代，新兴的满洲首领皇太极，为了同蒙古族“联络感情”，发挥宗教的特殊作用，邀请内蒙古地区的一批宗教上层人物到盛京，并给予很高的礼遇，当时曼珠锡礼呼图克图就在被邀之列。1632年前后，希力布喇嘛来到现在的库伦旗一带传教。1634年，应希力布喇嘛的请求，皇太极准许他定居库伦，划定其宗教活动的领地，称曼珠锡礼库伦。又命蒙古诸部各派遣若干喇嘛到库伦驻庙诵经，规定每年从国库拨银1000两为香火费用。1636年，希力布喇嘛圆寂后，皇太极赐给希力布喇嘛的弟弟囊素喇嘛为“锡勒图达尔汗却尔吉”封号，继承希力布喇嘛的封号，锡勒图库伦由此得名。1646年，清廷委任盛京实胜寺喇嘛西札布衮如克为锡勒图库伦掌印达喇嘛，并赐札萨克印玺，统领政教。从此，锡勒图库伦基本上确立了政教合一制度。第三任札萨克达喇嘛主持建造了主寺兴源寺及供奉锡勒图库伦主神的吉祥天女庙（罕王庙）。清廷再次调入一批喇嘛驻锡勒图库伦庙。库伦旗第三任札萨克达喇嘛很受清廷赏识，曾被召至北京为顺治皇帝和其母亲孝庄文皇太后讲经说法。在北京主持建造黄寺和北海白塔等，被授予“班第达诺们汗”封号，又参与迎送第五世达赖喇嘛的礼仪活动。从此，巩固和提高了锡勒图库伦旗政教合一制度的地位。雍正七年（1729），《钦定理藩院则例》卷五十八明确规定：“锡勒图库伦札萨克达喇嘛缺出，应将墨尔根绰尔济之孙补放或于徒众内择其才堪胜任者保送到理藩院补放。”这一定例一直沿用到第二十一任札萨克达喇嘛。因此，库伦札萨克达喇嘛，除了第三、第五、第二十二、第二十三世外，均由青海省安多地方（今乐都县）的藏族墨尔根绰尔济家族的喇嘛担任[①]。法位继承采取的是委任制，实际上依然是世袭制，所不同的只是因为喇嘛无嫡系子孙而不得不改由旁系子孙继承。他们直接对清朝政府负责，在清政府所准许的范围内行使其职权。

（四）喇嘛旗的管理模式

锡勒图库伦喇嘛旗作为实行了政教合一制度的札萨克旗，其

①《库伦旗文史资料》，第四辑，《锡勒图库伦喇嘛旗》，17页。

统治机构和官职设置，适于政教合一制度的实际，同其他札萨克旗有所不同。《钦定理藩院则例》卷五十六规定：掌印札萨克达喇嘛（俗称喇嘛王），由理藩院直接任免，兼行政长官与宗教领袖于一身。其下设辅佐管理政教事务的札萨克喇嘛、掌管全旗政务的德木齐、博什格和主要掌管寺庙事务的格斯贵等各级官职。锡勒图库伦喇嘛旗的喇嘛印务处（俗称喇嘛王府）和掌印札萨克喇嘛的驻地均设在象教寺，称之为"上仓"，是决定和办理全旗重要政务和教务的地方。

喇嘛旗的设置决定了喇嘛旗的权力。喇嘛旗的最高决策机构是喇嘛印务处，由札萨克达喇嘛每逢初一、十五定期举行两次例会，决定全旗重要政教事务。遇到特殊情况，则举行特别会议。在锡勒图库伦喇嘛旗，喇嘛札萨克管理全旗行政、财政、税收、民事、诉讼等事务。札萨克达喇嘛的权力包括：

首先，管理全旗旗民和哈里雅特的行政、民事、诉讼等事务。因为库伦旗是政教合一的喇嘛旗，没有独立的司法机构，一般民事诉讼案件由札萨克喇嘛自行处理。

其次，管理全旗财政和税收。清代中期，库伦喇嘛旗是内蒙古东部地区唯一开放的重要商品集散地，大小店铺林立，商业税收是当时的重要财政来源。

第三，管理寺庙和喇嘛。作为政教合一的喇嘛札萨克旗，锡勒图库伦喇嘛旗以兴源寺、象教寺、福缘寺为中心，先后建起了15座寺庙，成为规模很大的寺庙群。清政府还对喇嘛旗规定了特别的优待政策，即库伦旗的喇嘛定额为1000人，发放1000个度牒，按喇嘛人数发放银赏和口粮，每年发给白银1000两，羊1000只，米1000斛。历史上库伦曾有过“一千喇嘛之库伦”的称谓，当然，这一数字是指这个库伦地区而言。库伦旗札萨克还规定，牧民人家若有三个儿子，必须有一人出家当喇嘛，每逢牛、蛇、鸡年，进行一次普查登记，凡出家当喇嘛者，生活有保障，且不负担各种差役和赋税。寺庙拥有大量的哈里雅特税户、喇嘛、所属土地、草场、房屋等财产，其政务、教务全由札萨克喇嘛直接管理。

第四，管理民团。库伦旗本来没有驻军，也不设地方武装，晚清时期它屡遭匪祸，开始组建民团，民团是维护社会治安的组织，由札萨克达喇嘛统一管理。

由于实行政教合一制度，锡勒图库伦旗喇嘛享受特殊的待遇，其地位、身份与其他地方的喇嘛相比有着明显的特点。表现在：1. 锡勒图库伦旗的喇嘛人人都有担任札萨克、德木齐和格斯贵职务，并参与政教管理的可能。一些上层喇嘛如果谋到札萨克、德木齐和格斯贵职衔，便可头戴红蓝顶戴，身着朝服，颈挂数珠，直接参与行政管理，享有政教两权。2. 库伦喇嘛旗的喇嘛受戒后可以回俗家居住，参加生产劳动，继承家业，甚至可以娶妻生子。对此，当地喇嘛们的解释是：锡勒图库伦的主神、山水神均为女性，所以本旗喇嘛可以与女人接触。事实上，这种世俗化现象与政教合一的制度有关。由于喇嘛旗中喇嘛具有其他地方喇嘛不可能有的社会地位，致使他们权力过大，可以随心所欲地同王公贵族一样享受世俗生活，竟然无视宗教的清规戒律。当然，这一现象是到清朝中期随着藏传佛教在蒙古社会的地位逐渐提高而出现的。

至于锡勒图库伦喇嘛旗到底有多少喇嘛，这当然是一个不断变化的数字。民国年间王纯所著《内蒙古黄教调查记》称“绥东县小库伦喇嘛至四千人”，这显然是一个夸大了的数字。但是，政教合一制度下供养了为数众多的喇嘛却是不争的事实。

这种政教合一的管理制度一直延续到民国时期。1931 年 3 月颁布《锡勒图库伦旗政教分治办法》五条，取消锡勒图库伦旗政教合一制度，札萨克达喇嘛改任旗札萨克，废除了自康熙年间既已实行的喇嘛旗政教合一制度。1932 年，日本侵略军占领库伦，于 1933 年设立伪库伦旗政府，原库伦喇嘛旗第二十三任札萨克达喇嘛罗布桑仁沁改任旗长。至 1941 年，罗布桑仁沁离职返乡。1945 年 12 月，新四军三师进驻库伦旗，1946 年 1 月成立了旗人民政府，罗布桑仁沁再任旗长，同年 8 月，罗布桑仁沁因策动武装叛乱罪被处以死刑。至此，库伦喇嘛旗的历史彻底结束。

我们可以看出，锡勒图库伦旗的政教合一制度随着时间的推移逐渐发生了质的变化。以札萨克喇嘛为首的管理集团的宗教事务日益减少，而原本处于附属地位的行政事物变得日趋繁杂且显得愈益重要。有清一代对藏传佛教的政策，总是在扶持藏传佛教的旗帜下，行安定统治之实，以众多优待怀柔政策达到控制、限制之目的。无论是札萨克达喇嘛的任命、各级官职的设置，还是不同于一般札萨克旗的管理方式，这一切都说明喇嘛旗的设置不过是清朝通过扶持藏传佛教进而控制蒙古地区的一种手段，或者说是“以蒙古部落为屏藩”的战略构想的一个环节而已。清人所著《啸亭杂录》道出了问题的实质：“国家宠信黄僧，并非崇奉其教以祈福也。只以蒙古诸部敬信黄教已久，故以神道设教，借使诚心归附，以障藩篱。”

结束政教合一制度以后的库伦喇嘛旗与内蒙古东部其他地区

一样，经历了战乱和动荡，直至 20 世纪 50 年代的宗教改革，宗教活动几近消失。改革开放后，随着民族宗教政策的落实，宗教活动逐渐恢复。目前，福源寺是主要宗教活动场所，现有喇嘛近 30 人，每年定期举行法会，法会期间诵经活动七天七夜从不间断，各地信众络绎不绝。笔者曾于 2005 年、2007 年两次到库伦旗调研，通过实地考察，从民宗局、福源寺住持及普通信众处了解到许多信息。

兴建于 1649 年的兴源寺是当时锡勒图库伦喇嘛旗最大的寺庙，也是宗教活动中心。历任札萨克达喇嘛屡次修扩建，光绪二十五年（1899）进行大规模改扩建，四进院落层层递进，正殿面阔九间，进深九间，俗称八十一间大殿，巍峨雄伟。整个建筑布局采用纵轴式，整齐对称，成为规模宏大的建筑群。虽然“文革”中遭到一些破坏，兴源寺的建筑主体却幸运而完好地保存下来，宗教文物价值极高，被列为内蒙古自治区重点文物保护单位。然而，由于种种原因，20 世纪 80 年代以来，兴源寺一直未对外开放，也没有任何修缮，所谓文物保护实际上也没有采取任何保护措施。给我的感觉是：当地一些人了解情况又无能为力；而有些人似乎还不能充分认识兴源寺的历史文化价值，认为它不过只是曾经的寺庙而已；加之库伦旗自然条件较差，地方经济状况无力承担高昂的修缮费用，指望当地集资修庙还比较困难。就目前情况看，兴源寺修缮问题尚待时日，我们只能看到破败的大殿无助地矗立在杂草丛生的院落中。

二、学问寺——梅力更召

经顺治至乾隆一个半世纪的优礼，藏传佛教地位日崇，影响渐大，在蒙古地区迅速发展到前所未有的规模。一时间蒙古各地，寺庙林立，僧众遍布。当时一些蒙古高僧试图将藏传佛教改变成具有浓厚民族特色、地方特色的蒙古佛教，并且为此做出了艰苦的努力，虽然也取得了一些成就，但是始终未能如愿。17 世纪至 18 世纪间，一些曾经在蒙古地区用本民族语言诵经，召开法会的寺庙也一个接一个地被迫关门或者转为用藏语诵经。而建于康熙年间的梅力更召却以蒙古语诵经而传承至今，不能不说是蒙古族宗教史上的幸事。

（一）蒙古语诵经渊远流长

坐落于内蒙古包头市郊牟尼山脚下的梅力更召，始建于清康熙十六年（1677），为清代乌兰察布盟乌拉特西公旗旗庙，至今已有 300 多年的历史。该庙第三世活佛名叫“墨尔根”，故俗称“墨尔根召”，如今写成“梅力更召”，“梅力更”即蒙古语“贤明、聪慧”之意。康熙四十一年（1702）清廷赐汉名“广法寺”。1773 年乾隆赐予满、蒙古、藏、汉四种文字书写之匾——“梵昌寺”。在鼎盛时曾经聚集了 500 多名喇嘛，成为内蒙古西部地区一座规模较大的宗教圣地。原有殿堂四座，经堂七座，藏经塔十余座，占地面积 300 多亩，形成庞大的藏、汉结合式建筑群落。梅力更召最高大殿堂为美岱庙，因内供有泥塑的美岱佛（迈达理佛，即如来佛），故名美岱庙。锡尔林殿内供奉历世葛根的舍利。整个建筑群落依阴山山脉的乌拉山缓坡修建，临山面河，500 多名喇嘛中享受固定俸禄，“度牒”喇嘛百余人。梅力更召设有七个“仓”，即葛根仓、巴格希仓、喜达喇嘛仓、拉木亥仓、古兴仓、医木其仓、席勒喇嘛仓，它们都是寺庙宗教活动等事务的服务机构。另有吉勒格楞图召、苏波尔齐召、德布山召等 24 座属庙归梅力更召管辖。

“梅力更召”之著名主要不在于其规模庞大，而是这座古刹蕴藏着深厚的蒙藏佛教文化，在于它作为学问寺的独特魅力。梅力更召曾是内蒙古西部地区的一座有名的学问寺，其主要特点是将藏文佛教经典译成蒙古文并用蒙古文诵经。17 世纪，随着藏传佛教格鲁派的迅速传播，蒙古民族中出现了喇嘛用藏语藏调诵经，俗人为子女起藏语名字的奇特文化现象。然而，诵念之间，许多人仅仅是死记硬背，真正读懂藏语经文意义的人却寥寥无多。于是佛经的蒙译便提上日程。很多蒙古文文献记载了蒙古末代汗王

梅力更召（2005 年摄）

林丹汗弘扬佛法、建立寺庙、铸造佛像、组织翻译《甘珠尔》经，对佛教发展所做的贡献。事实上，《甘珠尔》经的蒙古文翻译始于林丹汗在位之前，而最终完成于林丹汗在位期间，即1628—1629年间。这一文化成就标志着藏传佛教信仰开始向民间深入，也是藏传佛教向外民族传播过程中必须要走的本土化之路。

为了让蒙古族出家人掌握更多的佛学知识，能够用自己的母语诵经，18世纪中叶，对蒙古语言文字、诗歌颇有研究，并且精通蒙古、藏、梵三种语言文字的梅力更召一世葛根（活佛）迪努瓦、第三世葛根罗布桑丹毕坚赞（1717—1766）为佛经的蒙译念诵作出了突出贡献。梅力更召一世葛根（住持）迪努瓦主持佛事以来，和该庙一世法王乌格力贡达来把梵、藏文经书编译成蒙古文经书，并且在当时推行蒙古语诵经，用蒙古语举行教学和法会。第三世葛根罗布桑丹毕坚赞5岁即被认定为梅力更召第三世活佛，他聪慧过人，学识渊博，著述甚多，在蒙古人中以“墨尔根活佛”著称，1765年成书的蒙古编年史《大蒙古国根本黄金史》是墨尔根活佛的代表作。他重新编译了梵、藏文佛教典籍，根据蒙古族诗歌韵律的特点进行了巧妙的编排，将歌颂神佛的诗词改编成诵经特定的韵律，并采纳了一些民歌旋律编创了适合用蒙古语诵经的曲调，自成体系，独具一格，并且将它发扬和推广，成为百姓生活的一部分。当地小孩出生前后父母到召庙求名，有病由医药仓（医药机构）蒙医喇嘛医治，娶聘等世俗喜事请高僧选良辰吉日诵经祝福。祭祀山水（泉）、超度亡灵时都诵蒙古语经，普通百姓也能听懂经文的内容。墨尔根活佛把佛教经文分为小诵、大诵、四大基典三个阶段，并且用蒙古语进行教学。他也因此在18

世纪蒙古文化发展史上占有一席之地。

此后，经过梅力更召高僧大德们数十年的努力，蒙译佛经进一步完善，终于形成了蒙古语诵经体系。这一极具特色的蒙古语诵经体系，是在保持佛教经文原义的基础上，为诵读的便利而把经文译成韵文体的一种尝试。这不仅推动了蒙译佛经的深度和佛教传播的广度，而且确立了梅力更召在蒙古地区佛教寺庙中独树一帜的地位。这一独特的诵经形式此后便延续下来，直至 20 世纪。

蒙古语诵经的萌生、发展和最终形成，经历了一个漫长的历史过程，与蒙古民族的民族史、文化史密不可分，是研究蒙古族文化的重要资料。同时，蒙古语诵经与藏传佛教有着密切的联系，是宗教研究方面的重要文本。它融入了蒙古民族的生活习俗，反映出蒙古民族文化的深厚底蕴，也是研究蒙古民族习俗、文学、诗词和音乐的重要资料。蒙古语诵经已经超出了宗教本身的界线，成为蒙古民族文化的一个非常重要的组成部分。它全面、完整、生动地记录了蒙古族在这一地区的文化传统，是蒙古族学者创造的一宗非常宝贵的民族文化遗产。它以蒙古民族精神生活为基础，是蒙古民族智慧的集中体现，起到了维系民族精神的纽带作用。

新中国成立初期，梅力更召尚有 5 座殿堂，占地面积 2.4 万平方米。其中，最著名的大独宫殿堂里摆放的迈达尔（弥勒）佛像身高 80 尺。喇嘛最多时曾有 500 人以上。然而，在“文革”中，殿堂、佛像、经书和供器均遭到严重破坏。

（二）梅力更召研究兴起

遗憾的是，“文革”期间梅力更召所供奉的佛像及经卷和法物被洗劫一空，许多寺庙房屋被拆毁，幸存的佛殿也改做他用，经卷大部分遗失，在召喇嘛被迫还俗。十一届三中全会以后，党的民族宗教政策得到落实，梅力更召才逐渐恢复了各项宗教活动。

如今，梅力更召作为中国乃至世界唯一一座用蒙古语诵经的寺庙，其存在意义已经超越了宗教本身，成为重要的民族文化和人类文化遗产。蒙古语诵经这一文化现象受到国内外学者的广泛关注，很早就有学者对第三世梅力更召葛根进行研究，近年来英国剑桥大学人类学社会学系的专家也多次来梅力更召进行田野调查。国内的研究则始于 20 世纪 80 年代末。1992 年，由内蒙古师范大学、内蒙古大学等单位的专家学者组成了“梅力更葛根研究”小组，该研究课题 1996 年被国家教委正式立项，在日本学者的帮助下，从英国“大英图书馆”复制了国内已经消失的蒙古文木刻版经卷《梅力更葛根罗布桑丹毕坚赞全集》。经过几年努力，先后以论文集、专著、对原著的注释、汉译等形式出版了五部丛书，共 10 卷，约 200 万字。还制作了梅里更召蒙古语诵经曲调录音磁带一套，用五线谱记录了诵经曲谱 108 段一并出版，取得了阶段性研究成果。

影印的木刻版《梅力更葛根罗布桑丹毕坚赞全集》为学者们的研究提供了第一手资料，部分缓解了寺庙法会喇嘛们念诵经卷缺乏的问题，然而，木刻版字迹模糊和刻板时的某些错误直接影响了经卷本身的质量。为解决这一问题，教育部人文社会科学基地内蒙古大学蒙古学中心专门立项，根据木刻版和藏文原文整理校勘了《梅力更庙法会蒙古语念诵仪轨经文集》，已经全部完成。全集共收入了蒙古文念诵仪轨经卷 130 多函，60 多万字，正期待有关方面的支持得以尽早出版。

（三）梅力更召传人

梅力更召第八世葛根嘎拉藏丹必扎拉桑，1898 年生于乌拉特中旗一牧民家庭，1904 年坐床，开始以蒙古文学习佛教经典和礼仪。1941 年，八世梅力更召葛根参加了伪“蒙古自治联合政府”在张家口召开的第一次蒙古佛教复兴会议。1942 年在伪“蒙古自治联合政府”第二次蒙古佛教复兴会议上，八世梅力更召葛根被任命为蒙疆地区“喇嘛印务处”副掌印达喇嘛。新中国成立后，梅力更召葛根拥护社会主义制度，积极参加各项社会活动。1954 年他作为自治区代表赴青海省塔尔寺迎请成吉思汗灵榇回鄂尔多斯伊金霍勒旗原址安置。1956 年，梅力更召葛根作为主要发起人倡议成立内蒙古自治区佛教学会，并于 1957 年 4 月当选内蒙古自治区佛教协会第一任会长。梅力更召葛根还当选内蒙古自治区第一届政协委员和第二届全国政协委员。

斯 · 孟克巴图，法名伊希普仁来扎木苏，这位 5 岁即坐床的梅力更召第六世乔吉尔活佛，1959 年以后，曾在乌拉特旗立蒙校学习。“文革”期间，因其乔吉尔活佛身份以“宗教上层人物”之名遭受迫害。1978 年，党的十一届三中全会以后给予平反并接受高等教育。1990 年应请重新回到梅力更召主持寺庙活动。为梅力更召寺庙修缮、恢复蒙古语诵经等法事活动、出版经卷不遗余力。

近年来，身兼梅力更召庙管会主任、内蒙古自治区政协委员、内蒙古佛教协会副会长、包头市政协常委、包头市佛教协会会长、政协包头市九原区委员会副主席等多重身份的孟克巴图活佛，担负起保护和继承该召独有的蒙古语诵经文化的重任，多方奔走，筹集资金修缮幸存寺庙，包头市政府有关部门对抢救恢复民族文化遗产的行动给予了大力支持。1992年，寺院经堂、僧舍得到修缮或重建，传统的蒙古语诵经得到逐步恢复。

据了解，随着老喇嘛的相继去逝，现在在梅力更召能够唱诵蒙古语经文者只有7人，而且年龄偏大，平均年龄已达65岁，世界上唯一存留下来的蒙古语诵经传统，如果不抓紧采取抢救性措施，这一宝贵文化遗产很可能就会面临因老喇嘛的离世而失传的危险。面对如此现状，为了挽救保护这一文化遗产，分布在世界各地的一些蒙古学专家和学者联合起来，不遗余力地寻找流失在海外的蒙古语佛经文献，以便让它们回到故里。

从2001年开始，梅力更召陆续从内蒙古东部地区招来十几名新学员（小喇嘛），由年愈古稀的老诵经师罗布桑僧格亲自传授蒙古语诵经、诵经时所做的各种动作以及佛乐的吹奏技巧。2004年6月，新一批学员在学习用蒙古文诵经，该召孟和巴图住持还邀请到了内蒙古大学资深教授格·拉西色楞为他们进行蒙古、藏双语教学，取得了很好的效果。经过了短时间的学习之后，他们已经能够曲调悠扬地念诵蒙古语佛经。2005年适逢梅力更召建召300周年，其纪念活动于2005年8月20日举行，僧俗群众参加踊跃，纪念活动隆重热烈，似乎预示着佛教文化复兴之日的到来。2006年，斯·孟克巴图活佛以佛教文化，尤其是以梅力更召为主题的摄影作品集《一位活佛眼中的世界》出版，了却了斯·孟克巴图活佛的一份心愿！

“经过300多年来沧海桑田、战乱人祸的洗礼，梅力更召的很多殿堂、佛像被毁坏了，大量的经书、法器也流失各处。但是亘古不变的是梅力更召至今仍然坚持使用蒙古语诵经。正是这种历经磨难的坚持，才让这笔极其珍贵的民族文化遗产得以保留和传承。”包头市九原区统战部部长、九原区委常委斯庆扎布慨叹万千。他说：“在未来的五年计划里，将由九原区委统战部牵头，各有关单位协助寺庙开展与诵经相关的法事活动，恢复到原有的能够正常开展佛事活动，召开法会的规模。同时，与内蒙古佛教学院联合建立九原区蒙古族文化遗产保护中心，用蒙古语教学，培养蒙古语诵经的传承人。”

三、章嘉活佛驻锡地——多伦汇宗寺

汇宗寺位于漠南蒙古多伦诺尔，是当时蒙古地区最大的藏传佛教寺庙，巍然耸立，金碧辉煌。在蒙古佛教史上具有不可替代的地位。

（一）建寺缘由

康熙三十年（1691）五月，漠南蒙古多伦诺尔草原迎来了一件盛事。康熙帝在这里与喀尔喀蒙古3部以及内蒙古48旗札萨克、王公、台吉举行“会盟”，史称“多伦诺尔会盟”。自此喀尔喀蒙古正式归附清朝，清朝的北方版图正式划定。值此盛大会盟之时，应蒙古诸部的请求，为了纪念漠南、漠北蒙古归附清朝这一重大历史事件，同时也为实施以“黄教柔顺蒙古”的策略，清廷决定在多伦诺尔修建寺庙。庙宇建成之后，康熙帝请西宁佑宁寺住持

汇宗寺章嘉殿（2007 年摄）

章嘉活佛来主持寺务，并在多伦设立了管理整个内蒙古地区藏传佛教事务的机构，即多伦喇嘛印务处。康熙五十二年（1713），康熙帝为寺庙赐名“汇宗寺”，并请蒙古各旗派一名喇嘛住庙，这就是蒙古佛教史上著名的多伦汇宗寺。据说，此名原意取自《尚书·禹贡》中的“汇汉朝宗于海”，意思是“佛法无二，统之一宗”。书满、蒙古、汉、藏文四体文御制匾额，并御制碑文，刻石立于寺内，追述多伦诺尔会盟及建寺缘由。

（二）庞大的寺庙建筑群

汇宗寺，俗称“东大仓”，由于该庙全部用青色砖瓦建筑而成，蒙古语称“呼和苏莫”（蓝顶庙或青庙）。规模宏大的汇宗寺从1691 年开始至 1697 年最终建成历时六年之久。占地面积达 18.4

公顷。寺庙主要建筑包括正大殿、释加牟尼殿、天王殿、钟鼓楼、东西配殿，另有官仓五处、佛仓十处。汇宗寺的建成，使清朝开创了政府扶持直接在蒙古地区建造佛教寺庙的先例。

雍正九年（1731），为庆贺漠南、漠北蒙古及漠西蒙古地区全部归附清朝，强化对蒙古地区的统治，雍正帝敕令建庙，下诏书在汇宗寺以西一华里的山丘上，又建造起一座更加华丽的寺院，赐名“善因寺”，善因寺俗称“西大仓”，蒙古人称“锡拉苏莫（黄顶寺）”，与汇宗寺一并由章嘉活佛管理。可见清朝皇帝对历世章嘉的尊崇。关于善因寺当时的规模，《北口三厅志》记载：“善因寺……仿西藏达赖喇嘛所居都纲之式建置。都纲者，华言经楼也。其制：门二里，左右钟鼓楼各一，御书清、汉碑亭各一；正殿二重，前殿为楼，共八十一间，其中柱皆中空以泄水。制作工巧。殿皆复以黄琉璃瓦，周以缭，巨丽无比，赐额曰‘善因’。”此外还有雍正帝行宫、官仓五处，活佛仓三处。

多伦汇宗寺建筑群包括四部分：第一部分是两座主庙，即汇宗寺和善因寺；第二部分是十三处转世活佛仓，每一处寺院居住一位活佛，分别是来自于西藏、尼泊尔、青海、蒙古各地的高级僧侣，具有代表一方的意义，接受章嘉活佛的管理；第三部分是十座官仓，汇宗寺和善因寺各五处；第四部分是 120 多处四合院式的当子房，蒙古各旗分别占据一处院落，作为各旗与清政府取得联系的办事机构。整个寺院占地面积超过 700 多亩，拥有僧众 3000 多名，拥有的沙毕那尔户人口有两万多，形成了一个有权力有财产的佛教寺庙城。尤以章嘉仓最为庄严，其中供奉的分别是阿弥陀佛、燃灯佛、弥勒佛、药师佛、佛祖如来及其两位弟子、宗喀巴大师师徒三尊，还有章嘉活佛，门口供奉的是五姓财神。

汇宗寺主殿为木质结构，殿高为十五米，坐落在条石基上。殿分为上下两层，由一米粗的二十根大梁柱支撑着，共九九八十一间。整体造型十分精致美观，殿顶是蓝琉璃瓦滚龙脊造型，塑有金黄色风磨铜庙顶一个，八挂图一个，羚羊两只，在主殿院落内有五层殿院，南北长达800米左右，东西宽有百米左右。康熙五十一年（1712）春完工。

除了供奉的各种铜制佛像外，最引人注目的旧汇宗寺琳琅满目的唐卡。汇宗寺各主要殿堂均收藏了大量唐卡。唐卡的内容大致分为两大类：一类主要是宗教题材，画的多是佛像、菩萨像、佛教大师、历代达赖喇嘛和班禅喇嘛以及章嘉活佛、哲布尊丹巴活佛的肖像，或者是佛教故事、宗教教义、与宗教有关的神话传说等；另一类则是反映蒙藏人民社会生活的各个方面，题材多取材于历史故事、生活习俗、天文历算、藏医藏药、蒙医蒙药等内容。唐卡大多以西藏风格为主，同时融入了蒙古绘画艺术特点。色彩上多以红、黄、白、银、蓝色等色调为主。或庄严厚重，或富丽堂皇，或高贵典雅，或宁静威严。300多年来，汇宗寺以其博大的气势、富丽堂皇的殿宇、色彩斑斓的唐卡、华贵精美的典籍令人叹为观止。

（三）宗教活动和管理中心——喇嘛印务处

汇宗寺得以闻名于世，不仅在于它宏大的规模，还在于它浓重的政治色彩。正如康熙自己所说的："昔秦兴土石之功，修筑长城。我朝施恩于喀尔喀，使之防备朔方，较长城更为坚固。"另外一个重要作用就是分化了藏传佛教领袖达赖喇嘛的影响，随着章嘉活佛在内蒙古影响越来越大，章嘉活佛担任汇宗寺主持几年后，清政府任命他为“大国师”，确立了以章嘉活佛主持的汇宗寺管理整个内蒙古佛教的宗教统治体系。1713 年，康熙皇帝向章嘉呼图克图宣布：“黄教之事，由藏东向，均归你一人掌管。”从此达赖喇嘛管理卫藏地区、班禅大师管理后藏和青海地区，章嘉活佛管理内蒙古地区、哲布尊丹巴呼图克图管理外蒙古地区的喇嘛教事务，形成了蒙藏地区黄教大喇嘛分主教权的局面。这样“四大活佛”系统的势力范围从地域上划分的就十分清楚了。而章嘉活佛又以“大国师”的政治身份，高于其他三位活佛。章嘉活佛进驻多伦诺尔以后，迅速形成一个庞大的转世活佛系统。当时的蒙古社会“惟喇嘛之言是听”，喇嘛控制着人们的精神思想。由章嘉活佛转世系统统治着整个内蒙古的 1000 多座藏传佛教寺院。章嘉活佛住持的汇宗寺自然就成了整个内蒙古的精神文化中心。

喇嘛印务处的设置是清廷扶持蒙古藏传佛教的一项重要措施，喇嘛印务处是兼有政教两权的组织形式，以便于集中管理寺庙和喇嘛的政治、经济及司法事务。相对于喇嘛札萨克旗而言，喇嘛印务处既管理本寺庙的政教事物，同时还负责整个地区的宗教事物。皇太极崇德元年（1636），建盛京（沈阳）实胜寺之后设立喇嘛印务处，委任札萨克达喇嘛一职，此为清代设置喇嘛印务处之开端。康熙初年曾在呼和浩特无量寺（大召）设立喇嘛印务处，委任札萨克达喇嘛负责管理呼和浩特地区大小计 25 座寺庙。

汇宗寺喇嘛印务处的设立标志着汇宗寺真正成为蒙古地区宗教活动和管理中心。汇宗寺建成后，清廷委托第一世章嘉呼图克图阿噶旺罗布桑（1642—1714）主持庙务。并规定从喀尔喀32旗（后来成为57旗）、内蒙古49旗以及额鲁特蒙古各旗，每旗各派1名喇嘛住庙，共120人（实际各旗派来住庙喇嘛400多人）。1701年，汇宗寺开设掌理寺政的印务处。第一世章嘉呼图克图作为札萨克达喇嘛，总管内蒙古藏传佛教事务。据《口北三厅志》记载，其印文为“总管多伦诺尔喇嘛班第札萨克达喇嘛印”。1705年，又加封章嘉呼图克图“灌顶普善广慈大国师”尊号。从此明确了一世章嘉呼图克图以多伦诺尔喇嘛印务处为中心掌管内蒙古藏传佛教事务的权力，以后历任章嘉呼图克图均担此重任。

由于喇嘛印务处掌管着内蒙古49旗及察哈尔8旗众多寺庙涉及十几万喇嘛的宗教事务，任务繁重，因此喇嘛印务处组织机构设置齐全。印务处设一厅三科，即会议厅、总务科、文牍科和宗教科，管理宗教、财政、行政、寺庙属民、民事等项事务，权力很大。据《钦定理藩院则例》的规定，多伦诺尔喇嘛印务处设掌印札萨克达喇嘛一人，由理藩院任免，历世章嘉胡图克图担任，采取终身制。副掌印札萨克达喇嘛一人，札萨克喇嘛四人。同时设立一般行政和司法长官，包括德木齐喇嘛四名和格斯贵喇嘛四名。其中德木齐喇嘛在掌印达喇嘛的授权之下，掌管行政、财务、税收、民事及寺庙属民。格斯贵喇嘛的职责是执行寺庙戒律、制度、组织寺庙重大法会活动等。此外，印务处还设立一些专门职位，包括笔帖齐、博什格、尼尔巴、格伊格等。笔帖齐主要负责管理文书档案及当差事务，博什格负责向所属寺庙属民征收赋税，尼尔巴属于印务处的事物管理员，格伊格则相当于工勤人员。

每年春秋两季，蒙古地方各盟旗王公贵族都要到承德木兰围场去朝觐康熙帝。康熙帝也多次巡幸多伦诺尔，第一世章嘉活佛多次陪同随行，召集蒙古各部王公、札萨克在汇宗寺集合述职，更加彰显了汇宗寺非同一般寺庙的地位。

汇宗寺在当时是口外（张家口）最大的藏传佛教寺庙，作为清廷直接管理的寺庙，汇宗寺财力雄厚。每年由政府拨给钱粮达3500万两白银，且蒙古各旗都有定额补助的银两，此外还有寺庙所属畜群的收入、信众布施的收入等。因此，寺庙每年各项收入约有5～6万两银。庙里最多时住有一千余名喇嘛，每个喇嘛年吃饷银五十两。还将寺庙周围方圆六十里的土地及其物产均划归汇宗寺。

汇宗寺最兴盛时期，共有呼图克图仓、葛根仓13个。包括章嘉、噶尔丹锡勒图、拉果、阿嘉、甘珠尔瓦、济隆、诺颜、阿里户、敏珠尔胡图克图仓，以及达赖堪布呼毕勒汗仓、莫日根诺们汗仓和毕力格图诺们汗仓。这些活佛均为清朝政府确认的高级转世活佛，这些仓作为呼图克图、葛根府邸，实际上都是一座规模适中的庙宇，足见当时汇宗寺的规模和影响[①]。

（四）汇宗寺涅槃

汇宗寺是前清时期民族宗教政策倾斜的特殊产物，随着晚清时期社会政治经济的日益衰落，清廷对蒙古宗教上层人士的各种优待逐渐减少，对藏传佛教及其领袖的扶持也大不如前，甚至对章嘉活佛、哲布尊丹巴活佛的接待礼仪都不断简化，汇宗寺自然

---

① 德勒格：《内蒙古喇嘛教史》，第653页，内蒙古人民出版社，1998。

也不比以往。当咸丰五年，主殿因失火被烧毁，可是由于经费短缺等原因，重建竟被搁置了六年。后于1861年集资重建，1864年竣工，殿体规模虽然与从前大致相同，但为了节省开支，庙顶的青色琉璃瓦却只能以青铜瓦代替。至清朝末年，汇宗寺殿宇大多年久失修，进香朝拜者日渐减少。

1911年辛亥革命以后，由于政治局势的急剧变化，作为一个重要的战略要地，多伦诺尔草原战争频繁，汇宗寺难逃厄运。到1945年底，已是残垣断壁。所余庙舍解放后被作为县粮食局仓库。加之“文革”的破坏，往日的辉煌已随时间的流逝而消失。

20世纪80年代以来，随着民族宗教政策的落实，汇宗寺的修复工作也提上了日程。

2001年，汇宗寺经国务院批准为全国重点文物保护单位，当地政府及各界群众多方集资进行了大量的重建、维修工作，恢复了部分庙宇，修建了广场。

汇宗寺的恢复工作仍在继续，相信经过志士仁人及香客信徒们的努力，汇宗寺的恢宏与神圣会重现在世人面前！

四、“东藏”——蒙古贞瑞应寺[①]

明末清初，随着藏传佛教在东部蒙古地区迅速传播，蒙古贞（今辽宁省阜新蒙古族自治县）地区的蒙古人普遍信奉了藏传佛教，加之清廷的鼓励和提倡，藏传佛教得以日趋兴盛，寺庙也日

① 蒙古贞：阜新蒙古族自治县的蒙古族在蒙古语中被称为“蒙古贞”，故当地亦被惯称“蒙古贞”。

渐增多；至乾隆、嘉庆年间，蒙古贞已有三百余处规模较大的寺庙和两万余名喇嘛，达到鼎盛时期。其中瑞应寺、普安寺、佑安寺等较为著名，清朝多位皇帝为蒙古贞的寺庙题匾，历史上曾经被称作“东方藏传佛教文化中心”，瑞应寺因其历史地位和影响而在民间素有“东藏”之称。

（一）“东方藏传佛教文化中心”

瑞应寺，当地蒙古人称“葛根苏木”，汉语俗称“佛喇嘛寺”。位于阜新市西南22公里处的阜新蒙古族自治县佛寺镇佛寺村。该寺始建于清朝康熙八年（1669），到康熙四十四年初具规模。道光年间，寺院达到鼎盛时期，占地18平方公里，有寺庙97座，

瑞应寺全景（资料图片）

房屋3000余间。经康熙至咸丰历时180年不断扩建，逐渐成为辉煌的寺庙建筑群，有“小布达拉宫”之称。

瑞应寺整个庙宇布局合理、主次分明，形成了内外相映、四面对称的独特格局，此外还有绕寺一周的环寺路，路边有万尊石佛，环路而立，宏伟壮观。素称“环寺路上万尊佛”。寺庙建筑方圆十里有余，其中，有大雄宝殿、祈愿殿、九大臣祈愿殿及东西配殿。大雄宝殿，位于瑞应寺的中心，是全寺最大的殿宇。大雄宝殿中供奉的是七尺高的释迦牟尼像，后侧排列着文殊菩萨、观世音菩萨、宗喀巴绿度母佛像。殿内装饰着精彩的花纹条幢。活佛宫（葛根宫），分为东、西两馆，共有房舍999间，南北七道门，均设在大雄宝殿西边。大雄宝殿外有四大扎仓和德丹阙凌及活佛殿，周围有五座庙宇分别建在东西南北山顶或山坡上，白伞庙在东北山顶，护法殿在东南山顶面北而坐，度母庙在西南山头，关帝庙在西南山坡，舍利庙在西北山顶。有满、蒙古、藏、汉四种文字雕刻的金龙镶边的瑞应寺大匾是康熙皇帝所赐。

瑞应寺规模宏大，内设五大札仓，且各仓都颇具规模，功能俱全，实为佛门圣地，是名副其实的藏传佛教东方中心。

1. 萨尼特扎仓（因明僧学院）。由正殿、五位法王殿、大锅房、东西配房及山门组成六十三间宫殿式两层建筑，两侧殿堂内藏佛教经典，正殿大门是面积达300平方丈的园林，园中有花坛、凉亭、辩论台。

2. 曼巴扎仓（即医学院）。建于大雄宝殿东的一个山坡上，由主殿、配殿、山门组成，共计三十三间殿堂，瑞应寺曼巴扎仓是蒙古地区蒙医药学中心之一，喇嘛名医远近闻名，如古那大夫，自幼在此院学习，获蒙医博士学位，曾任内蒙古卫生厅副厅长。

3. 阿布巴扎仓（密宗学院）。由主殿、偏殿和后殿组成，规模适中。寺内保存着康熙用过的驴鞭。

4. 丁科尔扎会（时轮学院）由主殿、藏经殿、时轮金刚殿和天王殿组成，丁科尔的喇嘛们每年都要编写一部比较详细的历书，准确预报全年的风量、雨量和日、月食时间等天气现象。

5. 德丹阙凌在大雄宝殿西侧，是宫殿式二层庙宇，面积 21 平方丈。始建于嘉庆二十三年（1818 年）。本庙与其他札仓不同，这里不学习经典也不招收僧徒，因本庙首座称德丹喇嘛而得名。其中藏有瑞应寺始祖活佛从西藏请来的部分达赖喇嘛舍利子；四世葛根于道光年间进京唪诵《皇帝洞礼经》时带回的右旋螺法；还有黄教祖师宗喀巴用过乳汁的牛角。因供奉这三件法物，德丹阙凌的地位高于其他札仓。

（二）政教合一体制

作为清代内蒙古东部地区最大的藏传佛教寺院，瑞应寺历史上有六代活佛相传。鼎盛时期有喇嘛达 8 百多户，3 千多人。道光三年（1823），瑞应寺在给皇帝奏折中称："瑞应寺僧人弟子多达三千，属民八百户。"道光年间，经道光帝恩准，由理藩院授予刻有满、蒙古、藏三种文字的"吐默特扎萨克喇嘛查干邸延其呼图克图之印"，封瑞应寺一世活佛桑丹桑布为"大清东部蒙古老佛爷"。

实行"政教合一"的管理体制。瑞应寺的政教合一体制与库伦喇嘛旗的不同之处在于，这里的政教合一管理制度仅限于寺庙及其周围地区（旗札萨克指定范围内的村庄），而喇嘛旗是全旗全部实行政教合一体制，旗札萨克与宗教领袖由同一个人担任。

清代，由于瑞应寺在东部蒙古地区的影响，瑞应寺历代活佛均受到皇帝的恩宠，表现为瑞应寺历代活佛朝观皇帝的人次相当多，而且在必要时还被委以重任。康熙十五年（1676），一世活佛桑丹桑布在赴西藏途中在北京受到了康熙皇帝朝见。康熙三十八年十月，达尔罕亲王对清廷不满，欲起兵反朝廷。皇帝传圣祖活佛出面调停，活佛圆满地完成了任务。康熙四十年皇帝驾幸热河，活佛又前去朝觐，奏请扩建庙宇得到恩准，之后又将喜峰口外的洼尔土温泉连同八百亩土地赏给活佛。乾隆在位期间，二世、三世、四世活佛都曾前往见驾，二世活佛还同达尔罕亲王一起狩猎。乾隆四十二年，三世活佛再次进京，参加皇太后丧礼。四世活佛朝见次数最多，先后进京朝觐皇帝达九次之多。咸丰元年八月，五世活佛进京朝见文宗皇帝。

（三）恢复与重建

历经漫长的岁月沧桑，瑞应寺庙宇殿堂、珍贵文物大部分现已毁损遗失。改革开放以后，1984 年辽宁省确定了瑞应寺为首批恢复的合法宗教场所，之后瑞应寺恢复工程开始动工。1994 年藏式二层楼阁的建筑大雄宝殿修复完工。1997 年重建了外古内今的活佛殿和喇嘛住室。居士们发愿修建的天王殿也于 1998 年 8 月竣工。信众们坚信恢复后的瑞应寺一定会像活佛殿院内的古柏一样重放光彩，日渐旺盛，再现辉煌。

1991 年经国家、省、市有关部门批准，由甘肃拉卜楞寺嘉木样活佛按宗教仪轨正式认定洛桑·义希成来坚措为瑞应寺七世活佛。1997 年 10 月 9 日举行了盛况空前的七世活佛坐床庆典，这期间，神奇的活佛殿院内一棵枯死多年的柏树竟抽枝发芽，成为人们竞相观看的奇景。现任住持为阿斯楞喇嘛。

如今的瑞应寺又见香烟缭绕，诵经声、钟声、经箱乐曲和法舞重新传出。这一佛教圣地如今已经成为阜新市重点旅游景区之一。

五、小结

历史上，蒙古地区寺庙众多，作者选取以上几个寺庙作为个案进行较为详细的介绍，意在使读者可以从微观方面了解近现代蒙古族宗教信仰的演变。库伦喇嘛旗福缘寺缭绕的香烟，梅力更召小喇嘛们朗朗的蒙古语诵经声，多伦汇宗寺重建的章嘉大殿，瑞应寺作为“东方藏传佛教文化中心”的历史，无不向人们展示着蒙古族佛教信仰演变的历程！

第六章 其他宗教类型

由于蒙古高原独特的自然地理条件、文化传统、民族融合、宗教政策导向以及宗教自身的原因，蒙古族宗教信仰自元代以来，一直呈现多元化特征，除了处于核心信仰的藏传佛教之外，传统的萨满教一直延续到现代，基督教、伊斯兰教等宗教尽管传播范围非常有限，也在蒙古族聚居区有一定影响。概而言之，蒙古人的宗教信仰，是以萨满教为基础，以藏传佛教为核心信仰，辅之以基督教、伊斯兰教等，可谓“杂而多端”，从一定意义上张扬了蒙古人海纳百川的性格，彰显了宗教信仰的多元化特征。

一、萨满教的衰落与延续

（一）蒙古萨满教概说

萨满教是基于万物有灵论基础上的原生型宗教形态，因为满—通古斯语族各部落的巫师被称为“萨满”而得名。“萨满”在通古斯语中的原意为激动、不安和癫狂的人。关于萨满教的概念，有狭义和广义之分，狭义的萨满教主要是指以西伯利亚为中心的东北亚各民族所信仰的原生型宗教，特别是以满—通古斯语族各民族流传的民间信仰为典型。广义的萨满教则把亚欧大陆北部广大区域以及北美、澳大利亚等地各民族的所有原始巫术都包括在内，国际上通行的萨满教概念即指广义的萨满文化现象。

据《苏联大百科全书》[①]（1978 年版）给出的定义：“萨满教是原始社会制度下产生的大多数民族的早期宗教形式。其信仰基础是相信处在宗教昏迷状态下的萨满能与精灵交往。巫术形式、精灵观念、萨满职业化程度在每个民族中不尽相同，在某些民族那里，萨满教残存于阶级社会中。”这个定义显然是基于广义的萨满教概念。

作为一种原生型民族民间宗教，萨满教信仰万物有灵和灵魂不灭。认为宇宙有上、中、下三界，宇宙万物、人事祸福皆由鬼神主宰，神灵赐福，魔鬼布祸。主要有自然崇拜和祖先崇拜两种崇拜形式，自然崇拜主要包括对天、地、日、月、山、水、火、雷以及一些赋予神灵色彩的实物——矛、弓箭、马鞍等的崇拜及

---

①《苏联大百科全书》，1978 年版。

其祭祀仪式。“萨满教诞生于对先祖的崇拜，人世间的众生坚信自己需要先祖们强有力的庇护。另外，先祖亡灵的附身、因兴奋而狂舞和痉挛性的颤抖便是萨满教的表面标志。”[①] 随着时代的发展，祖先崇拜除了包括对自己祖先的定期祭祀，还包括对民族英雄人物的崇拜和祭祀仪式，使之具有明显的氏族部落宗教的特点。

萨满教没有共同的经典、统一的组织和固定的宗教场所（如庙宇），但有着相同或相似的宗教观念和职业神职人员。萨满教巫师因具有特殊品格以通神，其功能主要是沟通天人，他们集占星者、占卜者、医师于一身，在信仰者中颇有威望。

蒙古族萨满教是融合蒙古族古代自然崇拜、图腾崇拜、祖先崇拜等多种信仰的产物。在藏传佛教传入蒙古地区之前，萨满教信仰在蒙古各部落中长期流行。在蒙古萨满教信仰体系中，男萨满称“博（额）”或“勃（额）”，女萨满称“渥都干”，因此，有人也把蒙古萨满教称为“博莫日古勒”即“博（额）教”。“博”是传达神的意志的人。而女萨满被称为“渥都干”或“伊都干”。“长生天”，蒙古语称为“孟和腾格里”，是蒙古族萨满教的最高神明。长生天具有主宰世间万物的神秘力量，予以无限的崇拜和敬仰。如萨满神歌中唱道：“上界是我的长生天，下界是我的地母”。在漫长的历史发展过程中，“长生天”观念不断丰富和完善，从原本的自然崇拜属性逐渐演化为集自然、宗教、政治、哲学意义一体的复合观念，在蒙古族历史上产生过重要影响。

蒙古“博”有世袭和非世袭之分，有的“博”世世代代父子相传，

① 顾一鸣：《蒙古萨满教衰落因由浅析》，载《内蒙古民族大学学报》，2003（6）。

有的则通过某种灵异现象之后、灵魂附体成为“博”，还有的经过严格的考核仪式成为“博”。萨满学徒期满后，必须接受严格的考核，并为此举行隆重的仪式。一般需要过“双道关”或被称为“依孙达巴”的“九道关”，其形式是赤脚踩烧红的犁铧、用舌头舔烧红的熨斗等，通过之后才有独立行“博”的资格。在西部蒙古地区，甚至还要到所谓凡人无法到达的圣地朝圣方可获得正式“博”的资格。如新疆阿尔泰山的翁衮神“雪峰海尔罕”山就被认为是圣山。

世袭的蒙古博渊源甚古，一般都有自己的谱系。许多蒙古“博”以世袭为荣耀，并把“博”祖先的谱系背下来世代相传。有些蒙古博的世袭谱系可以上溯到几代甚至十几代，因此，背诵祖先的“博”谱系也是蒙古博教传承中必不可少的重要内容。比如，库伦旗著名的门德巴雅尔“博”是家族第 13 代世袭“博”，科尔沁左翼中旗的宝音贺希格“博”是家族第 15 代世袭“博”。据记载，晚清时期最著名的蒙古族女萨满是娜仁 · 阿柏渥都干（1790—1875）。相传她是科尔沁萨满教祖师郝伯格泰萨满的后代，是掌握了接骨术的渥都干，有关她神奇的接骨术在科尔沁蒙古民间广为流传，被称为“神医太太”。[①] 非世袭博的出现晚于世袭博，一般来说，非世袭博被认为法术不精，能治疗的疾病少，不会主持祭天、祭吉雅其（畜牧神）等重大祭祀仪式。

尽管萨满教没有共同的经典，然而，相传蒙古“博”教却有一本叫《呼和苏德尔（青色经书）》的经书，只是如今已经不见

① 黄强、色音：《萨满教图说》，90 页，北京，民族出版社，2002。

其物。在东部蒙古民间流传着有关经书的传说，据传蒙古博本来都有经书——《呼和苏尔德》，但是后来有一个名叫郝伯格泰的博破坏了博教经书上的戒律，结果被弥勒佛给收回去了。这样的传说显然纯属虚构，不过是反映了萨满教和佛教斗争的事实而已。蒙古博并没有统一的经书，所谓"无经文的教理"，是萨满教引以为傲的传统。虽然没有经书，但蒙古族萨满教却留下许多口传身授的诗文或称祷歌。蒙古博每当举行祭祀、招魂、请神等仪式时，都要念诵祷歌、祝词、咒语等，借以强化仪式的感染力和神圣性，试图借助语言的力量来请神降魔。蒙古博往往遴选优秀的古代诗文加以改编，增加一些神秘内容后成为诗文、祷歌。包括向神灵祈祷和吁请的经文以及颂歌、祝词、民谣等民间口头文学形式，如祭火经、求雨歌等。台湾著名诗人席慕容曾与蒙古族学者尼玛合作翻译过几首蒙古萨满教赞歌——《恩赐一切的乃是长生天》、《呼唤腾格里诸神》、《招魂歌》[①]等。此外，蒙古博教有很多娱神歌舞，如"亚布迪亚"舞、"贵克朗"舞、"金丝雀"舞等，要求博教歌舞的表演者必须是职业博。通过歌舞的节奏由慢转快、逐渐激昂，才最终使博进入如醉如狂的心理状态。

历史上，萨满的功能主要是沟通天人，他们集占星者、占卜者、医师于一身。到了现代，治疗疾病、主持祭祀仪式则是他们的主要职能。仪式在宗教活动中具有重要地位，蒙古族博教的仪式主要有成巫仪式、祭祀仪式、治病仪式、招子仪式、祈愿仪式、除秽仪式等。蒙古博在主持仪式（行博）时穿着特殊的服饰，包括

① 尼玛、席慕容：《蒙古萨满教赞歌——往昔之歌》，载《民族古籍》，1993（1）。

法服（博服）和法冠（奥尔盖冒），并使用法器，包括铜镜、博鼓、七星宝剑（吉达）以及各种法鞭等。治病仪式大体有祈祷请神、附体下神和送神等基本程序，治病仪式一般在晚上进行，加重了仪式的神秘色彩。而女萨满“渥都干”一般负责招子、接生、保护婴儿等妇幼保健工作，在现代蒙古语中，“渥都干”的意思就相当于接生婆。

据调查，在蒙古人中萨满教遗存较多的是科尔沁部、巴尔虎部、鄂尔多斯部、布里雅特部（在内蒙古呼伦贝尔及俄罗斯境内）以及库伦旗等。[①]即现在的通辽市、鄂尔多斯市、呼伦贝尔市部分地区。其中，遗存最多的是通辽市的科尔沁博。

（二）蒙古萨满教信仰系统

在萨满教的信仰系统中，以神统观为核心的诸神从自然神、职能神到天神的演变经历了漫长的历史过程。起初，众多自然神各司其职，从不越权，诸神互不相统，无所谓上下、主次关系。后来天神出现并成为主神，其他神则成为属神，诸神之间的关系逐渐复杂化，这使得萨满教的神灵系统非常庞杂。尽管如此，在对蒙古族萨满教诸多神灵，如自然神、动物神以及图腾、生殖崇拜等庞杂系统进行梳理后，我们可以发现，“腾格里”和“翁衮”两大神灵系统，在蒙古人的萨满信仰体系中占有重要地位并产生过广泛影响。

1. “腾格里”天神。正如恩格斯说：“一个部落或民族生活于

---

① 义都合西格主编：《蒙古民族通史》，第五卷（下），779页、783页，呼和浩特，内蒙古大学出版社，2002。

其中的特定自然条件和自然产物，都被搬进了它的宗教里。”[①]在蒙古萨满教的天体崇拜中，天地和日月崇拜是蒙古族最为普遍的现象。古代蒙古人把天作为一个最神秘力量并对天产生敬畏、依赖的宗教情感。蒙古语称天为“腾格里”，而蒙古族萨满教所称“腾格里”就直接具有“天神”之义，认为天上有九十九个腾格里天神，西方的五十五个天是善的天神，给人带来好运，东方的四十五个天是恶的天神，带来厄运和灾难。这种解释具有明显的功利目的和伦理色彩。根据学者的统计，在蒙古英雄史诗和萨满神歌中，具有各种职司的腾格里有上百个之多，可见，九十九并非具体数字，只是表示神灵甚多而已。如：吉勒腾格里是司平安顺利之天神、安答之腾格里是司朋友兄弟之天神、毕斯曼腾格里是司财富之天神、喀喇腾格里是司医药之天神、玛纳罕腾格里是司狩猎之天神、巴图尔腾格里是战神等等。土地神也是萨满教所信奉的主要对象之一。各地蒙古族至今仍然保留着祭祀他们赖以生活的土地、山河、泉水的习惯。

此外，日月星辰崇拜、山神崇拜、动植物崇拜等也是萨满教自然崇拜的主要内容。对于日月星辰的崇拜主要在于它的光和热，与此相应的是火崇拜。火可以涤荡一切污垢。《黑教或称蒙古人的萨满教》一书中指出：“蒙古人虽然认为女神斡惕（意为火）是幸福和财富的赐予者，但它的特点是纯洁，它具有使一切东西纯洁的能力，它具有把自己的纯洁传给别的东西的能力。”[②]

---

①《马克思恩格斯全集》，第 27 卷，63 页。

② 班札罗夫：《黑教或称蒙古人的萨满教》。

2.“翁衮”崇拜。所谓“翁衮”,即萨满神偶,“翁衮”具有神灵、陵墓等意思，是蒙古人祭拜的偶像。内蒙古地区的萨满“翁衮”多为青铜制、皮制或毡制。如《多桑蒙古史》所记载:“鞑靼民族之信仰……皆承认有一主宰，与天合名之曰腾格里，崇拜日月山河五行之属，出帐南向，对月跪拜，奠酒于地，以酹天体五行，以木或毡制偶像，其名曰翁贡，悬于帐壁，对之礼拜。”[①]与腾格里一样,“翁衮”也是一个庞大的神灵崇拜系统。“翁衮”的数量、规格均无统一标准，在不同时期、不同地区不尽相同。村落有村落的“翁衮”，家族有家族的“翁衮”，一般认为“翁衮”是与人们已故祖先和家庭其他成员的灵魂融合为一体的神物，悬挂于帐屋里面或门外,不得随意触动,人们不断向“翁衮”供奉饮食之最，期望获得神灵的保佑。

在内蒙古东部草原,最重要的“翁衮”应该是“吉雅其”和“宝木勒”。“吉雅其”是畜牧保护神，对于蒙古族这样以牧业为主要生产方式的民族来说，“吉雅其”神关乎他们的生产生活，是以往蒙古族普遍供奉的神灵。而蒙古博通过祭祀“吉雅其”，为广大牧民驱除瘟疫灾害，保佑人畜平安。“宝木勒”是蒙古族科尔沁博教祖师神、保护神。“宝木勒”的蒙古语意思是“从天上下来的”。人们也把这个“从天上下来的”的祖师神称为“郝伯格泰博”。相传“郝伯格泰博”是蒙古科尔沁博的祖先，是成吉思汗时代大萨满豁尔赤博的后代传人。有关“郝伯格泰博”的传说在科尔沁地区广为流传，传说在佛爷到来以前“郝伯格泰博”就

①［瑞士］多桑著，冯承钧译：《多桑蒙古史》，31页，北京，商务印书馆，2004。

是神通广大的博了，有着与藏传佛教佛爷斗争的英雄般传奇经历，科尔沁博的神帽上一般都有“郝伯格泰博”的画像，足见“郝伯格泰博”这个“宝木勒”的崇高地位。蒙古族萨满教中，每年要举行一次祭祀“翁衮”的仪式。一般在每年的农历七月初九或九月初九举行。历史上，“翁衮”祭祀仪式一般举行九天或三天，后来则只举行一天。

3. 其他崇拜对象。祖先崇拜也是蒙古人的萨满教信仰之一。蒙古人不仅定期举行祭奠自己祖先的仪式，而且也为本民族的汗王及有影响的人物建造陵园或寺庙，定期进行祭祀。如成吉思汗祭典活动每年、季、月定期举行，非常隆重，人们纷纷参拜以求祖先保佑平安。

蒙古地区普遍存在的“祭敖包”习俗，“敖包”是蒙古语的音译，也译作“脑包”、“鄂博”。敖包的表象是石头和柳枝搭起的祭坛，一般建在草原上地势较高的地方，是蒙古人崇拜天、地、日、月等多种神灵的象征。实质上是萨满教自然崇拜的一种民间形式。考其源，敖包也是道路和疆、地界的标志，起到指路、辨别方向和行政区划的作用。在《理藩院疆理》中记载：“游牧交界之处，无山河以为识别者，以石志，名日：鄂博”。蒙古地区存在着多种类型的敖包。包括与民族英雄有关的敖包、与蒙古族的圣物有关的敖包、诺彦（做官的人）敖包、家族敖包、家庭敖包以及作为路标的敖包等。清人祁韵士诗云：“告虔祝庇雪和风，石畔施舍庙祀同。塞远天空望无际，行人膜拜过残丛”。人们祭祀敖包祈祷所崇拜的善神能战胜邪恶势力，对付疾病和灾难，以保护人们的健康和安宁。祭祀时，敖包上插上树枝，挂上五颜六色的布条或纸旗，旗上缮写经文。大致有血祭、酒祭、火祭、玉祭等四种祭祀形式。血祭是把牛、羊、马等牲畜宰杀后，将胴体供奉在敖包前面；酒祭，将鲜奶、奶酒、奶油以及白酒等洒在敖包前，祈求风调雨顺，平安幸福；火祭，即在敖包前烧一大堆干柴火，各家各户纷纷走近火边，念着自家的姓氏，供上祭品，把肉丸子等投向火里燃烧，烧得越旺越好；玉祭，一般是王公贵族才用玉或玉器作为供品，现在已不存在了。藏传佛教普及以后不管采用哪种祭法，都要请喇嘛来焚香祷告，诵经拜忏。人们一起围着敖包，从左向右走三圈，曰"转敖包"，祈神降福。

（三）萨满教在蒙古社会的衰落和延续

与阿尔泰语系的其他民族一样，蒙古族就曾经长期生活在萨满教的精神世界中，萨满教既是蒙古人的基本信仰，也在政治、军事及社会生活中发挥着重要作用。蒙古汗国建立后，萨满教得到了官方的承认和尊重，萨满教的巫师享有很高的社会地位，成为特殊阶层，他们不仅活跃在民间，而且在汗廷也集中了很多。这一方面是由于蒙古人自身传统信仰的习惯力量，另一方面则是由于统治者巩固统治的需要，即利用宗教制造各种神话，为新生政权涂上一层天命神意的色彩，借以加强统治，实际上，当时的萨满教具有国家宗教的性质。

"一直到中国元帝国崩溃（1368）之后，萨满教仍然为蒙古人中最典型的和最流行的宗教，并且占据了遥遥领先的地位。"[①] 北

① [意] 图齐、[德] 海西希，耿升译，王尧校订：《西藏和蒙古的宗教》，384 页，天津，天津古籍出版社，1989。

元时期，藏传佛教再传蒙古地区，三世达赖喇嘛也曾于1576年到过蒙古地方。1578年，阿勒坦汗曾宣布萨满教为非法，收缴各种萨满教翁衮（即神偶）焚毁之，萨满教被严厉禁止，逐渐丧失了在蒙古社会的主导地位。尽管如此，由于藏传佛教在蒙古地区从西向东的传播路向，在东部边陲的科尔沁草原、呼伦贝尔草原藏传佛教传入较晚，萨满教势力依旧帜盛。“从南部的翁牛特部一直到北部的嫩江，十七世纪初在整个东蒙古领土上占统治地位的仍然是萨满教。”[①]直到清朝初年，高僧内济托音东行赴科尔沁地区传播佛教，情况才逐渐发生了改变。

在萨满教与藏传佛教的斗争中，萨满教为了自身生存而导致了内部分化，最终分裂为两个教派：“白萨满教派”和“黑萨满教派”，即所谓亲佛派和排佛派。

藏传佛教传入初期，“郝伯格泰博”是科尔沁地区萨满教最高首领，为了维护萨满教的利益，他带领众多门徒坚决反对高僧内济托音喇嘛的传教活动。然而，由于当地蒙古统治上层支持内济托音并皈依了藏传佛教，为了科尔沁萨满教的生存，郝伯格泰最终向藏传佛教妥协，改变策略，采取佛巫合流、以变求存的方法，放弃了抵制佛教的斗争，按照佛教的观念改造萨满教。此后，蒙古萨满教祭天仪式以及祈祷词、祝赞词中充斥着佛教观念。[②]以郝伯格泰为首的妥协派，遂被称为“白萨满教派”。与此同时，一部分坚持自己教旨的萨满巫师从“白萨满教派”中独立出来，继续反对藏传佛教及其理念，被称为“黑萨满教派”。他们坚持萨

① 唐吉思：《藏传佛教对蒙古族民间宗教的影响》，载《西北民族学院学报》，2002(4)。

② [意]图齐、[德]海西希，耿升译，王尧校订：《西藏和蒙古的宗教》，393页，天津，天津古籍出版社，1989。

满教信仰，反佛排佛，顽强地保留了萨满教的古老传统。他们不向佛祖祈祷，不与喇嘛一起作法，不进入主人家的佛堂以示抗争。科尔沁“黑萨满教派”首领甚至写下反佛誓词：“斩下僧侣首，祭坛作牺牲。佛教有何益？容我驱逐净。渴饮袈裟血，此事又何妨！喇嘛无端由，容我消灭光。”以维护萨满教的地位[①]。

内蒙古东北部民间流传着许多喇嘛与萨满斗法的故事。相传科尔沁地区的“郝伯格泰博”是科尔沁博的祖先，是成吉思汗时代著名的豁儿赤博后代的徒弟，“郝伯格泰博”法力无边，神通广大，能骑鼓上天，呼风唤雨。佛教传入后他与佛爷斗法七年，最后从台吉（贵族）的地位被贬斥到贫民阶层，从此，台吉中就再也没有产生过蒙古博。历史上也多次发生“烧博事件”。如清末民初，在科尔沁地区的的达尔罕旗（今内蒙古科左中旗）王爷下令把本旗所有的蒙古博集中起来，让他们跳进大火中以考验其法力，直到火烧完才允许出来，结果好多博被活活烧死，只有少数幸免于难，反映了佛博斗争的残酷。

“大多数皈依喇嘛教的蒙古人，不过是将萨满教信仰依照喇嘛教的形式进行了某些改造。喇嘛们则积极搜集民间传诵的各种祷词，然后添加新的宗教内容，以旧瓶装新酒的方式促进喇嘛教在民间的传布。与此同时，隐匿于民间的萨满教也接纳了喇嘛教的众神，改用喇嘛的祈祷仪式和经文举行祭祀，它蜕去了旧的躯壳，披上了喇嘛教的外衣，这正是萨满教在新的环境下籍以抵制

①《蒙古族大词典》，1017页，呼和浩特，内蒙古人民出版社，2005。

喇嘛教迫害的方式。”[1]长期斗争、妥协、融和的结果，使一些萨满教巫师兼有“博”和喇嘛的双重身份。在内蒙古东部地区就有被称为“赉青”的蒙古博，“赉青”在行博治病和占卜时，念诵藏传佛教经文，他们表演神舞的动作也与藏传佛教的查玛舞相似，显然是萨满教与藏传佛教的结合形式，因此，“赉青”可以说是“佛博交融”的结果。同时，蒙古博教仪式、祝词、咒语等受到佛教影响，有些天神的名称由佛教的天神所取代。这一点从科尔沁蒙古博的祝词中可见一斑。如《向葛根（活佛）祈祷》[2]的祝词中唱到：

智慧无边的达赖佛爷，
快从你雄伟的宫殿赐教，
神圣的葛根喇嘛，
请将这意外之灾除掉。
海林布庙的活佛，
莲花宝座上的哲布尊丹巴，
神圣的葛根喇嘛，
请搭救我们脱离苦海。
各个庙的佛主，
各个召的葛根喇嘛，
快从你的宝刹显灵吧，
快解除人间的一切灾害。

诸如此类的祝词还有《向包日汗（佛爷）祈祷》、《向庙宇祈祷》、《三宝》等。如果不是特别说明，我们已经很难区分这是博

① 刘小萌、定宜庄：《萨满教与东北民族》，57页、73页，长春，吉林教育出版社，1990。

② 哲里木盟文化处编：《科尔沁博艺术初探》，111页，1986。

教还是佛教的祝词。当然，蒙古地方的藏传佛教也吸收了博教的部分仪规，这是问题的另一方面了。

事易时移，随着近代蒙古社会政治、文化的变迁，藏传佛教成为蒙古族的核心信仰，“到清末和民国年间，尽管还有相当数量的萨满存在，但从全局看，蒙古各部毕竟已被喇嘛教所征服。”[①]萨满教活动的频率日趋减少，萨满的社会地位和作用也不可与昔日相比，不少地方后继无人，萨满教逐渐被藏传佛教所改造兼并，宗教仪式的主角“博”被喇嘛所取代，萨满教所信仰的神神祇已经纳入佛教的万神殿里，就连祭敖包、祭山神、祭地神等民间祭祀活动也成了喇嘛们的专利，萨满教逐渐退出蒙古人社会生活的舞台。德国著名蒙古学家海西希把蒙古族萨满教划分为三种类型：古老的宗教信仰；近期的“混杂”型；最后的“喇嘛教”型，是很有见地的。据此划分，如今遗存的蒙古博教大多属于后者。宗教间的相互交融和吸收具有相当的普遍性，蒙古博正是在与藏传佛教的斗争与交融中得以发展并留存下来。

直到20世纪中叶，东北科尔沁地区博教仍有活动，并在一定程度上影响着蒙古人的社会生活。根据海西希的调查，“20世纪40年代末在库伦旗40多个村屯中就有60多名‘博（额）’。蒙古‘博（额）’平时生活、劳作与普通人没有什么区别，只是在举行各种萨满教仪式时由其主持。平时，蒙古人家里发生一些意想不到的灾祸或怪异疾病时，经常将‘博（额）’请到自己家

---

①［意］图齐、［德］海西希著，耿升译，王尧校订：《西藏和蒙古的宗教》，366页，天津，天津古籍出版社，1989。

里作法事，举行请神、驱鬼治病或占卜算卦等仪式。”[①]

至20世纪80年代，内蒙古东部的哲里木盟（今通辽市）是蒙古萨满文化遗存较多的地区。当时有名有姓的蒙古博尚有十几位，如今大多已经谢世。所幸的是，哲里木盟文化局在20世纪80年代对蒙古科尔沁博教进行了抢救性田野考察，多次对库伦旗、科尔沁左翼中旗著名的博的行博表演等进行了集中的搜集、整理，并进行了一些实况录像。白翠英等同志于1986年编写了《科尔沁博艺术初探》，为我们留下了可以倚重的历史资料。色音研究员在大量田野调查和理论研究的基础上，写作了大量有关蒙古萨

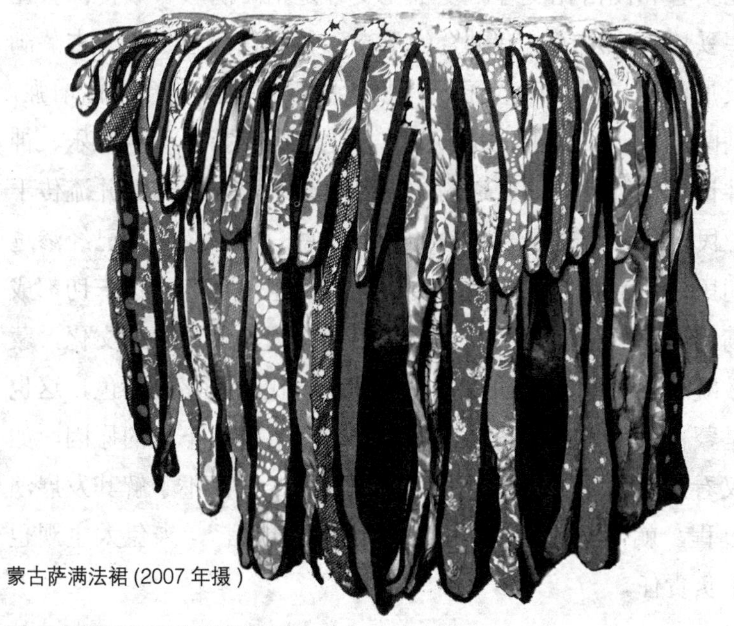

蒙古萨满法裙(2007年摄)

①［意］图齐、［德］海西希著，耿升译，王尧校订:《西藏和蒙古的宗教》，366页，天津，天津古籍出版社，1989。

满教的著作和论文，成为蒙古族萨满教研究方面最有成就的学者之一。2007年作为“科尔沁文化丛书”的《科尔沁萨满教研究》（色音著）、《科尔沁博文化》（白翠英著）出版，是蒙古族博教研究的集中展现。

“蒙古族萨满教信仰已经进入衰退的阶段，但衰退并非意味着很快就要消亡。蒙古族萨满教在外来宗教的冲击以及社会历史变动的影响下由盛变衰的过程中采取了一些灵活多样的生存策略，以改头换面的变异形态残留至今。”[①]正如色音研究员所做的概括，古老的萨满教出现了历史变容，即复合化变容、科学化变容、艺术化变容和民俗化变容。复合化变容是指萨满教与藏传佛教在斗争中妥协，出现了二者融合的形态；科学化变容是指蒙古萨满教在发展演变过程中吸收了一些科学因素使自身的合理性增强，使萨满医术得到了完善、光大；艺术化变容是指萨满教音乐、神舞、神话传说等经过演变逐渐成为民间艺术和民间文学并流传于后世；民俗化变容是指萨满教的一些禁忌、祭祀仪式等已经渗透到民间民俗生活中，成为民俗文化的有机组成部分，这一切都成为萨满教延续的事实见证。可以看出，作为一种原生型文化，蒙古博教既有原生型宗教的成分，也有跨时代跨文化的特色，这也许正是蒙古萨满教虽然经历许多非难却一直延续下来的原因。如果仅仅看到萨满教古老、神秘甚至过时的一面，不了解其发展演变的过程，就简单地予以否定，斥之为“迷信”，未免太主观也有些不负责任。

① 黄强、色音：《萨满教图说》，76页，北京，民族出版社，2002。

笔者曾于 2007 年 8 月到通辽市、科尔沁左翼中旗进行调研，拜访了白翠英老师，据她介绍，目前比较活跃的科尔沁博（包括莱青）大约有几十位，但真正有修养的博至多十位左右。大多是色 · 仁钦[①]博的徒弟。根据萨满教研究学者郭淑云记载，2005 年 10 月 13 日在科尔沁左翼中旗参加萨满过双关仪式的就有 46 位之多，但有些人已经不是第一次参加过关仪式了。

在白翠英老师的陪同下，我们到科尔沁左翼中旗驾马吐镇实地走访了当地有名的钱玉兰渥都干以及她的徒弟金花、娜仁格日乐、徐兰凤。钱玉兰渥都干自 1979 年起拜色 · 仁钦博、桑杰莱青为师，是当地少有的过“九道关”的渥都干。她和徒弟们还专门为我们做了萨满请神仪式，使我得以近距离直观地了解蒙古萨满教的仪式过程。

二、伊斯兰教居于一隅

（一）蒙古族穆斯林的由来

蒙古族信仰伊斯兰教始于元代。当时，佛教、道教、基督教、伊斯兰教等纷纷移植到蒙古族聚居区，各类信徒人数众多，颇为兴盛。

有元一代，回回在全国都有分布，故有“元时回回遍天下”之说，据估计人数约有百万人，尤以西北地区居多。受其影响，西北地区的蒙古宗王及其臣民亦有一部分改信伊斯兰教，阿难答就是其

① 色 · 仁钦（1925—2007）：著名的科尔沁博，18 岁即过“九道关”。

一。阿难答乃忽必烈之孙，安西王忙哥剌之子。《多桑蒙古史》云："阿难答幼受一回教徒抚养，皈依回教，信之颇笃。"[①]1280年，阿难答承袭安西王位，并称秦王。在位28年间，于其辖地积极传播伊斯兰教，颇有建树。《多桑蒙古史》载："阿难答传布回教于唐兀之地，所部士卒15万人，闻从而信教者居其大半。"他还曾"命蒙古儿童行割礼，宣传回教于军中。"《世界征服者史》中也有"察合台汗王答儿麻失里已率部众信奉伊斯兰教"的记载。

时至清代，蒙古族穆斯林定居在今内蒙古西部阿拉善地区。关于这些蒙古族穆斯林的渊源，还得从阿拉善的历史谈起。阿拉善和硕特蒙古是卫拉特（漠西蒙古）四部之一，原居住在天山北麓，清康熙朝时为了躲避战乱东迁至阿拉善草原建立了阿拉善和硕特旗。雍正三年（1725），阿拉善和硕特旗第二代札萨克阿宝王爷受皇帝令平息青海叛乱，把旗民迁至青海暂住，因平息叛乱有功，雍正皇帝特赏给阿拉善旗贺兰山北麓的定远营（今内蒙古巴彦浩特），定远营作为阿拉善和硕特旗旗府至今。阿拉善地区信仰伊斯兰教的穆斯林即是在这个历史时期逐渐形成并聚居。

据《伊斯兰教在阿拉善传播发展概况》一文："清朝光绪三年（1878）十月二十六日，宁夏将军库车勒巴图鲁克致阿拉善亲王多罗特色楞的咨文中写明，这部分蒙古回回，确系阿拉善先王阿宝于康熙年间从青海带领部众迁移来阿拉善大草原时从青海西宁一带带来的一百余名缠头回回。先安排在克卜尔滩，集中居住，

① [瑞士] 多桑著，冯承钧译：《多桑蒙古史》，北京，商务印书馆，2004。

游牧为生。在光绪年间已发展到近百户。”[①]

《阿拉善经济状况》一书中提到：“仅有二十余回人，为前清乾隆时札萨克罗卜森道尔吉远征带回受降兵率之哈萨克人，俗称‘缠回’人，迄今归化以久，一如旗内旗民，说旗话，习旗俗，唯奉回教待持戒律，今居旗内沙金套海、可白儿四镇等一带，二百余家。”[②]

也有学者撰文认为：“早在清初和罗理率部移居阿旗时，在他所率部族中有信仰伊斯兰教的萨伊润、安答加、巴拉沟德（蒙古）、维吾尔、准噶尔（蒙古）等五姓部分人被安置在阿左旗（即阿拉善左旗——引者注）东北部游牧，其后在乾隆年间又来了一批系属相同的人和（部分）甘青地带的哈萨克人、撒拉人，构成了今天阿左旗信仰伊斯兰教的蒙古人。”[③]可见，清末至民国初年，邻近的宁夏、甘肃等地的一些回族由于各种原因迁到阿拉善地区，由于宗教信仰的缘故在与蒙古族穆斯林长期生活的过程中逐渐演变为蒙古族穆斯林，这也是蒙古族穆斯林的来源之一。如蒙古族穆斯林中马、杨、王姓几家，当地人认为他们的祖先是回族。据辛文秀、马怀成先生考证回族定居阿拉善比较晚，大约在民国初年，主要定居定远营。[④]

在民族发展史上，不同民族在长期共同生活中逐渐融合是屡见不鲜的事。从历史资料看，阿拉善蒙古族穆斯林的族源构成比

①《阿拉善文史》，第4辑，184页。
②《内蒙古穆斯林》，56页，2003（1）。
③ 王玉霞：《内蒙古阿拉善左旗信仰伊斯兰教的蒙古族穆斯林》，《回族研究》，2001（5）。
④《内蒙古穆斯林》，2003（1），55页。

较复杂。但长期以来，蒙古族穆斯林严守教规，信仰坚定，使伊斯兰教信仰传承下来，究其原因，大概有几个方面。第一，与阿拉善和硕特旗建旗以后几百年间执行的政策有关。即不论是来自什么地方、什么民族的人，只要居住阿拉善地区，当作旗民，必须入旗籍，记入阿拉巴特（属民）账册，遵守旗规、旗俗才能成为旗民，享受旗民待遇，否则有许多限制，直接影响生产生活和政治待遇，无法长期居住。因此，入旗籍，作旗民对改变一个民族生产生活方式、风俗习惯起到了关键作用。第二，长期共同生活、通婚改变其风俗习惯或信仰。信仰伊斯兰教的蒙古族穆斯林大多内部通婚，如果与其他民族通婚，首先必须入教信仰伊斯兰教方可。第三，阿拉善地区非穆斯林民族非常尊重信仰穆斯林的宗教生活和风俗习惯。如非穆斯林群众为了相互往来方便也请阿訇屠宰牛羊。

由于民族成分不确定，蒙古族穆斯林均自称或被称为“蒙古回回”，旗衙门名册中为了区别于其他蒙古族，明确记载为“蒙回”。众所周知，共同语言是人们互相交往交流思想的工具，具有相对稳定性，当地蒙古族穆斯林通用蒙古语、蒙古文，并且保留了许多蒙古族风俗礼仪。20 世纪 50 年代进行了民族识别时，肯定了这些信仰伊斯兰教的“蒙回”为蒙古族，只是在宗教信仰方面与其他大多数蒙古族不同而已。

（二）蒙古族穆斯林清真寺

清真寺是广大教民集中过节、过主麻和阿訇、曼拉平时做乃玛子、诵经、祈祷等宗教活动的场所。蒙古族穆斯林把清真寺称为“莫其德”(阿拉伯语意为“礼拜之地”)。蒙古族穆斯林建造“莫其德”始于清朝中叶。在蒙古族穆斯林比较集中的内蒙古阿拉善地区最早建立了清真寺，著名的当属别格太清真寺和豪勒宝清真寺。据当地老人讲，最早的“莫其德”为壬子年所建，大约是1852年。最初是在阿拉善克伯尔巴格沙巴格图建造一座简易洗浴室，开始有了做乃玛子、过主麻和诵经的地方。但它毕竟规模不大，还算不上真正的清真寺，远不能满足广大教民的需求，急需建造一座真正的“莫其德”，为此教民多次向官府申请均未批准。后来阿拉善军臣，受助国公阿木尔吉尔嘎拉（尊称安主大人）用自己的资产于1889年建造色日庙，并同意蒙古族穆斯林在克伯尔巴格克伯尔本苏海可以建造一座清真寺。故于1890年由克伯尔伊玛目主管，建造砖木结构的第一座清真寺，人们称之为“南清真寺”，现在被称为“豪勒宝清真寺”。这个清真寺包括一个建筑面积为100多平方米的礼拜厅，由此向南有一排诵经、阿訇、曼拉和来客住宿用房8间，及水房、厨房8间，共计440多平方米。礼拜厅的外檐和里外柱、丁梁等全用颜料绘制各种图案，鹿、兔、花卉等，围墙头也绘有五彩图案，外墙码头的砖硐等，当时是比较漂亮、美观的建筑，其建筑绘画工艺达到了较高的水平，具有典型的伊斯兰教建筑风格。

1920年，经旗府批准，色仁（谢）·泽生伊玛目主管，巴日古德·格日勒达来负责，在克伯尔巴格沙巴格图又建造一座清真寺，称伯格特麦（莫）其德或北麦（莫）其德。当时全用砖木材料，造型更加美观，算是比较漂亮的建筑。遗憾的是，在“文革”期间全被拆毁。1986年，为满足广大信教群众的宗教生活需要，

蒙古族穆斯林在过尔麦里（2007 年摄）

政府资助重新恢复，其中礼拜厅 88 平方米，诵经、宿舍、厨房、水房 7 间。但其建造工艺，美观程度远不如过去。宗教场所是进行正常宗教活动的保障，建造了一定规模的清真寺，当地穆斯林的宗教生活得以经常化、固定化。时至今日，这两座清真寺仍是蒙古族穆斯林主要宗教活动场所，广大蒙古族穆斯林做主麻、节日集中诵经、祈祷、学经都集中在此。也使伊玛目、阿訇有了诵经、做礼拜的场所。

蒙古族穆斯林还培养了自己的伊玛目、阿訇、曼拉。据阿拉善地方老人回忆，蒙古族穆斯林定居此地已经十代伊玛目。最初从新疆和宁夏请来伊玛目，后来逐渐培养了蒙古族伊玛目——克伯尔伊玛目、色仁·泽生伊玛目、哈吉伊玛目、色仁·玛西毕力格伊玛目、安迪札·巴音敖其尔伊玛目等。其中最著名的当数哈吉伊玛目马·图门乌力吉，他精通阿拉伯文，有深厚的伊斯兰教修养，蒙汉文水平也较高，在蒙古族穆斯林中享有崇高威望。20世纪30年代，马·图门乌力吉伊玛目克服重重困难，自费赴沙特阿拉伯深造阿拉伯文，研究《古兰经》历时一年多，成为唯一一名朝觐归来的蒙古族哈吉伊玛目。他还培养了许多伊斯兰教人才，不仅把四个儿子培养成为阿訇，还培养了大伊玛目安迪札·巴音敖其尔，为当地伊斯兰教事业作出了突出贡献。[①]

(三) 蒙古族穆斯林的习俗

在现在的阿拉善地区，信仰伊斯兰教的蒙古族和非穆斯林长期生存与共，很多风俗习惯也基本相同。蒙古族穆斯林自古居住分散，以游牧生活为主，所以在居住方面都以蒙古包为主要形式，临时倒场移牧时还用车金格日（半个蒙古包）或帐篷。根据家庭人口的多少和穷富的不同，一般家庭平时住一个蒙古包，最多也就是两个蒙古包，过年过节时加搭一个蒙古包待客设酒宴之用。由于一家老少住一个蒙古包，平时接待客人也在一个包，所以蒙古包内规矩和礼节也不少。首先，客人进蒙古包时用右手撩起毡帘右侧进屋。忌讳客人把马、骆驼往蒙古包上拴，穿袍的人不能把衣大襟撩起来进屋或手拿马鞭进屋，进屋后不能绕着锅撑转或跨越等。蒙古包内右侧是客位，北面是家主老人位，左侧是姑娘

①《内蒙古穆斯林》，2004（2）。

媳妇位，反映了蒙古民族以方位定尊卑的传统观念。

由于信仰伊斯兰教的缘故，蒙古族穆斯林的习俗也有其独特的一面。在饮食习俗方面，蒙古族穆斯林一般以谷物为主食，奶食、肉食当然也是重要食物。受伊斯兰教信仰的影响，肉食方面讲究比较多，首先只吃牛羊骆驼肉，并且必须由阿訇曼拉宰杀才能吃，如不会特不格尔（经文）的人或其他人宰的牛羊骆驼肉均忌讳不吃。早年没有吃骆驼肉的习惯，因为骆驼和马一样属于役畜，从20世纪60年代开始阿訇曼拉宰骆驼就可以吃了。但肉食里脑子、血、脊髓等都禁止吃，认为吃动物舌肉会惹事生非等等。过年过节放乌叉时客人把肉吃完还颂达拉。有的人家还忌讳打断前小腿骨。这里有个传说，很早以前有个人家独生子外出野宿时吃完前小腿骨肉把骨头插在火坑旁，半夜有土匪撩门一看好像里面有个人拿弓坐着，不敢进去就走了。从此当地人认为这根骨头好似独生子的伙伴，不让吃肉时打断前小腿骨。

由于上述原因，蒙古族穆斯林外出一般不在人家吃饭喝茶，主要忌讳锅灶、碗筷。如果去近邻家乡非穆斯林家吃喝，原因是他们都知道穆斯林习惯，也很尊重，所以一般把锅碗清洗干净才让人家吃喝。再说当地杂居蒙汉老乡为同蒙古族穆斯林来往吃喝方便，屠宰牲畜时也请阿訇曼拉宰，现在有些人家仍这样。早先外出的男人身上都带自己的碗筷，甚至有的人自带小锅，到什么地方什么人家就自己做用自己碗筷吃喝，不吃生人家饭，需要吃肉自己宰。这样做一方面卫生，另一方面安全放心。据老人们说，过去出外常遇土匪、强盗等，所以用自己碗筷是为防毒。用自己的碗筷现在看来也是比较文明卫生的习惯。他们带一套当时常需要的重要工具，又是防身武器，时刻不能离身。刀是在野外生产劳动中修骆驼鼻棍、切物、修羊马蹄、治畜疾、宰牲畜和吃肉都离不开的，用途非常广泛；火镰在外抽烟取火少不了它，当时没有火柴，后来虽然有了火柴但当地很少能买到，全凭用火镰取火，它不怕雨水、狂风，又安全可靠。男人身上带刀的习惯现仍然继续，这也与生产生活有直接关系。[①]

在节日礼俗方面，蒙古族穆斯林遵守伊斯兰教教规，同其他穆斯林一样过斋月、开斋节、古尔邦节和圣纪节。被蒙古族穆斯林统称为“都巴”。宗教节日的仪式与其他民族穆斯林基本相同。同时，当地蒙古族穆斯林还有一个特别的聚会，即在每年农历五月的第二个星期五集中在敖龙布鲁格镇阿尔素地方集体做主麻，诵经祈祷过“都巴”。人们自带蒙古包、帐篷、民族食品等在此暂时吃住娱乐，如果年景好，还进行摔跤、赛马、赛骆驼等文体活动。不论是参加节日还是祈祷诵经活动，成年人不分男女都必须进行洗礼。

在婚丧嫁娶方面，蒙古族穆斯林也是蒙回结合，礼仪比较复杂。如结婚仪式一般由伊玛目或阿訇主持，同时又结合叩头、梳发等民族传统礼仪。蒙古族穆斯林从形成以来一直依伊斯兰教习俗安葬死者，严禁火葬和就地安葬。在安葬过程中和安葬后都由阿訇诵经祈祷，以伊斯兰教的终极关怀告慰死者也安慰生者。

在伦理规范方面，伊斯兰教的教导、训诫、仪轨吸引着蒙古族信教群众，宗教道德和伦理规范的神圣性对他们有很强的约

①《内蒙古穆斯林》，2004（4）。

束力。伊斯兰教的教义、教规是规范人们言行、维护社会秩序不可缺少的因素。由于宗教信仰的缘故，蒙古族穆斯林不论在什么地方、什么场合见面时，都首先互做“色兰木”问候，“色兰木”一词的阿拉伯语意思是“和平”、“安宁”、“平安”。蒙古族穆斯林还有请阿訇到家里诵经祈福的习俗，称为“唤‘巴格塔玛目’”。诵经时主人把装满五谷杂粮和银钱铜钱的盒子或罐子用哈达包好，放在阿訇面前请他诵经，意思是祝福全家平安幸福，人畜兴旺，乞求真主恩赐。阿訇在宣讲教门时，多以劝善戒恶为主旨。阿訇的瓦尔兹，涉及伦理道德的内容占有相当大的比重。广大蒙古族穆斯林，无论年老年幼，无论男性女性，都把遵守宗教教导、训诫、仪轨看作必须履行的义务，否则不仅受到舆论谴责，自己内心尤感不安。另外，每逢农历腊月二十三，蒙古族穆斯林也有祭火的习俗，祭火礼仪与其他蒙古族基本相同。

作为民族文化传统，宗教对信众及社会的影响，不仅是历史的，更是现实的。尤其对信徒的思想观念和行为方式影响很大，直接影响着穆斯林的人生观、价值观以及他们的日常生活。从蒙古族穆斯林的习俗可以看出，他们的礼俗兼有宗教和民族两方面的特征。由于受伊斯兰教信仰影响，蒙古族穆斯林的习俗与宗教生活紧密联系，过宗教节日、“唤‘巴格塔玛目’”请阿訇到家里诵经祈福等，都表现出鲜明的宗教特色。另一方面，他们也较好地保留了蒙古民族的传统习俗，如祭火等，以区别于其他民族穆斯林。所有这一切既表现了伊斯兰教适应“本土”文化的能力，也反映了伊斯兰教与蒙古族传统文化的和谐。

（四）现状

蒙古族穆斯林至今仍生活在内蒙古阿拉善左旗及相邻地区，主要分布在阿拉善左旗东北部的吉兰泰、乌素图、巴彦木仁、敖伦布拉格等地，占当地蒙古族人口的70%左右，还有一些散居在巴彦淖尔盟磴口县的巴音套海苏木，但人数不多。根据《内蒙古阿拉善盟志》所统计的资料，现在约有3000人左右。他们讲蒙古语，使用蒙古文，与其他蒙古族一样过农牧业生活，但基于信仰的缘故，他们以伊斯兰教的戒律要求自己，仍被当地人称为“蒙古回回”或“缠头回回”。如今的豪勒宝和别格太两座清真寺都由蒙古族伊玛目主持日常宗教活动，一如既往。经历300多年的沧桑，蒙古族穆斯林在当地牢牢扎下了根，成为蒙古族中独特的一支，并因此表征着蒙古族宗教信仰的多元化格局。

三、基督宗教的传播与发展①

蒙古族接触基督教的年代可上溯到蒙元时期②。早在13-14世纪就有部分蒙古人信奉基督教，当时被蒙古人称为“也里可温教”。随着蒙元帝国的衰亡，蒙古人中的基督信仰也基本绝迹。时至近代，随着西方教会势力进入中国内地，基督教再次传入内蒙古地区，又有部分蒙古人信奉了基督教。虽几经曲折却延续至现代。由于传统萨满教和藏传佛教在蒙古地区的强大影响，尽管基督教

① 本节所称基督宗教泛指天主教和基督新教。

② 蒙元时期：从1206年蒙古汗国建立至1368年元朝灭亡，史称蒙元时期。

始终没有成为蒙古族的核心信仰，却一直作为蒙古族多元宗教信仰之一存在并成为蒙古族宗教文化中值得关注的独特现象。其中，尤以近代对蒙古社会的影响为大。

(一) 基督宗教之初传

基督宗教在唐朝贞观年间即传入中国。当时传入中国的是基督教聂思脱利派。被中国称为“景教”，又称“波斯教”。曾一度“法流十道”，“寺满百城”。然唐武宗会昌五年（845）下令灭佛，所有西来宗教受到牵连一并被禁止，景教在中国内地渐趋灭绝。但仍在中国北方草原几个游牧部落中流行，包括后来统一为蒙古民族的克烈部、乃蛮部和汪古部等。

蒙元时期，在蒙古草原各部落传播并流行的有基督宗教的两个系统，一为聂思脱利教派；二为天主教圣方济各会。元代时统称为“十字教”，称基督教堂为“十字寺”，称信徒为“也里可温”（蒙古语，意为信奉福音或有福缘的人），所以元代基督教又称“也里可温教”。有些学者认为，这个称谓来自希腊语。早在成吉思汗统一蒙古之前，漠北的克烈部、漠南阴山地区的汪古部以及阿尔泰山一带的乃蛮部都已接受了基督教聂思脱利教派。11世纪初，聂思脱利教驻呼罗珊主教在一封信函中称，克烈部王已经接受洗礼，他请求派一位传教士到其统治地区，为20万人洗礼。这是有关蒙古人信仰基督教的最早文字记录。另据拉施特《史集》记载，克烈人有自己的国王，虽分为许多部落，却都是国王的臣民，都信奉耶稣。汪古部（即雍古）史书所称白鞑靼，也早就接受了聂思脱利教。《元史 · 雍古传》中有许多基督教式的名字。成吉思汗统一蒙古地区后，克烈部、乃蛮部被拆散，但对其部众的宗教信仰并不干涉。克烈部著名将领镇海是基督教徒，汗国建立后他曾担任太宗、定宗两朝宰相，基督教也因此颇受其益。

值得一提的是，蒙元时期成吉思汗家族与克烈部、汪古部联姻者甚多。蒙古统一后，蒙古汗廷周围有许多后妃、将相大臣来自于信仰基督教的地区，这些人也把他们的基督教信仰带到了蒙古汗廷，部分基督教徒因此而跻身于最高统治集团，扩大了基督教对蒙古社会的影响。元定宗贵由汗身边的许多重臣都是基督教徒，如哈达、镇海等。至忽必烈朝，贵族中的基督教徒亦很多，除了元代文献记载乃颜、海都等孛儿只斤氏诸王信奉基督教，还有拖雷的夫人、忽必烈的母亲别吉太后等。

随着元政权的建立，在唐朝末年一度绝迹于中原的景教（基督教）有了很多蒙古族信众，并再度兴盛于中原及周围地区，教会组织发展迅速。“考古发现证明，聂斯托利教派在元代蒙古族中传播范围得到了进一步扩展。除著名的百灵庙遗址之外，20 世纪中叶以后，考古工作者在呼和浩特市市郊、清水河县、托克托县、锡林郭勒盟多伦县、阿拉善盟额济纳旗、鄂尔多斯市的准格尔旗、乌审旗和赤峰市等地区，陆续发现了元代基督教遗存（墓碑、十字架牌饰等）。元代文献记载乃颜、海都等孛儿只斤氏诸王也信奉基督教。说明聂斯托利教派的传播范围已经超出了过去的克烈、乃蛮、汪古等部族，在蒙古其他部族中间也产生了影响。”[①] 13 世纪中叶，该教派已经扩展为 25 个教区，中国已经成为当时聂思

①《蒙古学信息》，23 页，2003（2）。

脱利教派主要的传教区。包括汗八里（今北京）、唐兀（今内蒙古西部、宁夏北部）、喀什噶尔（今新疆喀什）教区等蒙古人生活的地域。大都是经济、政治、文化和宗教中心，这里的聂斯托里派势力很大，教徒超过三万人，房山十字寺是当时重要的教堂。

有关蒙元时期蒙古族基督教徒的宗教生活状况，文献中记载不多。但从史书中出现的潘温、易朔、岳难等有西方语言特色的蒙古人名字看，说明当时蒙古族信徒有取教名的习惯。在内蒙古中部百灵庙地区的考古发掘中，发现了蒙元时期的教堂遗址，出土了大量刻有十字纹的墓碑，表明蒙古人恪守基督教的基本教义和仪轨。甚至蒙古人中还出现了职业基督教僧侣，汪古部（今鄂尔多斯地区）蒙古人马尔可思曾于1280年被任命为契丹（今中国）总主教。1281年，他又出任聂斯托利教派最高首脑——大总管，号雅巴拉哈三世。

天主教在蒙古地区的传播活动始于13世纪中叶蒙古人西征以后。罗马教廷所派谴使团在劝阻蒙古军西征的同时，还试图说服蒙古人信奉天主教。天主教方济各会意大利人传教士柏朗嘉宾·卡尔平尼、法国传教士鲁布鲁克先后到达蒙古汗国，他们虽然未能说服蒙古人信仰天主教，但却分别写出了《柏朗嘉宾蒙古行记》和《鲁布鲁克东行记》，记述了当时蒙古人的经济、政治、文化宗教、风俗习惯以及军事情况等，成为研究中世纪蒙古史及中西基督宗教交通史的重要文献。14世纪初，罗马教廷在汗八里（今北京）设总主教，加强了在中国的传教力度。在首任主教约翰·孟德高维诺的劝说下，汪古部佐治王率大部分属民改宗天主教，并在领地内建天主教“罗马教堂”一所。但天主教在蒙古人中的传教活动仍很困难。究其原因，一方面是大部分蒙古人依旧信仰传统的萨满教，而元朝皇室此时大多已成为虔诚的佛教徒，另一方面，聂思脱利教派凭借地缘及政治上的优势，阻挠圣方济各会的传教活动。佐治王死后，其部众又重新皈依了聂思脱利教派。因此，罗马教廷的努力未取得什么效果。

（二）近代基督宗教传播的背景

随着蒙元帝国的衰亡，基督教在中国沉寂了一段时间。与元朝统治集团有过密切关系然而缺少广泛群众基础的也里可温教，其命运也随着新旧政权的更迭而改变，也里可温教一度退出中国历史舞台，在蒙古社会也基本绝迹，只有残存在北京、内蒙古等地一些刻有十字的石碑记载着传教士们的热情和艰苦。此后，欧洲经历了文艺复兴，基督教也发生了天主教和基督新教的分裂。1540 年，欧洲宗教界中反对路德新教改革的势力成立了耶稣会，他们致力于复兴天主教，努力把自己的势力向海外拓展。此后，伴随着欧洲宗教发展策略的逐步实施，天主教的目光再次投向中国，各教派（主要是耶稣会、方济各会、多明我会等）以前所未有的势头相继派遣传教士来华传教。

1644 年，清兵入关，灭明建清。蒙古地区完全并入大清版图。清朝前期，西方传教士仍陆续来华，有的则由明而清，如汤若望等，继续在中国传教。随着基督教在中国的传播，在清朝前期曾引起一场“礼仪之争”，随后基督教即遭禁止。

禁教时期，基督教在许多地区停止了传播，然而，由于蒙古地区特殊的地理位置，客观上为基督教在蒙古边地的传播提供了机会，基督教反而在这一地区得到了一定的传播。“天朝皇帝为抵抗鞑靼人的入侵而建起的著名关隘——万里长城，但它无法阻止基督教的‘神圣’入侵”。康熙、雍正、乾隆三朝，在内蒙古已有传教士活动的足迹。此时主要是耶稣会士，如张诚（Joannes Franciscus Gerbillon S. J. Gallus，即法国传教士弗朗索瓦·热比雍）、徐日昇（Thomas Pereira, S. J. Lusitanus 葡萄牙传教士）、雷孝思(Joannes. Bapt. Regis S. J. Gallus，法国传教士)等。张诚、徐日昇曾多次陪同清朝皇帝游历蒙古地区，雷孝思神父还与其他神父一起绘制了内蒙古地图。特别是曾任中俄尼布楚谈判翻译的耶稣会法国传教士张诚神父，从1688年开始，曾8次去蒙古地区旅行，写下了极其详细的旅行日记，内中有关于蒙古人的生活、风俗等诸多记载。张诚作为神父，应对基督教有所关注，但其日记却很少关于基督教在蒙古传播的记载，只是言及归化城里有基督徒。而实际上在禁教时期，有许多耶稣会士和教民为逃避朝廷禁教严令而避难于塞外偏僻地区，如察哈尔盟之西湾子，为基督教向塞外传播提供了契机。

时至19世纪中叶，一系列不平等条约的签订，使中国被迫取消了康熙末年实行的“禁教”，有些条约甚至为天主教、基督教在中国的传教活动规定了种种特权。《望厦条约》第17款明确规定：“除了传教士在五口传教外，还可以建立教堂”。《天津条约》规定：“天主教原以劝人行善为本，凡奉教之人，皆全获保佑身家，其会同礼拜诵经等事，概听其便。”传教士可以“安然入内地传教，地方官务必厚待保护……不得刻待禁阻。” 西方各国基督教修会，纷纷派教士来华传教，“从此西洋各国教士，来中国传教者益多。教士在内地往来，交错于途，毫无禁阻”，“各国教士……来者愈多，圣教亦愈昌明焉。”中国门户洞开，清朝政府历时百余年的基督宗教禁教政策彻底瓦解。西方传教士大量涌入，基督教在中国，包括广大蒙古地区，再次得到广泛传播。

起初，传教士只是追随殖民主义对华入侵的触角，在中国东南沿海一些地方立足传教。为了扩大传教区域，他们总结经验，改变传教方式，学习中国语言，研究中国文化，而不强制推行西方习俗，取得了满意的效果。获得了在十余省自由传教的许诺，使天主教在华势力得到较快发展。西方教会势力依仗特权，再次进入中国内地包括内蒙古地区，发展教徒，成为内蒙古地区一种特殊社会势力，并产生了相当的社会影响。

（三）天主教的传播

比利时传教士隆德理司铎所著《西湾圣教源流》一书是有关近代西方传教士到达内蒙古地区的最早记载。书中提到早在清乾隆年间天主教已深入到内蒙古中部察哈尔盟一个叫西湾子的小村子，建立了小教堂。可以说，近代基督教在蒙古地区传播之源，在旧察哈尔盟之西湾子（今划为河北省崇礼县）。西湾子，是近代基督教在内蒙古传教最早的地方。此后奉教者渐多，西湾子也成为西方传教士向内蒙古地区传教的重要据点。相继有耶稣会、遣使会、圣母圣心会等在蒙古地区传教。

1838年8月14日，罗马教廷调整中国北方教区，将满洲、辽东、蒙古三个地区合并为一个新的教区——“满蒙教区”，西湾子自然划归新的教区。1840年底，罗马教廷将刚刚划分不久的满洲、辽东、蒙古教区重新划分，从中分出一个新的教区——蒙古教区，并任命孟振生神父为新教区代牧。当时蒙古教区的界限是：南以长城为界，东以关东三省为界。教区总堂设在西湾子。从此，“西湾子堂，也就成了蒙古教区的总堂。”并进一步向内蒙古中部归化城、东部昭乌达地区进行传教活动。孟振生为蒙古教区第一任主教，日后又擢升为北京教区代牧，被教内人士认为是“十九世纪时远东传教士中最有功劳、最有名望的一位。”

1842 年天主教法国遣使会在梵蒂冈教廷的支持下，确定了向蒙古民族传教的方针,建立单独的“蒙古宗座代牧区”即蒙古教区，并在内蒙古沿边地区建立了一些教民村和教堂。遣使会教士到达西湾子后，很快就向东发展到旧热河境内。

1846 年 4 月 28 日，罗马教宗委派孟振生管理北京教区，同时兼任蒙古教区代牧。孟振生遴选孔神父（Fr. Florent Daguin C. M.，又译为达京）为蒙古教区副主教并于 1848 年 7 月在西湾子为其举行了祝圣大典。经过孟振生主教、孔神父的努力经营，遣使会在内蒙古的传教范围也进一步拓展，以西湾子为中心，向东发展，很快延伸到蒙古东部地区。逐渐形成了以下三个中心：中为西湾子，西为小东沟，东为苦立图。遣使会士当时东部地区的教务中心是苦立图，又作苦柳图、苦力吐、库里图，在今赤峰市翁牛特旗境内。苦立图教堂是赤峰教区内最早的教堂。孔神父亲临苦立图传教多年。孔主教的墓碑现存于该堂，墓碑上的西文可翻译为：“为纪念极可敬的蒙古传教区宗座代牧孔主教遣使会士，1815 年生于法国，1840 年到中国，三年后至西湾子，由孟默理主教（即孟振生——引者注）祝圣为己副主教（为己助手），

1857年继其位，1859年逝世于苦立吐。”

遣使会时期形成的三个中心，成为后来蒙古三大教区的雏形。遣使会苦立图、西湾子、小东沟三个传教中心的形成表明，19世纪60年代，在内蒙古东部、中部和西部广大地区，已经到处都有西方传教士特别是法国遣使会传教士活动的足迹，为后来的比利时圣母圣心会在蒙古地区传教奠定了基础。

19世纪60年代，比利时圣母圣心会接管了遣使会在蒙古地区的教务。

圣母圣心会，是天主教比利时的一个修会，其创始人为南怀仁。南怀仁（Theophiel Verbist，CICM，1823—1868，又译南怀义）于1847年在故乡马林（Malines）教区晋铎，在马林教区小修道院任教，1853年转任布鲁塞尔一所军事学院神师，后又被任命为原所在堂区“圣婴会”主任司铎。当时罗马教廷设有万民传信部，负责海外传教事务，鼓励热心人士组成团体到海外传教。南怀仁“愈来愈感到中国的吸引，他逐渐计划将自己的司祭生活奉献给远方的中国”。他曾写信给比利时教会长、罗马教廷传信部和在华传教的法国遣使会士孟振生，表达自己准备成立修会并往中国传教的意愿，得到了罗马教廷传信部的支持。参加这个修会的主要是比利时修士，后来又有荷兰修士加入其中。在比利时圣母圣心修道院门口，立有一块纪念基石，其上用西文刻有“为中国传教的修院”字样。据教会史料载：“1864年，比利时国圣母无玷圣心会司铎来华传教，教皇以蒙古教务委之。”“教皇以北京主教所辖地面太广，教化恐难普及，于同治二年，割蒙古地面，别令比利时国圣母无玷圣心会士来传。会士闻命踊跃，传教热心。”

1864 年，罗马教廷正式指定中国长城以北的蒙古地区为比利时、荷兰两国的“圣母圣心会”传教区，以接替法国遣使会在内蒙古的传教任务。“圣母同心会”接管蒙古地区天主教教务之后，仍然“以蒙古归奉圣教为目的”，在传教士们看来，内蒙古“地阔俗陋，政治之力既感难周，则宗教之传自易奏效。”1865 年 12 月，“圣母圣心会”会祖南怀仁率领传教士一行五人来到西湾子，正式接管教务。为了传教，传教士们可谓煞费苦心，他们很少在城镇停留，而是深入到穷乡僻壤的农村牧区，“以蒙民归奉圣教为目的”，还积极学习蒙古语，熟悉内蒙古的风土人情，穿蒙古族服装，极力在衣食住行方面与蒙古人保持一致。“四处奔走之传教士，必择蒙民居住最多之处。”

圣母圣心会接管遣使会在内蒙古的教务时，蒙古教区中、东、西三大部分情况如下：“其一为西湾子地区，该区有 25 个传教站及 2700 位教友；其次是西口外，意思是长城以西的通道，那里约有 2000 位教友分散在 20 个传教站；最后即东区，东区内有 3000 位教友住在四个大传教站的 40 个偏远小堂”，整个教区共有 85 个传教站，教徒约 7700 人。

起初，传教士们的苦心收获甚微，直到巴耆贤到来后方有些起色。同治十二年（1873），比利时人，主教巴耆贤来到归化城，着手购买土地建造堂宇。同时，他们对在鄂尔多斯地区传教寄予很高的期望，于 1874 年派德玉明、费尔林敦两位神甫到达准格尔旗，又经乌审旗到鄂托克的城川一带。然而，在内蒙古西部的鄂尔多斯等蒙古族聚居区，当时的藏传佛教虽然略呈衰微之态，仍有比较强的势力，广大蒙古民众对藏传佛教顶礼膜拜，而对传

今日西湾子（今河北省崇礼县　宋长宏 / 摄）

教士产生强烈的抵抗情绪。“家家户户不给就餐，夜不予其落宿”。后来，传教士为入教者提供马一匹、银子百两等优惠条件，几经周折才在鄂尔多斯南部城川镇苏渤海子落脚，于 1876 年建立了世界上唯一的一座蒙古教友堂口。但其他地区的尝试，都没有取得持久的效果。直到 1882 年，“圣母圣心会”才得到清政府的允许，承认了城川教堂的存在。但蒙古族转信天主教的人数不多，最终迫使教会彻底放弃原来的计划，将开教的希望转向蒙古地区的汉族人，并取得了他们期望的效果。1877 年，与内蒙古比邻的陕北地区遭遇大旱，大批灾民逃荒到内蒙古南部，传教士利用这个机会使很多灾民入教。在内蒙古东部地区的传教则相对艰难一些。

为了便于传教，蒙古教区主教巴耆贤于 1883 年请得罗马教廷批准，把蒙古教区被分为三个独立传教区，即东蒙古教区（后为热河、赤峰教区）、中蒙古教区（后为察哈尔、集宁教区）、西南蒙古教区包括鄂尔多斯及阿拉善登地（后为绥远、宁夏教区）。鼎盛时期在内蒙古三大教区中建有教堂 230 余座，另有修道院、育婴堂和教会小学校。后来，虽经清末的“反清灭洋”运动和频仍的战乱，天主教仍是内蒙古地区信徒最多，最有势力的团体。从 1874 年到 1953 年，先后有南怀义、田清波等二十位主教主持城川教堂的教务。圣母圣心会在城川比较注意本地神职人员的培养。截止到 1945 年，这里培养出 3 位蒙古族神父和 8 位蒙古族修女。三位蒙古族神父是马元牧、马仲牧和石生玉。三位神父均出自城川蒙文学校，后到神学院学习。马元牧于 1937 年 7 月 25 日毕业于大同神学总修院，由石扬麻（又作石扬休、石扬修）主教邀请宗座代牧蔡宁祝圣于大同；马仲牧与石生玉，1945 年毕业于归绥神哲学院，由穆清海在归绥祝圣。1945 年，马仲牧入辅仁大学，1949 年毕业，现在城川传教。至解放前夕，鄂尔多斯地区有蒙古族神甫 3 人，蒙古族修女 8 名。

民国时期，天主教在内蒙古的传教活动受到一定限制，但总体上保持着发展的趋势。“传教士认识到不进城市，不同社会接触不了解情况，传教事业不好办理。”因此，传教重点也从农村牧区转向城镇，同时继续向草原深处开辟新的教民区。1940 年，罗马教廷根据天主教在内蒙古地区的发展情况，把“圣母圣心会”开发的传教区，划分为热河、西湾子、宁夏、绥远、大同、赤峰、集宁七个教区，各教区信徒总数已经达到 22 万人，教堂 265 座。至此，天主教在内蒙古地区的发展达到鼎盛。

曾在鄂尔多斯地区传教的西方传教士

圣母圣心会在蒙古地区的传教，一度遇到了严重的阻力和强力的抗争。蒙古地区，被传教士们认为是最难开教的地区之一。随着蒙古三大教区教务的发展，西方天主教与蒙古地区民众的矛盾也逐渐产生并且愈演愈烈，天主教与行教之地冲突不断，于是发生了一起起被教内人士称之为“教难”的教案。东蒙古地区的金丹道起义、庚子年拳民关东仇教运动，中蒙古地区的香火地和公沟堰教案等。很多教内教外人士甚至被杀，大量教民逃往他处，有的则选择了“背教”之路，放弃了天主教。

庚子事变后，西方教士有列强作后盾，有不平等条约作为“法律保护”，有庚子赔款和教廷拨款为经济支持，有赔款地和新购地为土地基础，再次向内蒙古地区广播天主教。原有被毁教堂得以恢复，而且又新建了许多教堂，教会势力愈加扩张，传教范围更加扩大，天主教在内蒙古得到进一步传播。各教区教务发展迅速，至民国时期，内蒙古教区再次重新调整、划分，最后发展到七大教区。

自天主教传入蒙古，罗马教廷对教区蒙古进行过多次调整。蒙古教区沿革如下：

1840 年，设蒙古宗座代牧区。

1883 年，蒙古教区分为三大教区：即东蒙古教区，中蒙古教区，西南蒙古教区。

1922 年，罗马教廷决定：改东蒙古教区为热河教区，改中蒙古教区为察哈尔教区，将西南蒙古教区一分为二，即绥远教区和宁夏教区。绥远教区所辖范围，由包头向东，包括四子王旗、归化城区、和林县、清水河县等在内的绥远地区。宁夏教区所辖范围，包括宁夏及陕北三边地区、阿拉善、巴彦淖尔等地。同年，复将山西省雁门关外以北六县一并划分在蒙古教区之内，定为大同代牧区。三大教区变革为五大教区。

1929 年 2 月 2 日，教区再次重新划分。从原察哈尔教区中划出一个新教区——集宁教区。此教区专由中国神职人员管理，称为“国籍教区”。总堂设在玫瑰营，首任主教张智良。五大教区变革为六大教区。

1932 年，罗马教廷再次划分教区。即从热河教区中划出一个新教区——赤峰教区（监牧区）。赤峰教区也是“国籍教区”，首任监牧为赵庆化。六大教区变革为七大教区。

1946 年 4 月 11 日，罗马教廷颁发文件，在中国实行教会“圣统制”。同年7月6日，教廷将中国教区划分为20个教省，139个教区。内蒙古地区属“蒙古教省”，下设绥远、宁夏、集宁和西湾子四个教区，教省总主教座堂设在归绥市。赤峰教区被划入“东北教省”之内，大同教区划归“山西教省”。

1949年中华人民共和国成立之后，行政区划进行过多次调整。中国天主教机构也随之对教区进行调整。西湾子教区部分划归河北省；从宁夏教区中划出阿拉善、巴彦淖尔，成立内蒙古巴盟教区，赤峰教区划回内蒙古。于是，今之内蒙古四大教区确立，即绥远教区（呼和浩特教区），宁夏教区之河套分教区（巴盟教区），集宁教区和赤峰教区。

需要说明的是，近代天主教是在非常复杂的历史背景下在华传播的，因而对中国社会的影响也是多方面的。作为一种外来文化，起到了辅助帝国主义侵略的作用。然而，作为西方近代科学知识的载体，天主教在传播过程中兴办了一系列社会文化事业，尽管其主观动机是为了传播宗教，但从客观效果看，对当时的中国社会发展、文化提升有所裨益，其促进作用也是不容抹杀的。

西方传教士，他们大多受过高等教育，有着良好的文化背景。在西方，传教士进入教会前，至少要具备高中毕业的学历。入会以后主要侧重学习神学、哲学与历史。来华传教之前，他们事先要学习有关中国的知识，认识和了解中国文化。因此这些传教士大多是具有一定文化水平的知识分子。他们在中国传教，对与西方文化迥异的中国文化产生浓厚的兴趣，并对有关问题进行思考和研究，来内蒙古传教的圣母圣心会的传教士也有许多人在学术上颇有建树。

圣母圣心会在内蒙古传教区兴办了许多社会事业，主要有：教育事业、医疗卫生事业、慈善事业、文化事业和乡村建设事业等。教民村庄一般都设有学校、育婴堂、养老院。为了防止匪患，还设有围堡。村内教民可租种教会土地。教会倡导农业合作、发展畜牧业、植树造林、兴修水利等农业改革，以改善农村的生产条件。教民村设有义地公墓，集中埋葬死者，对殡葬礼俗有所改进。在教民村，男女儿童均可享受教育，反对妇女缠足，反对童婚，提倡男女平等，破除封建迷信和陋习，注重乡村建设，这在清末民初的中国农村社会中，颇具一些新气象。民国二十三年（1934），吴文藻、谢冰心、雷洁琼、郑振铎、顾颉刚等专家学者曾应邀在平绥沿线旅行考察，并留下了考察报告。其中雷洁琼的《平绥沿线之天主教会》和谢冰心的《平绥沿线旅行记》对绥远地区的天主教情况有一定的记载，比较客观地反映了当时教会社会建设的情况。

（四）基督新教的传播

基督新教传入内蒙古地区时间较晚。英国布道会传教士季雅各是一个重要人物。同治九年（1870），季雅各从北京来到内蒙古中部张家口、库伦、恰克图等地，开始了对蒙古族漫长的布道活动。“他住在蒙古包里，向牧民学习有关蒙古的一切，当然也把握机会将福音传给他们”。光绪十二年（1886），季雅各在热河一带向蒙古民众传教。令他惊奇的是，这一带的蒙古人汉化程度很深，卖出的福音书刊中，居然汉文的比蒙古文的还多。这主要是清朝末年政府实行“移民实边”、中原地区人口外流的结果。

当然，当时的季雅各尚不了解这些。

19世纪末，瑞典基督教的“协同会”经英国基督教会同意，取得在内蒙古西部地区的传教权，继续开展对蒙古族的传教工作。同时美国基督教协同会、弟兄会等西方教会也到内蒙古地区进行传教活动。“他们传教的对象是广大蒙汉群众，主要是蒙古人。礼拜日聚会讲道时，蒙古人前来听道，教会预备饭食优待，并送给每一个人现洋一元，以广招徕……当时，教堂人数多至数百人，”这种优待，在一定程度上吸引了部分蒙古人加入到基督教。此后一段时间，西方各国派到归化城的基督教传教士达60多人，引起了“地方震动，诧为奇事”，但宣道团声称“为传教而来，尚无其他作用”。经过一段时间的努力，“已有20多个蒙族人领洗入教并已加入一所有64名受餐信徒的教堂”，还有许多与差会接近的蒙古人。到民国初年，仅归化绥远二城，就有基督教堂8处。

1936年，瑞典传教士来到阿拉善旗定远营（今阿拉善旗巴彦浩特市），建立了耶稣教福音堂，“教徒曾经达到七十余人，其中蒙古人十余名，还有蒙古牧师一名——乌勒吉巴图，系伊盟准格尔旗人。”

义和团运动中，一些西方传教士及相当数量的信徒遭杀害，被基督教徒称为一次大“教难”，使基督教的传播事业受到摧残。1901年，爱尔兰长老会接替伦敦布道会继续在内蒙古热河地区传教，使一些蒙古人皈依了基督。

义和团运动失败后，基督教转变传教方式，各教派纷纷采取基督宗教中国化的传播策略。这一转变使基督教在民国时期得到恢复并顺利发展。各省教堂都受到抚慰，得到维修或重建。天主教把许多教堂设在乡下，要求赔偿大量土地作为教堂的产业，圈建土城，俨然以外国租界自居。基督教则相对宽容一些，只修建礼拜堂和住所。这时内蒙古地区的教堂来了许多瑞典和美国传教士，人数较之以前增加了很多。如瑞典协同会在内蒙古地区设立了四个教堂，即萨拉齐（土默特右旗）教堂、丰镇教堂、归化城教堂和包头教堂；美国协同会设立了美国蒙古传道会、美国福音会；此外还有国人自己创办的教会，如 1920 年成立的自立教会等。到民国初的 20 年代，各差会共在内蒙古地区建立了 13 个宣教师驻在地、50 个布道区、16 所总堂，发展蒙汉教民近千人。

1931 年“九一八”事变后，日本侵占我国东北地区，1932 年 3 月，伪“满洲国”宣布成立，发表了《建国宣言》。内蒙古东部地区成为伪“满洲国”兴安局统辖的兴安东、南、北三省。1937 年，张家口、大同相继失守。内蒙古抗日军向西撤退，内蒙古西部地区沦陷。绥远省内凡属于美国的教会于 1941 年日美宣战后相继撤回本国。由于瑞典是中立国，瑞典协同会的教会依然在内蒙古活动。为了便于控制教会，日本人对教会也采取了相应的政策。派日伪特务到教会内窥探情报，监视教会往来人员。日本人对内蒙古教会一方面窥探监视，另一方面施以政治羁縻，试图把基督教会纳入其侵华政治轨道。为了配合其侵略政策，同化中国教会，为其全面侵华服务。日本人还建立了一套教会制度，把华北各省教会不分派别一律纳入华北基督教团；1943 年后，把内蒙古改称“蒙疆”，下令内蒙古所有教会均称“蒙疆基督教团”，挂木牌公诸社会；将张家口一带教会称为“察哈尔盟教区”；将绥远省教会称为“巴盟教区”。还在归绥设立了日本式教会，名曰“东亚传道会”，开堂讲道，大谈其日中亲善论调。然而，中国教牧人员和广大信徒，很有民族气节，不去日本教会做礼拜，亦不与之往来。日本人的教会并未打开局面。

义和团运动后，基督教转变传教方式，各教派纷纷采取基督宗教中国化的传播策略。这一转变使基督新教在民国时期得到恢复并顺利发展。到民国初的1920年，各差会共在内蒙古地区建立了13个宣教师驻在地、50个布道区、16所总堂，发展蒙汉教民近千人。然而，相对于天主教而言，基督教传入时间较晚，蒙古族信徒不多，对蒙古族的影响不大。

由于近代特殊的历史背景，在内蒙古地区，无论是天主教还是基督新教，传教士大多是以传教为掩护，而以把蒙古地区开辟为新的殖民地为目的。他们希望能从文化到经济领域控制蒙古民族，实现其政治目的。但在传播途径方面，天主教和基督教有所不同，因此效果也不一样。

天主教和基督新教在到蒙古地区传教之初，都是把蒙古族民众作为主要传教对象，因此传教士们也很注意学习蒙古族语言文字，了解蒙古族的风俗习惯，希求得到蒙古人的理解和支持。但当他们意识到藏传佛教对蒙古民族的深刻影响，以及游牧生活不利于传教活动时，他们的传播方向及时地转移到半农半牧区的蒙汉民众，特别是汉族民众，并取得一定效果。与蒙古民族不同，汉民族尤其是普通民众，占主导地位的是比佛教、道教根基更深的，以敬祖先、祭鬼神为主要内容的民间信仰。这种民间信仰由于缺乏严密的组织、系统的经典、规范的礼仪，难以与系统完善的宗教形态相抗衡，同时，广大民众的有神论传统又成为他们皈依天主教、基督教的思想基础。当然，传教士们的基督教本土化努力也功不可没。

在内蒙古地区，天主教较之基督新教而言传播范围更广，影响也较大。究其原因，除了时间上略早外，天主教严密的组织管理结构也是重要原因。到蒙古地区传教的几个天主教派虽然来自不同国家，但他们都以罗马教廷为中心，以法国为“保教国”，这就决定了各个修会之间始终保持着相当紧密的相互配合。最初在蒙古地区活动的法国遣使会和后来的比利时“圣母圣心会”之间很好的衔接配合就是比较典型的一例。而基督教的差会在组织和行政上都相对独立，他们只听命于本国政府而没有一个核心，以至在同一地区出现多个差会的重叠现象，自然是效果欠佳，客观上彼此削弱了自己的力量。

近代基督教在内蒙古地区的传播虽然比较艰难，总体上看还是成功的。由于清朝政府在蒙古地区实行封禁政策，加之蒙古诸部自16世纪后大多信奉藏传佛教，西方传教士很难涉足这一“禁地”。西方教会势力为了控制蒙古民族，进而把整个内蒙古地区划为自己的殖民地，不断派出传教士秘密潜入蒙古地区，他们深知“如果想引起一个民族的注意，而不试图去了解那个民族，那将是一个悲剧。”为此，他们不辞辛苦，进行了许多准备工作，开始潜心于包括蒙古在内的鞑靼问题的研究，大量向西方介绍、传播蒙古历史地理知识。这也成为西方了解蒙古社会的主要途径之一。

今日城川教堂，是目前蒙古族教友最集中的天主教堂（2005 年摄）

（五）新中国蒙古族基督宗教状况

新中国建立初期，经过清末“反清灭洋”运动和频仍的战争，加之天主教、基督新教缺乏政府的支持和保护更显萧条，与鼎盛时期不可同日而语。但内蒙古地区仍有天主教堂 160 座，教徒 13 万余人。基督教有教会 100 多个，教徒近 5000 人。这期间，在内蒙古的西方传教士有的病故，大部分则陆续离开回国。

20 世纪 50 年代，中国的宗教状况随着社会政治生活的变化而发生了根本变化。1957 年，中国天主教爱国会成立，开始了中国天主教独立自主、自办教会的道路，教会完全成了信教群众自办的宗教事业。改革开放后，宗教信仰自由政策得到落实。根据最新的统计，内蒙古地区现有基督教活动场所 307 座，神职人员 726 人；天主教有活动场所 162 座，神职人员 203 人，分呼和浩特、乌兰察布盟、巴彦淖尔盟等五个教区，基督教呈现日趋活跃的态势。在这样的背景下，内蒙古各地分散着零散的蒙古族基督信徒当然也在情理之中。然而，我不想讨论零散的蒙古族信徒到底有几多，也无从得到确切的数字统计。事实上，那些零散的蒙古族信徒也不足以让我们从民族与宗教的关系角度去考虑这个问题。因此，仅就蒙古族天主教徒最为集中的内蒙古鄂尔多斯市鄂托克前旗城川教堂及其相关情况作一介绍。这里的情况比较典型，能够使我们从此"一斑"了解蒙古族与基督教的历史与现状。

内蒙古鄂尔多斯市是一个多种宗教荟萃之地。目前，藏传佛教、基督教、天主教、伊斯兰教、汉地佛教都有分布，现有天主教堂 2 座。五大教信教人数保守估计也应在 9 万左右，约占全市人口的 6.5%。自从 1876 年"世界上唯一的一座蒙古教友堂口"在鄂尔多斯市城川建立，到 20 世纪 40 年代末，城川教堂周围已经有了 20 左右个教堂，吸引了大量教民。至今，蒙古族天主教信徒仍集中在这里，分布在内蒙古鄂尔多斯市鄂托克前旗、乌审旗二旗南部的三四个苏木（镇），主要集中在鄂托克前旗。鄂托克前旗位于内蒙古鄂尔多斯市最南端，人口 7 万多，有 2 万多蒙古族，其中大约 3000 多蒙古族信仰天主教，属于天主教"圣母圣心会"。

据比利时天主教神甫、著名蒙古学家田清波的调查（田清波神甫曾于 1905—1925 年在鄂尔多斯地区传教），生活在鄂托克前旗和乌审旗的一部分蒙古人，不朝拜成吉思汗陵、不祭火和敖包，没有占卜的习俗，有自己特殊的庙宇，崇拜被称为“乌兰·达木占”的神，宗教活动中使用十字架，保留着洗礼、涂油礼等习俗。从宗教活动方面看，蒙古族信徒与其他民族没有什么不同，所不同的是大多数蒙古族教友读蒙古文《圣经》。由于当地蒙古人大多熟悉蒙古文字，马仲牧神甫亲自为他们翻译了蒙古文的《圣经》。

蒙古族修女（2005 年摄）

始建于 1876 年鄂托克前旗城川镇天主教堂，“文革”期间遭到破坏，1984 年，在城川镇糜地梁天主教活动点的基础上扩建为现在的天主教堂。现有神甫 2 人，修女 1 人，是目前内蒙古西部地区影响较大的天主教堂。神甫马仲牧（蒙古语名特古斯毕力格）至 2005 年仍是内蒙古唯一一位蒙古族神甫，他生于 1919 年，从小即求学于教会学校，先后在内蒙古巴盟三圣公教堂、大同神学院学习神学。1948—1951 年在北京辅仁大学化学

蒙古文祈祷歌（2008 年摄）

系学习，因病肄业，现已 89 岁。自 20 世纪 60 年代成为城川教堂的神甫至今已经 40 多年。他的姐姐和妹妹都是修女，如今姐姐已经去世。目前他们家族直系就有 40 多位教友。

蒙古文《圣经》（2005 年摄）

鄂尔多斯地区宗教气氛很浓，但带来这种气氛的不是天主教，而是藏传佛教。这一点从两教活动场所 30:4 的数量比上一看便知。然而就是在这样一个香烟缭绕的所在，鄂托克前旗城川天主教堂却吸引了 3000 多蒙古族教友，的确是值得关注的特别现象。这一方面是由于鄂尔多斯近代以来一直是天主教传播较活跃的地区，更主要则是由于马仲牧神甫个人及家族的影响。他们兄妹三人及其家族信仰虔诚，尤其是马仲牧神甫，蒙古语、汉语、英语都懂，语言条件优越，宗教修养深厚，在当地蒙汉群众中有相当影响，深得当地蒙古族同胞的信赖。

从宗教活动方面看，蒙古族信徒与其他民族没有什么不同，所不同的是大多数蒙古族教友读蒙古文《圣经》。由于当地蒙古人大多熟悉蒙古文字，马仲牧神甫亲自为他们翻译了蒙古文的《圣经》等基督教文献。当看到马神甫亲笔翻译的大量《圣经》手稿时，我心里油然而生敬意。

在日常生活方面，蒙古族教友与其他蒙古人没有什么区别，不同的只是他们的节日活动等习俗。由于信仰的缘故，当地的蒙古族教友以圣诞节为最隆重的节日。而对一般蒙古族最重视的农历春节并不特别在乎。在生、老、病、死等生活礼仪方面也是遵从天主教教规。如田清波调查所见，蒙古族教友在宗教活动中仍使用十字架等，保持着天主教的仪轨。当老人去世时，一般都请神甫超度亡灵，并有单独的教民墓地。

热心社会公益活动是现代宗教活动的一个特点。马仲牧神甫先后抚养了 14 个孤儿，现在已有 2 人由政府帮助安排了工作，马神甫也因此而深得当地教友的尊重。目前，城川天主教堂“自养”状况良好，主要靠种植和养殖。教堂利用所属几十亩土地种植玉米、葡萄等，他们用自己生产的葡萄酿制的葡萄酒在当地小有名气。马神甫虽已 89 岁高龄，仍然精神矍铄，这是他自己的造化，更是教友的福分。

（六）小结

纵观蒙古族基督教发展历程，我们可以看到如下几个特点：1. 地域的局限性和边缘性。从古代的汪古部、克烈部到近代的内蒙古中部一些地方以及现在的城川，一般局限于中西部地区的有限范围。2. 影响的有限性。与地域的局限性和边缘性一致。从古及今，无论是元代的上层贵族还是如今的平民百姓，信仰主体尽管发生了很大变化，基督教的影响却从未波及蒙古民族主体。3. 宗教文化的多元互补性。由于天主教在当地的存在，使得鄂尔多斯地方宗教文化呈现出多元性，藏传佛教、天主教以及各种民间信仰同时共存。4. 差会组织的多样性。近代，包括法国遣使会；比利时、荷兰的“圣母圣心会”；瑞典的“协同会”；英国的布道会以及爱尔兰长老会等都曾派传教士到过内蒙古中西部地区。但是，在内蒙古地区，尤其是中西部蒙古族聚居区传播的基督教派虽然很多，产生持续影响的却很少。相对而言，天主教“圣母圣心会”的传播范围最广、持续时间也最长。

根据调研所掌握的情况看，由于历史和现实的原因，尤其是近年来基督教在内蒙古地区传播较快，如今的基督教在传播和管理方面还存在一些问题，应该给予足够的关注。

1. 境外渗透屡禁不止。宗教的境外渗透问题往往发生在天主教和基督教方面。近年来，比利时、韩国、菲律宾等国的自由传道人都曾在鄂尔多斯地区活动过。他们通过发展教徒、组织教会组织、传播境外宗教印刷品，甚至赞助经费等手段发展地下势力。这些渗透活动造成的直接后果是扰乱了信教群众的内部团结，破坏了国家有关政策、法规在宗教界的有效实施，产生了危害稳定的负面影响。所以，解决境外宗教势力渗透与自办教会的矛盾仍然是一项长期艰苦的工作。

2. 宗教属地管理原则与历史上教区划分的矛盾日益突出。目前中国在宗教场所的管理上通行的是属地管理原则，即宗教活动场所在哪里就由那里的地方政府管理。而城川天主教堂历史上属于巴盟教区（直到 2003 年），这就使教区划分与属地管理时常出现矛盾。表现为：神职人员的派遣、调动不征求地方政府宗教管理部门的意见；教堂巨额资金的流动、处置不通报地方宗教管理部门；神职人员的对外交往活动概不请示地方宗教管理部门。这些问题既增加了宗教管理部门的管理难度，增加了信教群众的经济负担，也使天主教地下势力活动频繁。特别是天主教教皇圣统与我国宗教主权的关系、教阶制与自主办教的关系一直是管理天主教活动的重点和难点。

3. 宗教问题处理不当影响民族团结。内蒙古鄂托克前旗城川镇是蒙古族、汉族大杂居、小聚居的地方，又是信奉天主教的蒙古族最集中的地方，在整个内蒙古地区也是独此一地。新中国几十年来，城川地区各族信徒与非信教群众、蒙古族信徒与汉族信徒之间团结一致、和睦相处。由于宗教问题和民族问题的敏感性，在一些问题的处理上也会出现小的摩擦，如不及时采取措施遏制这种现象，就有可能使宗教问题与民族问题结合而导致问题复杂化。

第七章
新时期蒙古族宗教信仰问题

内蒙古自治区成立于1947年5月1日，是我国第一个少数民族自治区。作为蒙古族自治的多民族地区，内蒙古总面积118.3万平方公里，有蒙古、汉、达斡尔、鄂伦春、满、回、朝鲜等诸多民族。内蒙古地区自古就是北方各民族交流的舞台，历史文化悠久，宗教类型众多，是多宗教信仰的民族地区。历史上有佛教（藏传佛教、汉传佛教）、道教、伊斯兰教、天主教、基督教、东正教等宗教类型以及久远的民间信仰。经过了解放初期的宗教改革，宗教状况从组织制度、信众结构、宗教观念等方面都发生了很大变化。

1966年至1976年的中国，对于包括宗教文化在内的所有文化形态都是一场空前的灾难。自1966年6月1日《人民日报》发表了《横扫一切牛鬼蛇神》的社论发表，“文化大革命”的“红色风暴”迅速席卷了中国大地，宗教界遭到一场空前浩劫。内蒙古宗教界，尤其是佛教界不可避免地成为了重灾区。1. 宗教活动场所被关闭，正常宗教活动被禁止。宗教信仰自由政策被污蔑为“保护落后”，横遭践踏。2. 打击迫害宗教界人士。在“横扫一切牛鬼蛇神”的喧嚣声中，许多宗教界人士成了首当其冲的“横扫”对象，被揪出来批斗，有的被强制劳动改造，有是被打成“牛鬼蛇神”、“反动宗教上层”、“民族分裂主义分子”、“内人党”分子等，致使很多宗教人士的身心受到严重摧残。大部分喇嘛被迫还俗。3. 毁坏宗教场所，践踏宗教文物。在“大破一切剥削阶级的旧思想、旧文化、旧风俗、旧习惯”的所谓“破四旧”风潮影响下，内蒙古地区的许多寺庙毁坏各类佛像及装饰品；焚烧经卷；砸乱法器；没收文物、文牍档案；破坏寺庙建筑物等。呼和浩特市著名的席力图召、大召、乌素图召等寺庙首先受到冲击。仅仅几个月时间，全区大部分寺庙遭到毁灭性破坏。

“文革”的倒行逆施使新中国制定的一套被实践证明是行之有效的民族、宗教政策被彻底抛弃，宗教界遭受了新中国成立以来最严重的挫折和损失。“文革”结束后，20 世纪 80 年代以来，随着宗教政策的落实和人们宗教认识的逐渐变化，“文革”时期遭到严重破坏的宗教工作逐渐得到恢复。

一、新时期党的宗教政策

“文革”结束以后迎来了宗教工作的新时期。正确对待和处理宗教问题，是建设有中国特色社会主义的一项重要内容，做好宗教工作，对于维护社会稳定，繁荣民族文化，增进民族团结具有重要意义。

中共中央系统地总结了新中国成立以来宗教工作正反两方面的经验，提出了社会主义时期宗教问题的基本观点和基本政策，明确了宗教工作的基本任务，推动了宗教政策的落实。经过20多年的努力，宗教领域出现了新的局面。

改革开放以来，党的宗教信仰自由政策得到了进一步的坚持和完善。1981年，中共中央的十一届六中全会通过了《关于建国以来党的若干历史问题的决议》，强调“要继续贯彻执行宗教信仰自由政策”。尤其是1982年3月，中共中央下发了《关于我国社会主义时期宗教问题的基本观点和基本政策》(即“19号文件”)，阐明了党在新时期对宗教问题的基本观点和基本政策。主要观点和基本精神包括：1. 宗教是一种社会历史现象。2. 宗教的产生、存在和发展有着深刻的社会和历史根源，在社会主义条件下宗教必然长期存在。3. 社会主义时期，中国宗教的状况已经发生了根本变化；4. 要善于体察民族问题与宗教问题的区别与联系；5. 强调尊重和保护宗教信仰自由政策。贯彻宗教信仰自由政策，是处理一切宗教问题的根本出发点和立足点。特别指出：“宗教信仰自由政策的实质，就是要使宗教信仰问题成为公民个人自由选择的问题，成为公民个人的私事。”同时，对宗教场所也有明确规定："一切宗教场所，都是在政府宗教事务部门的行政领导之下，由宗教组织和宗教职业人员负责管理；在宗教场所的一切正常宗教活动，都由宗教组织和宗教信徒自理，受法律保护，任何人不得加以干涉。"文件中关于宗教场所管理的原则和政策，成为恢复宗教活动和完善寺院管理的重要依据。文件还列专题分别总结和论述了中国共产党有关宗教问题的一系列具体方针政策。团结宗教界人士，合理安排并保护正常宗教活动，帮助宗教组织办好宗教院校，培养新的宗教教职人员等等。确定了做好新时期宗教工作的基本方针。[1]

我国的民族区域自治制度是国家的一项基本政治制度，1984年10月1日起实行了《民族区域自治法》，其中第十一条对宗教信仰问题也做了明确规定："民族自治地方的自治机关保障各民族公民有宗教信仰自由。任何国家机关、社会团体和个人不得强制公民信仰宗教或者不信仰宗教，不得歧视信仰宗教的公民和不信仰宗教的公民。国家保护正常的宗教活动。"

二、新时期内蒙古宗教状况述描

20世纪80年代以来，中国实行改革开放政策，社会生活发生了巨大变化，随着党的宗教政策的落实，内蒙古地区的宗教工作逐渐恢复，人们的宗教观念、宗教信仰状况也发生了变化，蒙古族的宗教信仰处于恢复和重建之中。据第五次全国人口普查统

①《内蒙古自治区宗教信仰调查报告》，2002。

计，内蒙古总人口2332多万人，包括蒙古、达斡尔、鄂伦春、满、回、朝鲜等40多个民族组成的少数民族485万多人，其中大约有近400万蒙古族。

内蒙古自治区首府呼和浩特市在历史上就是多民族多宗教荟萃之地。早在16世纪晚期既已成为藏传佛教传播的中心，迄今已有400多年的历史。16世纪末至17世纪，蒙古各部几乎全部信仰了藏传佛教。建有大召、小召、席力图召、普会寺、五塔寺等众多宗教场所，有着丰富的珍贵宗教文物古迹。目前共有各类宗教场所110处。它们不仅承载着宗教在蒙古地区的发展历史，也见证着今天人们信仰的变化。对了解内蒙古的社会经济、政治和文化，有着极其重要的价值。此外，包头市、鄂尔多斯市、通辽市、赤峰市、锡林郭勒盟、阿拉善盟等地也有很多藏传佛教寺庙，著名的有五当召、梅力更召、美岱召、百灵庙、准格尔召、葛根庙、延福寺等。始建于1749年的五当召，距今已有250多年的历史，“文革”期间未遭严重破坏，修复后对外开放。美岱召、百灵庙、葛根庙等都以其悠久的历史、宏阔的宗教建筑吸引着僧俗民众，现在既是宗教活动场所，也是旅游胜地。历史发展的惯性与思想文化的传承决定了新时期蒙古族信仰仍然以藏传佛教为主流，藏传佛教信徒则主要集中在蒙古族聚居区，由于藏传佛教的信仰特点，信徒人数不好准确统计。

与中国其他地区一样，20世纪80年代是蒙古族宗教信仰的恢复时期。内蒙古自治区首先是为“文革”时期宗教界的冤假错案平反，召开宗教会议制定了《全区喇嘛教工作会议纪要》，逐步恢复和建立宗教团体，根据需要和经济能力维修、开放了一些宗教活动场所等等，使宗教工作逐步走上正轨。这一时期内蒙古地区宗教工作在恢复中平稳发展。作为蒙古族信仰核心的藏传佛教更是成为恢复工作的重点。具体情况是：

第一，为宗教界的冤假错案平反，特别是为乌兰活佛、札木苏活佛等宗教界领袖人物平反，成为宗教工作恢复的关键。

第二，于 1981 年 11 月召开全区宗教工作会议，落实党的宗教政策。肯定了新中国 17 年来执行的宗教政策，认为宗教政策的主流是好的，成绩是主要的，宗教界人士绝大多数是爱国的，同时批判了“文革”时期禁止宗教活动、迫害宗教界人士的错误做法。

第三，制定了《全区喇嘛教工作会议纪要》。1985 年 3 月，召开全区喇嘛教工作会议，对恢复宗教场所活动、喇嘛生活待遇、佛教协会组织等问题都做了相应规定。

第四，维修、开放了一些宗教活动场所。1985—1995 年期间，由国家筹集资金约 1500 万元，对全区 20 多座重点寺庙和 40 多座一般寺庙进行维修并陆续开放。每一个蒙古族聚居区的旗平均至少有一个寺庙。喇嘛和信教群众自行筹资维修和开放了部分宗教活动场所，从而基本满足了群众的宗教活动需要。

第五，恢复和建立佛教团体。1983 年以后，为了开展工作，健全宗教机构，相继恢复了自治区以及各盟市的佛教组织，在佛教寺庙较多的旗还建立了旗佛教协会。

第六，开办喇嘛学校。根据《全区喇嘛教工作会议纪要》精神，开办了喇嘛学校，内蒙古佛教学校于 1987 年 6 月开始招收学员，学制三年，目前已毕业六期共 160 多名学员，其中为新疆培养 10

名。如下表所示：

喇嘛学校的历届毕业生人数及去向

届数	时间	人数	去向
第一届	1987—1990	40	呼和浩特、包头、锡林郭勒盟、赤峰等地的重点寺庙
第二届	1991—1994	30	各个委培寺庙
第三届	1994—1997	30	各个委培寺庙
第四届	1998—2000	30	各个委培寺庙
第五届	2000—2003	30	各个委培寺庙
第六届	2004—2006	30	各个委培寺庙

1991 年，经内蒙古自治区政府批准，把“内蒙古自治区佛教协会喇嘛培训班”改为“内蒙古自治区佛教协会喇嘛学校”，学校地址由包头市五当召迁到呼和浩特市乌素图召，由内蒙古佛教协会直接领导，方便了学校与宗教协会之间的联系。喇嘛学校的几届毕业生去向对口，为各地寺庙培养了了解党的宗教政策、具有藏传佛教专门知识的宗教人才，从一定程度上缓解了寺庙喇嘛年龄老化等结构性问题。

20 世纪 90 年代以后，宗教问题基本走上稳定和谐发展的轨道。宗教信仰包括五大宗教和民间宗教信仰在稳定中发展。陆续复建了甘珠尔庙、多伦汇宗寺等重要寺庙。同时，民间信仰也逐渐活跃，历史人物祭祀、敖包崇拜等形式的民族民间崇拜活动在内蒙古地区尤其是西部蒙古族聚居区日益频繁。

根据 2002 年的统计，内蒙古自治区有依法正式登记的宗教活动场所共 805 处，有信徒群众约 100 多万人，占全区总人口的 3．7%左右，有教职人员 4945 人。全区自治区级爱国宗教团体有 6 个，即自治区佛教协会、伊斯兰教协会、天主教爱国会、天主教教务委员会、基督教“三自”爱国运动委员会、基督教协会，各大宗教有序发展。现将呼和浩特市、包头市、鄂尔多斯市、通辽市的宗教基本情况列表如下：

内蒙古四地市宗教状况统计表①

地区	宗教场所	神职人员	信徒（万）	比例（占总人口比例）
呼和浩特市	110+276	224	19.4	10.8%
包头市	155	283	13.7	6.1%
鄂尔多斯市	44	927	5.4	6.5%
通辽市	41	623	3.5	4.5%
备注	呼和浩特市的宗教活动场所中 276 个是基督教活动点			

从内蒙古四盟市的宗教状况看，五大宗教都有分布，具体情况则略有不同。就宗教场所和神职人员的比例来看，呼和浩特市、

①《内蒙古自治区宗教信仰调查报告》，2002。

包头市相对较低，而鄂尔多斯市、通辽市则是场所不多，人员不少。具体原因尚不好断言，需要进一步调查。

从本人调查的情况看，由于历史、文化以及地缘等方面的原因，总体感觉是内蒙古西部地区的宗教场所和文物比东部地区保存相对完好，比如呼和浩特市的大召寺、包头市的五当召等寺庙，尽管有一些破坏，但基本完好，恢复重建相对容易，而在内蒙古东部的通辽市、兴安盟、呼伦贝尔等地，几乎没有一座象样的寺庙得以保留下来。在我所到之处——通辽市、兴安盟、呼伦贝尔市，只有通辽市库伦旗还保存着清代佛教寺庙。直到2000年以后，才复建了甘珠尔庙（呼伦贝尔市）、大乐林寺（通辽市）、多伦汇宗寺（锡林郭勒盟多伦县）等寺庙。因此，内蒙古东西部的宗教气氛也有所不同，西部地区的宗教气氛相对更浓，民间宗教活动更频繁。由于内蒙古地域广大，情况复杂，还需要获得更详实的资料对此加以论证。

三、新时期蒙古族宗教信仰特点

新时期，随着蒙古族宗教信仰的恢复和重建，蒙古族宗教信仰的状况发生了一些变化，宗教信仰呈现出一些新的特点。

（一）宗教信仰呈多元化

宗教信仰的多元化主要指信仰形式的多元化，即信仰的宗教类型呈现多元化。一般来说，一个民族的信仰是不会轻易改变的，一个民族在同一时期有多种宗教信仰的现象更是不多见的。民族

通辽市大乐林寺（2007 年摄）

的宗教信仰问题，是一个历史性民族性的群众思想信仰问题，与每个民族的社会发展状况、文化传统和民族性格紧密相关。

宗教社会学认为：人类与生俱来与周围世界存在着不确定关系和不可能关系，前者是指世界对人是一种不确定的存在，后者是指人没有得到他所期望的东西，却不可回避地要承受某些东西。面对着周围世界，在新经济的转型期人们需要新的精神依托，现代社会观念的变化撞击着人们固有的价值观和道德观，因此对宗教产生依赖的情感。

第一，蒙古族宗教信仰的多元化表现在五大宗教及各种民间宗教都呈现恢复发展之态势。藏传佛教、基督教、伊斯兰教及民间宗教都有各自相当的信众。多元信仰，首先是与蒙古族的文化传统有关，同时，也与当代社会发展对人们的精神形成的冲击密不可分。在多元宗教信仰中，基督教发展最快。20 世纪 90 年代以来，一方面是由于社会经济结构的调整，就业率下降，下岗职工增多，许多人为了寻找精神寄托而纷纷信教。另一方面在于宗教本身，由于基督教教义教理的灵活性、传播方式方法和渠道多样性的缘故，可以随时聚会传道，同时也有国外宗教势力的影响，使基督教近年来宗教场所的建立和信徒的增长高于其他宗教。据调查，除正规的教堂外，还有很多家庭活动点。有的地区临时活动场所已经达到活动场所的规模。有意味的是，有些曾经信佛的佛教徒改信基督教，也开始研读《圣经》了。

第二，信仰多元化也表现在形式繁多。比如个体信仰的虔敬程度表现不一，有些信徒信仰虔诚，宗教活动经常化，而有些信徒则有点“临时抱佛脚”的意思。与之相应的是信众信仰的目的也日趋复杂化等等。

(二) 世俗化倾向明显

伴随着现代化进程，世俗化成为现代社会发展的一个重要特点。宗教世俗化也成为20世纪世界宗教发展的主流倾向之一。一方面，宗教在公共生活领域的影响力和重要性日益减退，逐渐变成了个人的爱好和选择；另一方面，传统宗教以适应世俗社会的方式获得新的发展契机。“世俗化”与“宗教热”这两个似乎矛盾的现象在现代宗教生活中同时共存。我们可以参考以下学者们对宗教世俗化的界定以加深对宗教世俗化问题的理解：宗教日益关心此岸的人类事务，而不再专门以服务和向往于彼岸的神和天堂为宗旨。有的学者甚至通俗地将宗教世俗化理解为“人间化”、“民间化”，认为现代宗教已经逐步适应了以人为本的现实社会。“在宗教的世俗化过程中，对神明的信仰逐渐淡化，而对人类自身的信仰日益升值提高，个人的价值和地位日益上升。”①

就蒙古族的核心信仰藏传佛教信仰而言，其世俗化也是不可避免。主要表现在几个方面：

首先，喇嘛阶层生活本身的世俗化，表现出人本化的特点。20世纪50年代以前，遵照佛教教规，出家喇嘛基本不结婚，由于宗教制度改革后，对喇嘛的戒律自然也发生了变化，很多喇嘛还俗回家，默许了一些喇嘛有世俗家庭，甚至有个别强迫喇嘛成家的现象，因此，有相当多的喇嘛都结婚成家。延续至现在，有的年青喇嘛信仰坚定，不结婚成家，但喇嘛结婚成家也绝非个别现象。而喇嘛成家客观上加强了他们与世俗社会生活的联系。笔者2004年7月到内蒙古西部地区进行宗教调研时，正逢一个著名寺庙的住持结婚，施主们还给他在城里买了新房。谈起这件事，这位住持的表情看上去也没有什么不自然。

其次，世俗化表现在佛教僧侣阶层在民众生活中的影响日益增加的过程，具有很强的功利性。在内蒙古地区，由于许多藏传佛教寺庙都是集历史、宗教、民俗文化于一身的旅游胜地，旅游业的开展使喇嘛与世俗生活发生着密切的联系。在商品化的社会里，人们建新房请喇嘛看风水、企业公司开业请喇嘛看日子，建设居民小区请喇嘛起名字，小孩出生请喇嘛起名字，亲人亡故请喇嘛超度亡灵等等不一而足。究其原因，有的是由于笃信佛教，也有的介于信与不信之间，出于从众心理，追风随俗，讨个吉利而已。如五当召的喇嘛忙于接待游客，像人们上下班一样，没有

① 高师宁：《世俗化与宗教的未来》，载《中国人民大学学报》，2002（5）。

很多时间学习佛教的教理教义，有些小喇嘛出家的目的主要是到寺庙学习藏医学，以便将来立足社会有个一技之长。

第三，寺院教育的影响逐渐弱化。如今的寺院教育与过去不同，寺庙中已经很少对佛经的研究，既没有条件也缺少人员，由于世俗教育的普及，传统的寺院教育制度没有了市场，人们对于宗教教理教义的学习和研究热情在逐步淡化。很少有喇嘛获得高级的修行次第或学位。

第四，在普通信徒方面，世俗化表现为宗教的实用性和娱乐性特点日益突出。信仰方式也很灵活，既可在庙上香，也可在家拜佛；"临事抱佛脚"而"无事不登三宝殿"。佛事活动尤其是庙会等大型宗教活动的世俗意义更突出，人们参加庙会活动很多时候是为了娱乐身心而不是出于虔诚信仰。很多寺庙举行的庙会不再是严格的宗教活动，而更象是世俗节日，宗教消费较以往也有所增加。从宗教观念上看，信众宗教观念的变化与现代价值观的认同相关联；从宗教行为的动机上看，年轻人更多关注的是现实生活的幸福，老年人则更多专注于身体的安康和来世的果报；从宗教心理及其宗教行为结果上看，普通信众对现实生活幸福的追求远远大于对来世安宁的渴望。

此外，宗教仪式也逐渐从繁琐严格走向简约宽松，方便了与普通信众的沟通。宗教仪式采取了现代化的手段，不断吸收和借鉴现代科学成果。如寺庙举办法会时，也逐步利用了现代科技手段。法会现场的声、光效果浸润了现代气息，色彩、着装、外景也都不同程度地用现代科技手段进行了渲染。宗教仪式的现代化，对于普通藏传佛教信众来说，更增添了其神秘色彩。凡此种种不

晨曦中的成吉思汗陵（2005 年摄）

一而足。从这些表象看，世俗化使宗教的神秘性正在弱化，彼世与此世的距离似乎不再那么遥远。而世俗化既削弱了宗教的神圣性也提高了它适应时代的灵活性。

（三）民间信仰的复苏

蒙古族聚居区民间信仰非常活跃，其规模有上升的趋势。我调查的目标社区主要有两个，一是民族民间文化底蕴深厚、保留比较完整的鄂尔多斯地区，另一个是文化构成复杂、民族文化变迁迅速的呼和浩特市区。选择这样两个有代表性的地区，有利于比较民族民间信仰传承和保留的状况，接受调查的对象大多都是蒙古族。总的看来，民间信仰依然是蒙古族人民生活的重要组成部分。

1. 祖先崇拜的复兴。传统民间信仰是蒙古族比较典型的宗教现象，从一定意义上已经与民俗融为一体，这种现象在内蒙古自治区鄂尔多斯等内蒙古西部地区尤其典型。首先是成吉思汗陵的民间祭祀活动。成吉思汗陵的民间祭祀活动已有 700 多年的历史，始于成吉思汗的继承者窝阔台汗时代。后来忽必烈钦定用四季大典来纪念成吉思汗，并规定了详细的规范。成吉思汗陵的守护和祭奠者是从成吉思汗宫廷守卫者中挑选出五百户人组成的达尔扈特人，他们世世代代供奉着成吉思汗的八白室[①]近800年。过去他们享受着特殊的待遇：一不纳捐税；二不服兵役；三皇帝去世也不举哀。成吉思汗陵的民间祭祀活动已形成固定的仪式。大体可分为三类，即平日的祭祀、每月固定的月祭、每个季节的季祭。平日的祭祀是信徒们选择吉日良辰，或者由主持祭祀的牙门图德根据信徒的要求认为可行的日子进行祭奠；月祭从正月开始到十二月，每月都有固定的日期；一年里每个季节都有祭祀，近800年来未曾间断（“文革”时期除外）。尤以每年的春季祭祀最为隆重。《蒙古源流》的作者萨冈彻辰是成吉思汗的第二十二世孙，是著名的蒙古族历史学家、文学家和政治家。据调查，鄂尔多斯地区对萨冈彻辰的祭祀自明代始，当地百姓在“文革”时也偷偷祭祀。像成吉思汗有守灵人一样，萨冈彻辰也有守灵人。2004年，萨冈彻辰纪念馆落成，乌审旗组织召开了萨冈彻辰诞辰400周年纪念大会，并在萨冈彻辰纪念馆举行了数百人参加的的祭祀仪式。对萨冈彻辰的祭奠成为乌审旗及其周围地区民间信仰日趋活跃的一个表现。此外还有达茂旗的哈萨尔祭祀、巴林右旗的公主祭祀等。

2. 九游白纛祭奠的兴起[②]。是蒙古族民间信仰的又一表现形

---

① 20世纪50年代以前，成吉思汗的遗物被供奉在八个蒙古包中，称“八白室”。

② 九游白纛：亦称“九足白徽”。《蒙古秘史》等历史文献中记载成吉思汗的“九游白纛”，蒙古语称苏勒德，意即战旗。分察罕（白色）苏勒德和哈日（黑色）苏勒德。相传成吉思汗作战时专用黑色战旗，而停战时则用白色战旗。

鄂尔多斯市乌审旗敖包（2005 年摄）

呼伦贝尔市新巴尔虎左旗甘珠尔敖包（2003 年摄）

式。据史料记载，成吉思汗在斡难河上游召集大会，庆祝蒙古诸部统一而建立大蒙古汗国，在此时树立起九游白纛，蒙古族视其为民族和国家兴旺的象征。历史上，锡林郭勒、鄂尔多斯、喀尔喀等地都有过祭祀察罕苏勒德的习俗。如今在乌审旗陶利镇塔来乌素嘎查伊克萨萨滩，当地蒙古族群众祭奠着蒙古大汗国军徽，即九游白纛，据当代鄂尔多斯学者嘎尔迪若日布先生考证，九游白纛从其起源地肯特山南麓克鲁伦河历经五次大迁移，最终乌审旗成为九游白纛的祭祀之地。现在他的倡导下在乌审旗陶利镇塔来乌素嘎查伊克萨萨滩，已经搭盖了数十平方米的祭祀地点，据说当地保留了最完整的祭祀仪式。2003 年，在成吉思汗陵前面也建了一个苏勒德祭坛。当地学着奇景江等还出版了《苏勒德的故事》。

3. 敖包崇拜具有普遍性。敖包信仰在蒙古地区成为牧人的普遍信仰。人们一般认为敖包是萨满教信仰遗存，我们可以从中反观蒙古族早期自然崇拜的影子。敖包的表象是石和柳搭起的祭坛，实质上是蒙古人崇拜天、地、日、月等多种神灵的象征。内蒙古地区存在着多种类型的敖包。仅鄂尔多斯地区，就存在着 170 多处，在“文革”前存在 300 余处。其中包括与成吉思汗有关的敖包、与蒙古族的圣物有关的敖包、诺彦（做官的人）敖包、家族敖包、家庭敖包、旅游敖包等。每个敖包祭祀的时间不统一，但是都有大致确定的祭祀时间，民间都保留着比较完整的祭祀仪式。参加者有蒙古族和居住在当地的汉族。鄂尔多斯地区的敖包祭祀在当地群众精神生活中具有重要意义，对敖包的信仰具有多种功能，如向其求福、求雨、求治病、求安全、求护佑等等。当地的访谈者说：“祭祀敖包早年就有了，现在怎么能没有？谁都去祭。上过学的，没上过学的，老人更要去，甚至有的干部也去。祭敖包是为了求雨，草原都干旱到这样了，不求雨怎么办？不管行不行，祭了敖包心理就塌实了。”甚至他们还祭祀黄河，他们说：“过去这里祭敖包的祈祷词还有祭祀黄河的，祭祀了，黄河就不泛滥了。”

（四）小结

正如乌丙安先生所言：“民间信仰习俗经过从‘土改’到‘文革’的漫长休眠期，目前正普遍复旧并应运重生。除了较大规模的对民族始祖及古圣先贤的祭奠日益隆盛外，数以千万计的供奉各路神佛先真的寺庙宫观香火正旺”。[①]与藏传佛教的世俗化相对应，蒙古族民族民间信仰日趋活跃，民间信仰得到相当程度的恢复，其中对历史英雄的崇拜日益凸显。如在鄂尔多斯蒙古人的观念里，成吉思汗似乎已被神圣化。他已从民族英雄上升成了超凡脱俗的神，具有了某种神圣意义。仅 2003 年，成吉思汗陵就接纳国内外游客 11.2 万人，一些人是参观游览，一些人则是朝拜。成吉思汗的后裔也有被神圣化的趋向，如前面提到的萨冈彻辰祭祀。这也正好迎合了“宗教”一词在汉语中的意义,“宗教”乃“奉祀神祇，祖先之教”也。

① 乌丙安：《论当代民俗文化的剧变》，载《民俗研究》，1996（2）。

结束语

宗教是许多民族精神生活的支撑点和最后归宿，成为一个时代人们思想意识的核心内容。近现代蒙古社会的转型与蒙古族宗教信仰的变迁，深刻地反映了宗教的演变与社会的沧桑、民族的命运紧密相连。也许没有哪个民族的历史命运和宗教变迁有着如此深的渊源联系，这种历史性的变革直接反映了蒙古民族文化的变容，甚至直接影响到蒙古民族的未来。

宗教是社会生活的产物，一种宗教是否具有生命力，主要在于它是否适应了社会的需要，并随着社会的发展而发展。现代化对包括民族宗教在内的传统文化的冲击无疑是巨大的。新时期，由于中国经济体制的深刻变革，社会结构的深刻变动，利益格局的深刻调整，人们的思想观念随之转变，宗教方面也随之出现了新情况新问题。宗教在公共生活领域的影响力正在日益减退，逐渐变成了个人的爱好和选择，世俗化使宗教的神秘性正在弱化，同时也提高了宗教适应时代的灵活性。

然而，社会现代化向宗教的发展提出挑战的同时也提供了机遇，所谓危机与机遇并存。传统宗教可以通过自身的变革，以适应世俗社会的方式获得新的发展契机。首先是宗教自身的变革问题，包括宗教观念、宗教活动方式的变革。宗教具有垂之久远的生命力，宗教文化有其传统的一面，但同时也有其灵活的一面，宗教总是顺随世间、适应一定时空的。而思想文化总是沉淀着许多过去岁月的久远记忆，如何从中剥离有价值的信息，还须投入更多精力。这是宗教在现代化时代背景和社会生活巨变时期如何与时俱进的问题。

自古"民无信不立"。"对各民族在历史发展中形成的传统、语言、文化、风俗习惯、心理认同等方面的差异，我们要充分尊重和理解，不能忽视它们的存在，也不能用强制的方式加以改变"。"尊重少数民族群众和民族地区各族群众的宗教信仰"。这些提法无疑为新时期宗教发展提供了政策保证。

民族是宗教的社会载体，宗教是民族的精神导向，两者有着极为密切的内在关系。就蒙古族信仰而言，如何使宗教信仰与人们的价值观念联系起来，健康发展，这是很有意义的思想文化建设问题。

如何引导宗教与社会主义相适应，以信仰为纽带，促进自然和谐、社会和谐、民族和谐，使民族传统、宗教文化、地方利益之间的和谐应当成为社会可持续发展的重要资源，还有相当的思考及操作空间。民族宗教文化也是珍贵的历史遗产，需要精心保护。如何在经济开发和开展旅游业的同时保护好宗教文化，也是应当特别注意的问题。

如何在多元信仰中确立核心信仰是一个民族信仰重建的关键问题。历史上，蒙古民族审时度势，曾经很智慧地解决了自身的信仰问题，多元之中有核心，核心之外有多元。如今，面对社会现代化的冲击，只有纯净自我、更新观念，才能吸引信众，重新复兴。毕竟，“人能弘道，非道弘人”！

处于恢复和重建中的蒙古族宗教信仰，值得关注的问题很多，本人对这个问题的了解和把握还非常有限，有待我来日钻研！也期待同仁携手！

附录一
内蒙古自治区宗教信仰现状调查报告[①]
（2004 年）

为了系统了解全球化背景和市场经济体制下的民族宗教现状、现实功能、特点及动向，掌握我国少数民族与宗教信仰关系中存在的现实问题，中央民族大学内蒙古自治区“宗教信仰现状调查组”于 2004 年 7 月 13 至 29 日赴内蒙古自治区西部地区，对呼和浩特市、包头市、鄂尔多斯市等地的宗教信仰状况及民间信仰进行了调研。走访了所到各地民族宗教局、统战部、档案局及二十几座重要寺院，采取参观、座谈、访谈、问卷调查等形式，获得大量第一手资料。对内蒙古自治区的宗教现状有了大体的了解。

① 本报告是中央民族大学内蒙古自治区宗教信仰现状调查组集体完成的，成员包括：邢莉、宝贵贞、王卫华、李晶。

一、调研综述

内蒙古自治区成立于1947年5月1日，是我国第一个少数民族自治区。总面积118.3万平方公里。总人口2332万多人。由蒙古、汉、达斡尔、鄂伦春、满、回、朝鲜等49个民族组成，有人口485万多人，大约有近400万蒙古族。作为蒙古族自治的多民族地区，内蒙古民族、宗教文化历史悠久，宗教类型众多。有佛教（藏传佛教、汉传佛教）、道教、伊斯兰教、基督教（天主教、基督新教、东正教）、多种宗教以及历史久远的民间信仰。

内蒙古自治区现有依法正式登记的宗教活动场所共805处，有信徒群众约100多万人，占全区总人口的3.7%左右，有教职人员4945人。全区自治区级爱国宗教团体有6个，即自治区佛教协会，伊斯兰教协会，天主教爱国会、天主教教务委员会，基督教“三自”爱国运动委员会、基督教协会。

内蒙古地区很重视宗教人才的培养，全自治区现有三所宗教院校，即内蒙古佛教学校、内蒙古天主教神哲学院、内蒙古基督教义工培训班。内蒙古佛教学校于1987年6月开始招收学员，学制三年，目前已毕业五批共137名学员，其中为新疆培养10名。天主教神哲学院1985年开始招生，已招收9批共223名学员。毕业修生中祝圣为神甫的有79人（本区65人，外地14人）。自治区基督教两会义工培训班是在1987年开始创办的，为两年制短期培训班，目前已毕业学员13期，共478人，大部分毕业学员能胜任义工。除宗教院校的系统教育外，自治区还通过其他形式对宗教人士进行培养，如专项培训班等。

(一) 呼和浩特市宗教信仰概况

内蒙古自治区首府呼和浩特市是历史上多民族多宗教荟萃之地。呼和浩特市共有宗教场所 110 处，其中藏传佛教 4 处、汉传佛教 8 处，天主教 17 处，伊斯兰教 17 处，道教 2 处，基督教 62 处。呼和浩特市约有人口 200 万人，在教人数大约 14 万人。各类教徒包括藏传佛教 66140 人、汉传佛教 31610 人，天主教 18353 人，伊斯兰教 4745 人，基督教 17870 人。

早在 16 世纪，呼和浩特市即是藏传佛教再传时期的中心地区，迄今已有 400 多年的历史。16 世纪末至 17 世纪，在土默特部阿拉坦汗和第三世、第四世达赖喇嘛的影响以及蒙古各部王公的支持下，蒙古各部几乎全部信仰了藏传佛教格鲁派（即黄教）。有大召、小召、席力图召、普会寺、五塔寺等宗教场所，以及丰富的珍贵文物古迹，它们不仅承载着藏传佛教再传蒙古地区的历史，也见证着今天人们信仰的变化。对了解内蒙古的社会经济、政治和文化，有着极其重要的价值。

伊斯兰教是伴随着信仰该教的回回人进入呼和浩特而传入的。从元而经明、清两朝，伊斯兰教在呼和浩特地区得到了广泛而迅速的发展。清康熙年间已兴建了第一座清真寺——呼和浩特清真大寺，已有 300 多年的历史。从那时至今，呼和浩特总共建有 20 多座清真寺，现在仍有 9 座清真寺进行正常宗教活动。穆斯林人口不断增加，穆斯林日常宗教功课的修持也比较严格。

基督教发展很快。一方面是经济原因，下岗职工增多，就业率下降，许多人为了寻找精神寄托而纷纷信教；另一方面在于宗教本身，基督教传教方便、仪式简便容易接受。据调查，除正规的教堂外，还有很多家庭活动点。有的地区临时活动场所已经达到正式活动场所的规模。

（二）包头市宗教信仰概况

包头市面积近3万平方公里，下辖9个旗县区，总人口200万。目前主要有四种宗教，即佛教（包括汉传佛教和藏传佛教）、伊斯兰教、天主教和基督教；有6个市级爱国团体，即市佛教协会、市伊斯兰协会、市基督教协会和基督教“三自”爱国运动委员会、市天主教爱国会和天主教教务委员会；全市有信教群众13.7万人，占全市人口的6.85%。教职人员283人（不包括伊斯兰教的满拉、基督教的传道员），宗教活动场所155处，均有教管组织或民主管理组织。

1.藏传佛教

包头市共有藏传佛教召庙6座，分布在九原区、石拐区和达茂旗等地。现有喇嘛111人，信徒1万多人，主要集中在牧区。著名寺庙有五当召、梅力更召、美岱召、百灵庙等。始建于1749年的五当召，距今已有250多年的历史，“文革”期间基本未遭破坏，保存完好。现在既是宗教活动场所，也是旅游胜地。建于1705年的梅力更召是目前我国唯一一座用蒙古语诵经的佛教寺庙，迄今已有300年的历史，作为佛教文化与蒙古族本土文化结合的产物，其意义已经远远超过了宗教范畴，成为重要的民族文化和人类文化遗产，引起了中外学者的广泛关注。1992年，由内蒙古师范大学、内蒙古大学、内蒙古社会科学院的有关专家、学者组成了“梅力更葛根研究”小组，该研究课题1996年被国家教委正式立项，先后出版了五部丛书，约200万字。目前，《梅日更庙蒙古语念诵仪轨经文集》一书已完成文字工作，正期待各方的支持以便早日出版，继续着学问寺的传统。

2. 基督教

对基督教的调查，我们选择了内蒙古自治区宗教工作的重点地区之一包头市。全市宗教工作具有情况复杂、问题较多、任务繁重等特点。目前全市主要有五种宗教，即佛教、伊斯兰教、天主教、基督教、道教，其中，基督教的发展比较有代表性。

基督教传入包头是在第二次鸦片战争之后。一批瑞典和美国传教士于1864年至1898年先后进入包头沙尔沁、东河一带传教布道，发展教徒，并扩展到土右旗、固阳县，共建10余座教堂。之后又开办了一批学校、工厂、医院、育婴堂及其他文化经济事业。该教在发展中曾与包头地区的义和团、爱国学生及市民发生过多次激烈冲突，使其势力受到削弱，解放时，全市约有基督教徒3000人，主要教派有：内地会、神昭会等。1958年，包头市基督教进行了教制改革，所有教派合并一处，于同年成立了包头市基督教“三自”爱国运动委员会，广大爱国教牧人员和信教群众被团结在党和政府的周围。

党的十一届三中全会之后，经过落实政策，基督教又进一步得到发展，从活动人数、规模到活动范围，目前都超过了其他宗教。包头现有基督教教堂111处，牧师6人，副牧师14人，长老42人，传道员59人，信教群众4.75万人，教徒主要集中在东河区、昆区、九原区、青山区。基督教团体两个：包头市基督教“三自”爱国运动委员会和包头市基督教协会。信教人数从解放初期的3000人到现在的47500人，在近二十余年中增长了10余倍。包头目前主要教堂有：东河区基督教堂、土默特右旗萨拉齐基督教堂、青山区基督教堂等。我们重点走访了青山区基督教堂。该教堂位于包头市幸福南路，刚刚经过重新翻盖，有宽敞庄严的大礼拜堂，有呈二层楼结构的办公区，包括接待室、图书室、会议室等。据称翻盖此教堂用了人民币300万元，其中信徒捐赠200万元，尚有100万元欠款。该教堂现有牧师1人，为专职宗教职业者，其月工资收入为400元左右，主要职责为：负责教会各项事工，管理堂点，主持圣礼，牧养并教导信徒。有长老2人，属义工，是教徒推选出来的领袖人物，受尊重而有威望。他们的主要职责为：协助牧师管理堂点，职权仅限于本教堂，如需要，也可以牧养教导教徒，主持圣礼。有执事4人，是在一般信徒中推选出来协助长老和牧师管理执行教会事务的人。他们轮流当值，不放弃世俗职业，亦属义工；有传道员若干名。他们也称教士，在教会中未受神职，而在牧师指导下从事传教布道，或向愿意入教者以及新教徒讲解经文教义。其中有经过宗教学校教育的传道员，他们可以参加讲道即牧养教徒，其专职传道员可领取每月300元的工资，其余均为义工。

基督教活动能够因陋就简、方式灵活多变，对环境的适应性和渗透性很强是其快速增长的主要原因。教牧人员与一般信徒都很注重人与人之间的沟通和平等，很注重传播“福音”，扩大基督教的影响，对于向不信教者传教布道被称之为解救罪人。近几年还出现了一些干部、教师以及个别党员退党信教的情况。个别党员在退党后到教堂作公开见证，宣称入教是获得新生，在教徒中引起的反响波及市区和近郊旗县。目前，包头基督教中还有一些民主党派和工商联的成员，有大中小学教师，还有教师唱诗班、青少年唱诗班等文艺组织。从分布来看，教徒中人口的比重不断增加，工人信徒也在不断增多。从整体看，教徒中城镇人口的比重越来越大，有文化的人越来越多，教徒的数量和规模都超过以往，这使得该教在发展和运行机能方面具备了较强的活力，在主动扩张其影响方面也较其他宗教更为明显。

基督教信徒信教基本分为两种情况：一是祖传，在家庭成员特别是长辈影响下信教；一是有困难时特别是有病时在别人引导下信教。后一类型的信徒在选择信仰上带有很明显的实用要求。基督教在内蒙古自治区传播发展迅速，如何正确引导，应成为自治区宗教部门工作人员重点关注的问题。

（三）鄂尔多斯市宗教信仰概况

鄂尔多斯市依法登记的宗教活动场所有44处，宗教教职人员927人，信教群众大约有9万人左右，约占全市人口的6.5%。目前，主要有四种宗教，即佛教（包括汉传佛教和藏传佛教）、伊斯兰教、天主教和基督教。信教群众人数增加较快的是天主教、基督教和汉传佛教，与1996年相比，天主教徒增加了2000余人，基督教徒增加了1000多人，汉传佛教徒发展了1000人。

1. 藏传佛教

藏传佛教现有活动场所 30 处，喇嘛 903 人，其中活佛 3 人，沙布愣 20 人。信众主要分布在广大农村牧区，特别是蒙古族群众聚居地区。伊斯兰教只在东胜区有清真寺 1 座，阿訇 1 人，平时在清真寺做礼拜的信徒群众不到 30 人。天主教现有鄂托克前旗城川镇糜地梁、达拉特旗王爱召镇小淖有两座天主教堂。达拉特旗还有大淖、庆义厚两个弥撒点。教徒 7763 人，主要分布在鄂托克前旗、达拉特旗、乌审旗等地。全市有蒙古族天主教徒约 3000 人，主要集中在糜地梁地区，此种情况在全国乃至世界都是独一无二的。全市有神甫 4 人，修女 3 人，地下主教 1 人，地下神甫 1 人。基督教有活动场所 11 处，以堂带点 5 个。全市有信徒 6000 人，有长老 4 人，执事 13 人，分布在东胜区、达拉特旗等。

2. 成吉思汗陵的民间祭祀活动

传统民间信仰是内蒙古地区比较特别的宗教现象，人们甚至以为这是一种民俗。我们把对内蒙古自治区民间信仰的调查重点放在鄂尔多斯地区，鄂尔多斯地区的民间信仰有几个特别现象。

成吉思汗陵的民间祭祀活动已有七百多年的历史，始于成吉思汗的继承者窝阔台汗时代。后来忽必烈钦定用四季大典来纪念成吉思汗，并规定了详细的规范。成吉思汗陵的守护和祭奠者为达尔扈特人。达尔扈特人是从成吉思汗宫廷守卫者中挑选出 500 户人组成的。他们世世代代供奉着成吉思汗的八白室近 800 年。过去他们享受着特殊的待遇：一不纳捐税；二不服兵役；三皇帝去世也不举哀。

成吉思汗陵的民间祭祀活动已形成固定的仪式。大体可分为三类，即平日的祭祀，每月固定的月季、每个季节的季祭。平日的祭奠是信徒们选择吉日良辰，或者由主持祭祀的牙门图德根据信徒的要求认为可行的日子进行的祭奠。月祭从正月开始到十二月，每月都有固定的日期，每个季节都有祭祀，近800年来未曾间断（“文革”时期除外），尤其是每年的春季祭祀更是聚集了从政府官员到牧民百姓的成千上万的人前来参加。

3. 祖先崇拜的复兴——对萨冈彻辰的祭奠

《蒙古源流》这部蒙古族重要的历史著作的作者萨冈彻辰是成吉思汗的第二十二世孙，是著名的蒙古族历史学家、文学家和政治家。据调查，对萨冈彻辰的祭祀自明代始，当地百姓“文革”时也偷偷祭祀。像成吉思汗有守灵人一样，萨冈彻辰也有守灵人，乌审旗蒙医拉格胜布仁就是守灵人之一。他筹金修砌了规模不大的萨冈彻辰纪念馆，内有萨冈彻辰的泥塑像等。该纪念馆坐落在乌审旗图克镇梅林庙嘎查，距离图克镇28公里。2004年6月30日，乌审旗组织召开了萨冈彻辰诞辰400周年纪念大会，区内外专家学者近200人出席了会议，并在萨冈彻辰纪念馆举行了数百人参加的祭祀仪式。对萨冈彻辰的祭奠已成为乌审旗及其周围地区民间信仰的一个重要表现。

4. 九游白纛祭奠的兴起——蒙古族民间信仰的又一新的表现形式

在乌审旗陶利镇塔来乌素嘎查伊克萨萨滩，当地蒙古族群众祭奠者蒙古大汗国军徽：九足白徽，也称“九游白纛”，蒙古语称“察罕苏勒德”。据史书记载，成吉思汗在斡难河上游召集大会，庆祝蒙古诸部统一而建立大蒙古汗国，在此树立起九游白纛，蒙古族视其为民族和国家兴旺的象征。据当代学者嘎尔迪若日布考证，九游白徽从其起源地肯特山南麓克鲁伦河历经五次大迁移，乌审旗成为九游白纛的祭祀之地。现在他的倡导下在乌审旗陶利镇塔来乌素嘎查伊克萨萨滩，已经搭盖了数十平米的祭祀地点，据说当地保留了最完整的祭祀仪式。

5. 敖包崇拜具有普遍性

敖包信仰在蒙古地区成为牧人的普遍信仰。何谓敖包？表象是石和柳搭起的祭坛。实质上是蒙古人崇拜天、地、日、月等多种神灵的象征，存在着多种类型。仅鄂尔多斯地区，就存在着170多处，在“文革”前存在300余处。其中包括与成吉思汗有关的敖包、与蒙古族的圣物有关的敖包、诺彦（意思为官）敖包、家族敖包、家庭敖包、旅游敖包等。每个敖包祭祀的时间不统一，但是民间保留完整的祭祀仪式。参加者有蒙古族和居住在当地的汉族。对敖包的信仰具有求雨功能。访谈者说：“祭祀敖包早年就有了，现在怎么能没有？谁都去祭。上过学的，没上过学的，老人更要去，干部也去。祭敖包是为了求雨，草原都干旱到这样了，不求雨怎么办？不管行不行，祭了敖包心理就踏实了。”甚至他们还祭黄河，他们说：“过去这里祭敖包的祈祷词还有祭祀黄河的，祭祀了，黄河就不泛滥了。”

二、内蒙古宗教信仰状况评估

通过调查，我们认为：

（一）宗教信仰包括五大宗教的信仰和民间信仰在稳定中发展。表现在：1. 信仰的人数在增加；2. 宗教场所在增加；3. 民间信仰的类型在增加。

表 1 被调查者的自然状况

指 标	变 量	人 数（人）	百分比（%）
性别	男	10	52.6
	女	9	47.4
民族	蒙古族	15	78.9
	汉族	4	21.1
受教育程度	大专及以上	12	63.2
	高中	5	26.3
	小学及以下	2	10.5
家庭月收入	500 元以下	2	10.5
	500~999 元	6	31.6
	1000~1999 元	7	36.9
	2000~3999 元	2	10.5
	4000 元以上	2	10.5
总 数		19	100

表 2　宗教的认同情况

问题	变量	人数（人）	百分比（%）
你的宗教信仰是什么？	无宗教信仰	5	26.3
	基督教	0	0.0
	佛教	10	52.6
	伊斯兰教	2	10.5
	萨满教	0	0.0
	成吉思汗	1	5.3
	共产主义	1	5.3
你对宗教信仰的态度是什么？	否定	3	15.8
	疑惑、不确定	2	10.5
	好奇	3	15.8
	虔诚的追求	7	36.9
	求知	2	10.5
	拒绝回答	2	10.5
你认为宗教是什么？（可多选）	文化	4	21.1
	唯心主义	2	10.5
	愚昧迷信	0	0.0
	麻醉人民的鸦片	0	0.0
	文明的源泉	5	26.3
	高尚的精神活动	7	36.9
	一种价值体系	5	26.3
	人们的深层次需要	7	36.9
	规范行为的准则	3	15.8
	心灵的寄托	3	15.8
	虚幻的东西	0	0.0

表 1 显示，78.9% 的被调查者是蒙古族，表 2 显示，被调查者的 52.6% 是信奉佛教的，可见佛教（藏传佛教）是蒙古族人民最主要的信仰。在“你对宗教信仰的态度是什么”这个问题上，36.9% 的人是抱着虔诚追求的态度，显示了受调查者对所信奉宗

教的笃信程度；对宗教抱着“疑惑、不确定；好奇、求知”态度的人数高达到36.8%，抱着“否定”态度只占到15.8%，可以看出宗教信仰具有很广泛的潜在的发展空间。人们不再将宗教看成是“愚昧迷信”、“麻醉人民的鸦片”、“虚幻的东西”，更多的把它看成是“高尚的精神活动”和“人们的深层次需要”，见表2，这两种选择共占了73.8%，显示了受调查者对宗教的强烈认同。

（二）基督教在平稳中发展。由于其教义教理，由于其不造像，由于基督教传播方式方法和渠道多样灵活，可在临时或家庭活动点随时传道，以及基督教形式的商业和文化氛围，也由于国外宗教势力的渗透，其宗教场所的建立和信徒的增长高于其他宗教。在社会上对青少年影响逐渐扩大。

调查的目标社区为包头市的昆区、青山区和东河区的3所教堂，共计20份，受调查者全部为汉族。

1. 基督教信徒基本情况（见表3）

2. 基督教教徒的信教情况（见表4）

3. 亲友中的信徒数量与最初参加礼拜原因的交互分析(见表5)

表3 基督教信徒基本情况

指标	变量	人数（人）	百分比（%）
性别	男	5	25.0
	女	15	75.0
年龄	25岁以下	2	10.0
	26~40岁	6	30.0
	41~60岁	10	50.0
	60岁以上	2	10.0

续表

文化程度	文盲或半文盲	1	5.0
	小学及以下	6	30.0
	初中	9	45.0
	高中	3	15.0
	大专及以上	1	5.0
家庭人均月收入	199 元及以下	2	10.0
	200~300	7	35.0
	301~599 元	7	35.0
	600 元及以上	4	20.0
总数		20	100

从表 3 看，基督教女信徒占了 75% 的高额比例，虽然不能用此来推断信众总体也是这样的情况，但女性信徒较男性信徒多这一点在我们观察采访的过程中是可以肯定的。从表 3 中信徒的年龄分布来看，41 ～ 60 岁的中老年占据比例最高，占 50.0%，26 ～ 40 岁的次之，占 30.0%，所以信徒的年龄层主要集中在青年和中老年，但其他年龄层也有分布，接受调查的人员当中年龄最大的 67 岁，最小的只有 14 岁，可见基督教信徒年龄分布是很宽泛的。对于信徒的文化程度，从表 3 中反映的情况来看，初中以下的占到了 80%，大专以上的人数只有 1 个，仅占 5%，这在一定程度上反映了信徒的文化程度偏低，但不能就此说明信众总体的文化层次低下，因为接受调查的 20 人当中有 12 人年龄在 41 岁以上，这可能会在一定程度上降低信徒的受教育水平，在访谈过程中我们也确实了解到基督教信徒有上至教授、博士，下至目不识丁者，文化程度相差较大。表 3 反映出，信众的生活水平比

较低，按当地的生活标准，人均月收入在300元才能勉强维持生活。被调查者中，有9个家庭人均月收入在300元下，占总数的45.0%，而家庭人均月收入在600元以上的中等生活水平的人数仅占20.0%。经济生活水平偏低是人们信教以寻求安慰的原因之一。

表4 基督教信徒的信教情况

指标	变量	人数（人）	百分比(%)
受洗的时间	1979年以前	2	10.0
	1980–1989年	1	5.0
	1990–1999年	12	60.0
	2000年以后	5	25.0
参加礼拜的频率	每周都参加	12	60.0
	一般都参加	7	35.0
	偶尔参加	1	5.0
	不参加	0	0.0
祷告的频率	每天	14	70.0
	经常	5	25.0
	一般	0	0.0
	较少	1	5.0
阅读《圣经》的情况	每日必读	5	25.0
	经常阅读	13	65.0
	偶尔阅读	1	5.0
	不阅读	1	5.0

表4中，信徒的受洗时间集中在20世纪90年代以后，占总数的85.0%，反映了90年代以后基督教迅速发展的趋势。表中“信徒参加礼拜的频率”一项，95.0%的人属于经常参加；“祷告的频率”

一项，95.0% 的人是每天或经常祷告；85.0% 的人经常阅读《圣经》，这三项指标都说明了参与调查的基督信徒积极参加宗教活动，宗教信仰是很虔诚的。

表 5　亲友中的信徒数量与最初参加礼拜原因的交互分析

最初参加礼拜的原因	亲友中的信徒数量		
	都是或大部分是	少部分是	很少
亲友的带领、引导	84.6%	80.0%	100%
自己皈依	7.7%	20.0%	0.0%
其他途径	7.7%	0.0%	0.0%

表 5 可以说明亲友信众对被调查者最初参加礼拜途径的影响，不论亲友中信徒数量多少，他们的带领引导都是被调查者最初参加礼拜的最主要的原因。例如，在亲友都是或大部分是信徒的 13 个人当中，有 11 个人是在亲友的带领引导下第一次参加礼拜的，占到 84.3%。亲友中有少部分信徒的 5 人中，有 4 人是在亲友的带领引导下开始礼拜的，即便是亲友中信徒很少的 2 个人，他们最初参加礼拜的途径也全都是在亲友的带领引导下的。由此反映了信徒亲友对发展新教徒的突出作用和基督教得以广泛传播发展迅速的一个原因所在。

（三）民间信仰非常活跃。“文革”前的信仰在复苏，其规模有上升的趋势。

我们调查的目标社区有两个，一是民族民间文化底蕴深厚、保留比较完整的鄂尔多斯地区，有23份，受调查者21个蒙古族，2个汉族；另一个是文化构成复杂、民族文化变迁迅速的呼和浩特市区，有18份，共计41份，接受调查的大多是蒙古族。选择这样两个有代表性的社区，有利于比较民族民间信仰传承和保留的状况。

在“向谁许愿”和“家里供奉物”这两个问题上，两地区统计结果的差异更为鲜明：呼和浩特市44.4%的人选择了“佛、菩萨”作为许愿的对象，因此，家里供奉佛龛的也达到了38.9%，而鄂尔多斯地区91.3%的人许愿的对象是民间信仰中的“长生天、祖先、成吉思汗”，家里供奉成吉思汗画像的比例也达到了82.6%，这两个比例都是相当高的。由此可以知道，藏传佛教在蒙古族地区并不是完全占据统治地位的，在民间信仰民间文化得到很好传承保留的地区，佛教是让位于民间信仰的。

总的来看，民间信仰依然是蒙古族人民生活的重要组成部分。参加过祭敖包的人在两个目标地区都占到了相当高的比例，分别达到了87.0%和88.9%，总的比例也达到了87.8%。而像祭天、祭祖、祭成吉思汗、祭火这些传统的信仰活动，虽然不同地区重视的程度有差异，但仍然保留在蒙古族人民的生活当中。

（四）佛教信仰的世俗化和民间信仰的神圣化。

藏传佛教信仰的世俗化表现在两个方面：一方面在喇嘛阶层生活本身的世俗化。建国前喇嘛不结婚，由于解放后，宗教改革使喇嘛还俗回家，有相当多的喇嘛成亲。现在年青的喇嘛有成亲的，也有不成亲的，喇嘛成亲加强了他们与世俗的联系。另一方面表现在佛教僧侣阶层在民众生活中的渗透。由于旅游的开展，喇嘛与人们的生活发生着密切的联系。在商品化的社会里，群众建房请喇嘛看风水、公司开业请喇嘛看日子，建设小区请喇嘛起名字，小孩诞生请喇嘛起名字，失去亲人请喇嘛超度亡灵等等。但是，有的是笃信佛教，有的则是随其习俗，有从众心理，讨个吉利，也有的介于信与不信之间。与宗教世俗化形成鲜明对比的是宗教界对于宗教教理教义的学习和研究在逐步淡化，如五当昭的喇嘛忙于接待游客，像上下班一样，没有很多时间学习佛教的教理教义，有些小喇嘛出家为的是到寺庙学习藏医学，将来有个一技之长。

民间信仰的神圣化也比较突出。在当地蒙古人的观念里，成吉思汗已被神圣化。他已从民族英雄上升成了超凡脱俗的神，具有某种神圣意义。例如，向其求福、求治病、求安全、求护佑等等。成吉思汗的后裔也有被神圣化的趋向，如前面提到的萨冈彻辰祭祀。仅 2003 年，成吉思汗陵就接纳国内外游客 11.2 万人，各项收入达 440 万元,。

三、民族宗教管理状况

1. 现行的法律不健全，管理宗教事物缺乏足够的法律依据，特别是对于非法、违法的宗教活动的处理缺乏操作性较强的法律依据，打击力度不够。

正如访谈者所说:“各类非法的宗教活动屡禁不止，例如，没有申请就乱盖宗教场所，但没有处罚的根据。禁不住，又怕违背了宗教政策。”“希望宗教政策的尽快出台。现在规定的较粗糙，无法管理。比如，对非法的地下组织只用刑法扣留5天，解决什么问题？”“信仰自由，不等于不管理，但如何管理，没有章法，深不是浅不行。”如何打击境外的渗透仍然是个问题。有时安全部门处理了再通知宗教部门，感觉工作是被动的。如何防患于未然？缺少办法。

2. 关于宗教管理机构的机制问题。宗教管理机构的机制很重要，但是只是在口头上和总结工作时说重要，而实际上并没有落实。

如一个地区级宗教局的宗教科仅有2～3名专职人员，而在苏木、乡、镇，甚至连一个办事员也没有，使宗教政策、信息的上传下达有困难，信息不畅通往往又使宗教工作处于被动。有的区、县甚至是宗教局与统战部或与旅游局合署办公，人员不足，经费严重短缺。与宗教场所分布点多、线长、面广的实际极不相适应，很难及时有效地开展工作。因此，健全宗教管理者队伍，加大资金投入，形成自上而下的联系网络迫在眉睫。访谈者说：机制没有重视，上面分工很细，下面两块牌子，一个机构。没法开展工作。

3. 关于宗教干部队伍的建设和提高素质的问题。宗教关乎国家的稳定，现代化的顺利进行。因此，必须具有一支高觉悟高素质的干部队伍。

宗教管理是专业性很强的工作，如何提高宗教管理部门工作人员的政策理论水平关系到党和国家宗教政策的落实，关系到广大信教群众的精神生活，也关系到民族地区的安定团结。现有宗教管理人员很少科班出身，在处理一些敏感问题时显得力不从心。根据工作需要培训宗教管理人员，尤其是提高他们的宗教素养非常必要。部分管理人员不懂宗教，也没有时间钻研。有的人认为越严越好，越限制越好。这种认识也有市场。

4. 提高神职人员的素质，加强爱国宗教团体的自身建设迫在眉睫。

宗教界人士和宗教团体是党和政府联系信教群众的桥梁，他们在信教群众中有相当声望和号召力，是开展宗教工作、顺利进行宗教活动的基本力量。实践证明，切实加强爱国宗教团体自身建设，不断提高宗教界人士的素质，是作好宗教工作的重要手段。可以通过参加各类学习班、培训班、专题讲座、形势报告会等形式，加强对宗教界人士的培训教育。

四、总结和建议

（一）内蒙古自治区宗教发展的原因

自改革开放以来，特别是20世纪90年代以来，内蒙古地区宗教发展较快，其原因何在？

内蒙古地区的宗教发展是经济转型期的一种精神需求。从封闭社会到开放社会，从计划经济到市场经济的转变是一场革命，这场革命是由经济革命引起的。内蒙古自治区的经济生活改革开放以来发生了巨大转变，这是造成宗教状况变化的重要原因。主要表现在：

1. 基督教发展很快。一方面是经济原因。改革开放以来，贫富差距加大，下岗职工增多，就业率下降，许多人为了寻找精神寄托而纷纷信教，在物质生活贫乏时，他们以宗教信仰作为他们立足社会的精神之柱，在我们调查的信徒中就有一部分下岗职工。另一方面在于宗教本身，基督教传教方便、仪式简便容易接受。据调查，除正规的教堂外，还有很多家庭活动点。有的地区临时活动场所已经达到正式活动场所的规模。

2. 社会观念的变化撞击着蒙古居民固有的价值观和道德观。宗教社会学认为：人类与生俱来与周围世界存在着不确定关系和不可能关系，前者是指世界对人是一种不确定的存在，后者是指人没有得到他所期望的东西，却不可回避地要承受某些东西。面对着周围世界，在新经济的转型期人们需要新的精神依托，因此对宗教产生依赖的情感。蒙古人原有信仰萨满教及佛教的传统，这使他们更易接受宗教信仰。

（二）宗教传播在当代社会中的正面影响

许多信徒在信仰宗教的动机上带有很强的世俗目的性．他们对事物的认识和理解还停留在直接经验的水平上，他们更多关心的是与他们日常生活相关的问题。以基督教为例，它虽然是“超越的宗教”，反对用世俗利益作为信仰的媒引，但是无论从传道者方面，还是从世俗信徒方面看，宣传者和信仰者之间都有关心世俗利益的一面，传教士关心人们的贫病，慈善传道、医药传道、教育传道等。一部分信仰者也往往抱着世俗目的信教，渴望并希冀教会能够解决一些具体的、实际的社会问题和个人生活问题.如有的下岗职工在教会找到了工作;有的贫病者受到教会的赞助;有的精神空虚者得到精神的抚慰等等。因为基督教提倡的怜弱护小的伦理原则和扎根于贫困社会底层的传教路线很容易获得人们的好感,在“最需要福音”的人群中引起共鸣,教会有信徒的捐献,可以充分发挥救助贫困的作用。

社会主义道德和基督教道德属于不同的思想体系。但是在社会的物质财富还没有达到十分丰富的社会主义初级阶段，在社会上还存在着私有制和贫富差别的时期，基督教道德和社会主义道德也存在着一些共同点和联结点，可以有助于社会道德建设。基督教关于不可偷盗；不可说假话；做假见证；要孝敬父母；提倡善良、谦虚、助人为乐、平等相爱等道德有利于平衡当代社会的道德失范。特别是在信仰的精神支持下，基督教的道德规范对平等友爱、不做恶事、团结互助的社会风气的形成有一定的促进作用，既有利于社会安定，也维系了边疆地区的稳定。

宗教发展也是人们心理的需要。改革开放以来，社会中出现的不良风尚和种种弊病使一部分人的心理非常苦闷，特别是一部分老年人，儿女不在身旁，十分需要精神的抚慰，在这一点上宗教满足了人们的精神需求。佛教及基督教会组织的义诊、郊游、唱圣诗、学圣舞以及文艺演出，与国内外来宾交流等活动，极大地丰富了信徒单调的生活。他们在这里找到了志同道合的弟兄姊妹，互相真诚以待，感受到生活的多姿多彩和挚爱温暖。

（三）宗教在当代社会中的负面影响

在内蒙古自治区，近年来年青人宗教信仰人数剧增，如何引导他们成为不可忽视的突出问题。他们有下岗无业者，有考大学落榜者；也有对社会的种种不良现状不满意者；有一部分年青的父母把信仰看成是自己的道德修养（个别父母把孩子带进了教堂）；也有个别犯罪而悔悟者。青年是现代化社会的中坚力量，他们的科技文化素质及信仰需求不仅对现代社会有强大的反馈，而且直接影响下一代的教育，在落实党和国家信仰自由的政策下引导青年的精神生活，解决青年精神生活的需求迫在眉睫。

信徒群体具有较强大的凝聚力，他们既可以游离于本民族之外，又可以对民族具有感召力。特别是每个信徒都有对外宣传的义务，这种宗教情感具有排它力，可能为不正当的活动提供条件。还有一些问题应该引起注意，如基督教内部管理混乱；新增加的教职人员的素质偏低；有的不法分子乘机钻空子宣传邪教，加之自由传道人的蛊惑，使信众正、邪不分等等。

（四）问题和建议

1. 对宗教工作重要性的认识自上而下存在着落差。自治区党委、政府领导对宗教工作高度重视，一些盟市相对有些差距，旗县一级重视程度不平衡。部分基层领导对宗教工作的复杂性、长期性认识不足。理论讲不清，政策不太懂，情况不太明。个别地区宗教工作有盲点，存在着只顾经济建设，不过问宗教工作的现象。除非出现问题，否则，宗教工作很难摆在应有位置。建议对宗教管理人员进行培训。

2. 宗教管理普遍存在人员老化、后继乏人、青黄不接的问题。神职人员素质偏低。例如，藏传佛教中尤为突出，大批喇嘛年事已高，生活困难，急需提高生活补贴。年轻喇嘛急需提高佛学修养，参加正规的学习和培训。个别伊斯兰寺管会“家长制”管理突出，财政制度不健全。建议增加宗教队伍的建设，对宗教高级人士进行培训。

3. 宗教文物的修复、抢救迫在眉睫。内蒙古地区许多宗教场所同时也是重要的文物古迹，其价值远远超过宗教本身。一些很有历史和文物价值的古寺至今未得到修复，有的甚至因年久失修而危及喇嘛的生命安全。如鄂尔多斯市乌审旗的乌审召是当地最有影响的召庙，第五代活佛喇布坦多尔济如今已 72 岁高龄仍主持该召法事。乌审召曾有殿堂 24 座，活佛住仓 21 间，主塔 3 座，到 1949 年寺内仍有 500 多名喇嘛。“文革”中惨遭破坏，只剩 2 座殿宇和 1 座白塔。如今仅存两座殿宇破损严重，珍贵壁画残缺毁坏，急需修复。

4. 建议协调宗教文化与旅游文化的关系。宗教文化与旅游文化存在着密切的关系。首先要把旅游游众与宗教信徒相区别；旅游文化要尊重宗教文化，不能亵渎宗教文化，而宗教文化更不能过分商品化而失去其应有的文化内涵。

附录二
内蒙古自治区民族宗教调查报告（2005年）

一、调研目标与目的

为了完成“211 工程”课题“宗教与民族文化”子项目“近现代蒙古族宗教信仰的演变”和我的博士论文，2005 年 7 月 20 日至 8 月 17 日，我去内蒙古鄂尔多斯市、呼和浩特市、包头市、通辽市四个地区进行了民族宗教调研。走访了所到各地民族宗教局、统战部、档案局及十几座重要寺院，采取参观、访谈等形式，搜集到大量相关资料。

2004 年 7 月，我曾参加由国家民委民族问题研究中心组织的“中国少数民族宗教信仰现状”试调查，对内蒙古地区的民族宗教的总体情况有了一定的了解，得到一些宏观印象。所以，我在今年的暑期调研是围绕几个重点目标展开的，具有个案调查研究的性质，行前即选择了几个调查重点：

（一）鄂尔多斯市鄂托克前旗城川镇天主教堂，这是目前内蒙古地区乃至世界上唯一的蒙古族天主教徒集中的地方。在人们的印象中，蒙古族以藏传佛教为主要信仰，很少有人知道在地处内蒙古最南端的蒙古族聚居区还有相当多的天主教徒，要了解蒙古族天主教信仰现状，这里是唯一的选择。

（二）包头市梅力更召。梅力更召曾是内蒙古西部地区的一座学问寺，作为佛教文化与蒙古族本土文化结合的产物，梅力更召的主要特点是将藏文佛教经典译成蒙古文并用蒙古文诵经。它是中国目前唯一的仍以蒙古文诵经的藏传佛教寺庙。其存在意义已经超越了宗教本身，成为重要的民族文化遗产，值得关注。

（三）通辽市库伦旗。这是清朝至民国时期内蒙古地区唯一的喇嘛旗，曾实行了近 300 年政教合一统治。有清一代，为了扩大藏传佛教的政治影响，提高宗教上层人物的政治地位，清廷授予蒙古地区藏传佛教一些首领人物与世俗封建主享有同等的政治权力和地位。为此，凡喇嘛徒众比较集中的地区或重要宗教领袖所在地区，批准一些大喇嘛或大寺庙的领地喇嘛旗制度。清代在蒙古地区总共设有七个喇嘛旗。其中五个在今蒙古国，一个在青海省，只有锡勒图库伦喇嘛旗在内蒙古。1931 年政教合一结束以后的情况尤其是本人调研的重点。

我就是带着这样的目的踏上了行程。调研归来虽然有些遗憾，但基本还是达到了预期目的。一路走来一路看，除了行前确定的几个重点外，还顺路参观了呼和浩特市席力图召、五塔寺、普会寺，包头市美岱召、百灵庙，鄂尔多斯市乌审召，通辽市大乐林寺等寺庙。总的感觉是由于历史、地理、文化等方面的原因，就内蒙古地区而言，内蒙古东西部宗教氛围不尽相同，西部地区宗教氛围相对较浓，东部地区宗教世俗化倾向明显。

二、内蒙古宗教状况概述

内蒙古自治区是我国第一个少数民族自治区。总面积118.3万平方公里，东西狭长。总人口2332万多人，有蒙古、汉、达斡尔、鄂伦春、满、回等49个民族，少数民族人口485万多人，其中有近400万蒙古族。作为蒙古族自治的多民族地区，内蒙古民族、宗教文化历史悠久，是有多宗教信仰的民族地区，有佛教（藏传佛教、汉传佛教）、伊斯兰教、天主教、基督教、道教等宗教信仰以及历史久远的民间信仰。全区现有依法正式登记的宗教活动场所共805处，有信徒约100多万人，占全区总人口的3.7%左右，有教职人员4945人。全区自治区级爱国宗教团体有6个，有内蒙古佛教学校、内蒙古天主教神哲学院等3所宗教院校。

内蒙古自治区首府呼和浩特市是历史上多民族多宗教荟萃之地。早在16世纪即是藏传佛教再传时期的中心地区，迄今已有400多年的历史。16世纪末至17世纪，在土默特部阿拉坦汗和第三世、第四世达赖喇嘛的影响以及蒙古各部王公的支持下，蒙古各部几乎全部信仰了藏传佛教格鲁派（即黄教）。在呼和浩特市有藏传佛教的著名的宗教场所大召、席力图召、美岱召、五塔寺等，它们不仅承载着藏传佛教再传蒙古地区的历史，也见证着今天人们信仰的变化。经过400余年的发展，有着丰富的珍贵文物古迹的大召，对了解内蒙古的社会经济、政治和文化，有着极其重要的价值。呼和浩特市约有人口200万，信教人数大约14万人。各类宗教场所有110处。

包头市面积近3万平方公里，下辖9个旗、县、区，总人口200万。该市目前主要有四种宗教，即佛教（包括汉传佛教和藏传佛教)、伊斯兰教、天主教和基督教；全市有信教群众13.7万人，占全市人口的6.85%。有教职人员283人，宗教活动场所155处，均有教管组织或民主管理组织。著名的藏传佛教寺庙五当召、梅力更召、美岱召、百灵庙等都在包头市辖区内，共有喇嘛111人，教徒1.25万人，信教人员主要集中在牧区。五当召始建于1749年，距今已有250多年的历史，"文革"期间基本未遭破坏，保存完好。现在既是宗教活动场所，也是旅游胜地。建于1705年的梅力更召是目前我国唯一一座用蒙古语诵经的佛教寺庙，迄今已有300年的历史，作为佛教文化与蒙古族本土文化结合的产物，其意义已经远远超过了宗教范畴，成为重要的民族文化和人类文化遗产，引起了中外学者的广泛关注。

内蒙古鄂尔多斯市是一个多种宗教和谐共处之地。目前，藏传佛教、基督教、天主教、伊斯兰教、汉地佛教都有分布。五个宗教信教人数保守估计也应在9万左右，约占全市人口的6.5%。藏传佛教现有活动场所30处，喇嘛903人，其中活佛2人，沙布愣20人，信众主要分布在全市7个旗的广大农村和牧区，特别是蒙古族群众聚居地区。天主教现有鄂托克前旗城川镇糜地梁、达拉特旗王爱召镇小淖有两座天主教堂，教徒7763人，主要分布在鄂托克前旗、达拉特旗、准格尔旗、乌审旗和东胜市。全市有蒙古族天主教徒约3000人，主要集中在鄂托克前旗城川镇糜地梁地区，此种情况在全国乃至世界都是独一无二的。全市有神甫4人，修女3人，地下主教1人，地下神甫1人。

通辽市位于内蒙古东部科尔沁草原，曾有多种宗教流传。至今仍有藏传佛教、基督教、伊斯兰教、汉地佛教被人们信奉。全市有各类宗教场所30多处，基本可满足广大信教群众的宗教活动需要。库伦旗是寺庙最集中的地方，著名的有兴源寺、福源寺等。通辽市区新建的大乐林寺规模宏大，地位日渐突出。

三、个案调查研究

个案一：城川镇的天主教

本人的第一站即是鄂尔多斯市鄂托克前旗城川镇天主教堂，由鄂尔多斯市民委宗教科孔科长陪同，直奔鄂托克前旗。这里地处内蒙古鄂尔多斯高原最南端，与宁夏、陕西两省区相邻。在这样一个汉文化、伊斯兰文化与蒙古族传统文化交汇的地方，存在比较集中的蒙古族天主教徒本身就是很有研究价值的现象。

内蒙古鄂尔多斯市是一个多种宗教荟萃之地。目前，藏传佛教、基督教、天主教、伊斯兰教、汉地佛教都有传布，现有天主教堂2座。五个宗教信教人数保守估计也应在9万左右，约占全市人口的6.5%。

早在1876年，“世界上唯一的一座蒙古教友堂口”在鄂尔多斯市城川建立，如今，蒙古族天主教信徒仍集中在这里，分布在内蒙古鄂尔多斯市鄂托克前旗、乌审旗这两旗南部的三四个苏木（镇），主要集中在鄂托克前旗。鄂托克前旗位于内蒙古鄂尔多斯市最南端，人口7万多，有2万多蒙古族，其中大约有3000多蒙古人信仰天主教，属于天主教“圣母圣心会”。据比利时天主教神甫、著名蒙古学家田清波的调查（田清波神甫曾于1905—1925年在鄂尔多斯地区传教），生活在鄂托克前旗和乌审旗的一部分蒙古人，不朝拜成吉思汗陵、不祭火和敖包，没有占卜的习俗，有自己特殊的庙宇，崇拜被称为“乌兰 · 达木占”的神，宗教活动中使用十字架，保留着洗礼、涂油礼等习俗。

鄂托克前旗城川镇天主教堂“文革”期间遭到破坏，1984年，在城川镇糜地梁天主教活动点的基础上扩建为现在的天主教堂。现有神甫2人，修女1人，是目前内蒙古西部地区影响较大的天主教堂。神甫马仲牧（蒙古语名为特古斯毕力格）是内蒙古唯一一位蒙古族神甫，1919年生，从小求学教会学校，先后在内蒙古巴盟三圣公教堂、大同神学院学习神学。1948—1951年在北京辅仁大学化学系学习，因病肄业，现已86岁。自20世纪60年代成为城川教堂的神甫至今已经40多年。他的姐姐和妹妹都是修女，现在姐姐已经去世。

鄂尔多斯地区宗教气氛很浓，但带来这种气氛的不是天主教，而是藏传佛教。这一点从两教活动场所30:4的数量比上一看便知。然而就是在这样一个香烟缭绕的所在，鄂托克前旗城川天主教堂却吸引了3000多蒙古族教友，的确是值得关注的特别现象。这一方面是由于鄂尔多斯近代以来一直是天主教传播较活跃的地区，更主要则是由于马仲牧神甫个人及家族的影响。他们兄妹3人神学修养深厚，蒙古语、汉语、英语语言条件优越，在当地蒙汉群众中有相当影响，深得当地蒙古族同胞的信赖，目前他们家族直系就有42名教友。

从宗教活动方面看，蒙古族信徒与其他民族没有什么不同，所不同的是大多数蒙古族教友读蒙古文《圣经》。由于当地蒙古人大多熟悉蒙古文字，马仲牧神甫亲自为他们翻译了蒙古文的《圣经》。当看到马神甫亲笔翻译的大量《圣经》手稿时，我心里油然而生敬意。

在日常生活方面，蒙古族教友与其他蒙古人没有什么区别，所不同的是他们的节日等习俗。由于信仰的缘故，当地的蒙古族教友以圣诞节为最隆重的节日，而对一般蒙古族最重视的农历春节并不特别在乎。在生、老、病、死等生活礼仪方面也是遵从天主教教规。如田清波调查所见，蒙古族教友在宗教活动时仍使用十字架等，保持着天主教的仪轨。当老人去世时，一般都请神甫超度亡灵，并有单独的教民墓地。

热心社会公益活动是现代宗教活动的一个特点。马仲牧神甫先后抚养了 14 个孤儿，现在已有 2 人由政府帮助安排了工作，马神甫也因此而深得当地教友的尊重。目前，城川天主教堂“自养”状况良好，主要靠种植和养殖。教堂利用所属几十亩土地种植玉米、葡萄等，他们用自己生产的葡萄酿制的葡萄酒在当地小有名气。马神甫虽已 87 岁高龄，仍然精神矍铄，这是他自己的造化，更是教友的福分。

个案二：梅力更召

坐落于包头市郊牟尼山脚下的梅力更召，始建于 1677 年（清康熙十六年），为清代乌兰察布盟乌拉特西公旗旗庙，至今已有 300 多年的历史。该庙第三世活佛名叫“墨尔根”，故俗称“墨尔根召”，今写成“梅力更召”，“梅力更”的蒙古语意思是“贤明、聪慧”，清廷赐汉名“广法寺”。1773 年乾隆赐与满、蒙古、藏、汉四种文字书写的匾——“梵昌寺”。该召原有殿堂 4 座，经堂 7

座，藏经塔5座，另有24座属庙。极盛时期喇嘛多达500余人，“度牒”喇嘛百余人。梅力更召曾是内蒙古西部地区的一座学问寺，作为佛教文化与蒙古族本土文化结合的产物，梅力更召的主要特点是将藏文佛教经典译成蒙古文并用蒙古文诵经。

随着格鲁派佛教的迅速蔓延，藏文佛教经典被广泛应用。然而，诵念之间，许多人仅仅是死记硬背，真正读懂藏语经文意义的人却寥寥无几，于是佛经的蒙译便提上日程。很多蒙古文文献记载了蒙古末代汗王林丹汗弘扬佛法、建立寺庙、铸造佛像、组织翻译《甘珠尔》经对佛教发展所做的贡献。事实上，《甘珠尔》经的蒙古文翻译始于林丹汗在位之前，而最终完成于林丹汗在位期间，即1628—1629年间。这一文化成就标志着佛教信仰开始向民间深入，也是佛教向外民族传播过程中必须要走的本土化之路。

为了让蒙古族喇嘛能够用自己的母语诵经，掌握更多的佛学知识，18世纪中叶，精通蒙古、藏、梵三种语言文字的梅力更召第三世葛根（活佛）罗布桑丹毕坚赞（1717—1766）为佛经的蒙译作出了突出贡献。他5岁被认定为梅力更召第三世活佛，聪慧过人，学识渊博，著述甚多，在蒙古人中以“墨尔根活佛”著称，于1765年成书的蒙古编年史《大蒙古国根本黄金史》是墨尔根活佛的代表作，他也因此而在18世纪蒙古文化发展史上占有一席之地。

墨尔根活佛把已经蒙译完的佛经进一步完善，根据蒙古族诗歌韵律的特点进行了巧妙的编排，并采纳了一些民歌旋律编创了适合用蒙古语诵经的曲调。此后，经过梅力更召高僧们数十年的努力，终于成功创作出了蒙古语诵经体系。梅力更召蒙古语诵经体系，是在保持经文原义的基础上，为诵读的便利而把经文译成韵文体，不仅推动了蒙译佛经的深度和传播的广度，而且确立了梅力更召在蒙古地区寺庙中独树一帜的地位。这一独特的诵经形式此后便延续下来，直至 20 世纪中叶。

遗憾的是，“文革”期间寺庙所供奉的佛像以及经卷和法物被洗劫一空，许多寺庙房屋被拆毁，幸存的佛殿也改做他用，经卷大部分遗失，喇嘛被迫还俗。十一届三中全会以后，民族宗教政策得到落实，梅力更召逐渐恢复了宗教活动。近年来，身为内蒙古自治区佛教协会副会长、政协包头市九原区委员会副主席、梅力更召主持的孟和巴图活佛，担负起保护和继承该召独有的蒙古语诵经文化的重任，多方奔走，筹集资金修缮幸存寺庙，包头市政府有关部门为抢救、恢复民族文化遗产给予了大力支持。1992 年，寺院经堂、僧舍得到修缮或重建，传统的蒙古语诵经得到逐步恢复。

如今，梅力更召作为中国乃至世界唯一一座用蒙古语诵经的寺庙，其存在意义已经超越了宗教本身，成为重要的民族文化和人类文化遗产。蒙古语诵经这一文化现象受到国内外学者的广泛关注，很早就有学者开始对第三世梅力更葛根进行研究，近年来英国剑桥大学人类学社会学系的专家也多次来梅力更召进行田野调查。国内的研究则始于 20 世纪 80 年代。1992 年，由内蒙古师范大学、内蒙古大学等单位的专家学者组成了“梅力更葛根研究”小组，该研究课题 1996 年被国家教委正式立项，在日本学者的帮助下，从英国“大英图书馆”复制了国内已经消失的蒙古文木刻版《梅力更葛根罗布桑丹毕坚赞全集》。经过几年努力，先后以论文集、专著、对原著的注释、汉译等形式出版了 5 部丛书，共 10 卷，约 200 万字。还制作了梅里更召蒙古语诵经曲调录音磁带一套，用五线谱记录了诵经曲谱 108 段一并出版，取得了阶段性研究成果。

影印的木刻版《梅力更葛根罗布桑丹毕坚赞全集》为学者们的研究提供了第一手资料，部分缓解了寺庙法会喇嘛们念诵经卷缺乏的问题，然而，木刻版字迹模糊和刻板时的某些错误直接影响了经卷本身的质量。为了解决这一问题，教育部人文社会科学基地内蒙古大学蒙古学中心专门立项，根据木刻版和藏文原文校勘了《梅力更庙法会蒙古语念诵仪轨经文集》，现已经全部完成。全集共收入了蒙古文念诵仪轨经卷 130 多函，60 多万字，正期待有关方面的支持以尽早出版。

如今能够用蒙古语诵经的喇嘛已经不到 10 人，如果不抓紧采取抢救性措施，这一宝贵文化遗产就有失传的危险。面对如此现状，梅力更召从 2001 年开始，陆续招来几十名新学员，由年愈古稀的老诵经师罗布桑僧格亲自传授蒙古语诵经、诵经时所做的各种动作及佛乐的吹奏技巧。2004 年 6 月，八名 13 ～ 20 岁年龄不等的学员在学习用蒙古文诵经，经过了短时间的学习之后，他们已经能够曲调悠扬地念诵蒙古语佛经。该召住持孟和巴图活佛还请来了内蒙古大学的格 · 拉西色楞教授为他们进行蒙古、藏双语教学，取得了很好的效果。2005 年是梅力更召建召 300 周年，纪念活动于 8 月 20 日举行。我于 8 月初到召庙时，他们正忙于修缮，孟和巴图主持在百忙中接待了我。

个案三：锡勒图库伦喇嘛旗

内蒙古通辽市库伦旗是清朝至民国时期内蒙古地区唯一的喇嘛旗，曾实行了近300年政教合一统治。有清一代，为了扩大藏传佛教的政治影响，提高宗教上层人物的政治地位，清廷授予蒙古地区藏传佛教一些首领人物与世俗封建主享有同等的政治权力和地位。《钦定理藩院则例》规定："喇嘛之辖众者，令治其事如札萨克。"为此，凡喇嘛徒众比较集中的地区或重要宗教领袖所在地区，清政府于1667年批准在一些大喇嘛或大寺庙等地建立领地，建立喇嘛旗制度。清代在蒙古地区总共设有七个喇嘛旗。其中五个在今蒙古国，一个在青海省，只有锡勒图库伦喇嘛旗在内蒙古。喇嘛旗是建立在大寺庙领地上的特殊旗，喇嘛旗的地位与政治权利，同札萨克旗平等，规定喇嘛札萨克享有特殊的权力，除了军事事务外，所有宗教事务及领地内的行政、民事、税收、经济等事务，都由寺庙札萨克大喇嘛全权处理，实行政教合一的管理制度。

锡勒图库伦旗历史上由于完全实行了政教合一制度，其政治机构和管理方式都不同于一般札萨克旗。我以锡勒图库伦旗为个案，说明喇嘛旗的建制、管理等相关问题。"锡勒图"是蒙古语法座的意思，锡勒图喇嘛是仅次于呼图克图、葛根的职务，掌握政教两权，是宗教上的教主和行政上的首长。一般是在没有呼图克图、葛根的寺庙设此职务，全权管理本寺庙的政教事务。由于锡勒图库伦喇嘛旗是特别设置的喇嘛旗，而库伦旗主庙兴源寺又没有转世葛根（活佛），而把最高位喇嘛称之为锡勒图喇嘛，即锡勒图库伦旗札萨克喇嘛，故库伦旗亦称锡勒图库伦旗。

所以，本旗的锡勒图喇嘛就是全旗的最高领导，负责管理全旗的政教事务。

库伦旗曾先后建起了大小 30 余座寺庙，其中，兴源寺、象教寺、福缘寺有库伦三大寺之称。始建于 1649 年的兴源寺是锡勒图库伦旗的主庙，也是宗教活动中心；建于 1670 年的象教寺是锡勒图库伦札萨克达喇嘛的执政中心，这里既是寺庙，又是衙门，是政治活动中心；福缘寺是库伦旗财务机构所在地，负责管理全旗交租纳税等事务。该寺的创建人阿旺札米扬是锡勒图库伦旗第十二世札萨克达喇嘛，在历任札萨克喇嘛中他是唯一被清廷赐予“呼图克图”称号的人。另有吉祥天女庙，建于 1655 年（顺治十二年），由当时锡勒图库伦旗第三任札萨克达喇嘛、班第达诺们汗西札布衮如克主持建造。该庙虽然规模不大，却因为供奉着库伦旗主神而地位很高。历史上，每逢正月初一，札萨克达喇嘛等全体喇嘛印务处官员，均需前来叩拜吉祥天女庙。

有清一代，锡勒图库伦旗札萨克喇嘛均由理藩院直接任免。从 1667—1931 年这 200 多年间，库伦喇嘛旗共经 23 任札萨克达喇嘛。锡勒图库伦旗札萨克喇嘛旗第一任札萨克达喇嘛名希力布，原籍青海安多地方的藏族萨木鲁家族。于 17 世纪初到蒙古东部地区传教，由于他在巴林、喀喇沁等地传教影响大，声望高，被尊称为曼珠锡礼呼图克图。雍正七年（1729），《钦定理藩院则例》卷五十八明确规定：“锡勒图库伦札萨克达喇嘛缺出，应将墨尔根绰尔济之孙补放或于徒众内择其才堪胜任者保送到理藩院补放。”因此，库伦札萨克达喇嘛，除了第三、二十二、二十三世这三人外，均有青海省安多地方（今乐都县）的藏族萨木鲁家族的喇嘛担任。

库伦旗政教合一的制度一直延续到民国时期。1931 年 3 月，蒙藏委员会呈报南京国民政府核准，南京政府行政院于 1931 年 3 月 29 日公布了《卓索图盟锡勒图库伦旗政教分治办法》五条，取消锡勒图库伦旗政教合一制度，札萨克达喇嘛改任旗札萨克，废除了自康熙年间既已实行的喇嘛旗政教合一制度。此后的库伦喇嘛教与内蒙古东部其他地区一样，经历了战乱和动荡，直至 20 世纪 50 年代的宗教改革，宗教活动几近消失。80 年代改革开放后，由于民族宗教政策的落实，宗教活动逐渐恢复。福源寺是主要活动场所，现有喇嘛近 30 人，每年定期举行法会，法会期间诵经活动七天七夜从不间断，各地信徒络绎不绝。

四、存在的问题和我的遗憾

经过调查，我认为内蒙古四个地市的宗教情况总的来说发展比较平稳，但一些问题应当引起重视，以下仅举两例。

（一）鄂尔多斯市鄂托克前旗的天主教问题

由于历史和现实、宗教和文化各方面的原因，涉及天主教的问题都比较敏感，鄂托克前旗城川镇的天主教也不例外。

位于城川镇糜地梁的天主教堂只有 180 平方米，由于距离城川镇政府所在地尚有十几华里距离，且路况不好，逢雨雪天气时，教友活动不便，所以，教友们迫切希望在城川镇建一座教堂。1997 年，在教友组织兴建的教堂即将完成之际，据说是鄂托克前旗政府派来的武警部队好似天兵天降，突然在一天夜里把新建的教堂拆毁了。这一事件在教民心理留下的痛触至今尚未抚平，他们提出两个要求：一是政府赔偿所拆教堂；二是政府批准新建教堂以满足广大教友正常的宗教活动。据我了解，暂时还不能满足这两个要求。孔科长说："当时政府行为过激，留下后患，短时间内很难解决，我也很无奈。"

马仲牧神甫 1947 年即由宁夏教区王主教祝圣为神甫，1983 年罗马教廷安排在中国的刘冠东、王弥禄两位主教主礼祝圣为主教。因此，马仲牧被当地教民称为主教，而当地政府只承认他为神甫，或称地下主教。原因是他曾被梵蒂冈方面祝圣为主教，我们不能承认，如果我们再给他祝圣，即意味着承认了梵蒂冈方面的祝圣。所以，至今政府方面只承认马仲牧的神甫身份而不承认他是主教。随之而来的问题是，新近从天主教神学院毕业的巴日斯将由谁主持祝圣成为神甫？教民认为马神甫是主教，他有资格主持祝圣，而政府方面显然不能支持这一提议，双方正僵持着。让我们继续关注这个问题。

（二）修缮库伦旗兴源寺问题

库伦旗在清代曾先后建起了大小 30 余座寺庙，其中兴源寺、象教寺、福缘寺有库伦三大寺之称。始建于 1649 年的兴源寺是锡勒图库伦旗的主庙，也是宗教活动中心，历任札萨克达喇嘛屡次修扩建，到光绪二十五年（1899）进行一次大规模改扩建，四进院落层层递进，正殿面阔九间，进深九间，俗称八十一间大殿，巍峨雄伟。整个建筑布局采用纵轴式，整齐对称，成为规模宏大的建筑群。“文革”中虽然遭到一些破坏，兴源寺的建筑主体都比较完好地保存下来，宗教文物价值极高，列为内蒙古自治区重点文物保护单位。然而，由于种种原因，20 世纪 80 年代以来，兴源寺一直未对外开放，也没有任何修缮，所谓文物保护实际上也没有采取任何保护措施。2004 年 8 月，有投资人于某愿意出资修寺，甚至已经动工维修，准备修好后开光。但是，由于出资方与西方宗教组织有牵连，加之兴源寺还未被批准为宗教活动场所，政府有关方面不允许继续修护,这个方案被搁置。今年 8 月 13 日，我到库伦旗调研时，正逢此事件一周年，通辽市、库伦旗有关方面正在开会研究如何处理这一问题，结果不得而知。给我的感觉是：当地似乎还不能充分认识兴源寺的历史文化价值，认为它不过只是曾经的寺庙而已；另外库伦旗自然条件较差，地方经济状况无力承担高昂的修缮费用，当地集资修庙也比较困难。就目前来看，库伦旗兴源寺修缮问题尚待时日。

调研归来，收获很多，遗憾也不少。遗憾的是，由于时间短促不便久留，也就不能了解更多的情况；由于民族宗教问题的复杂性和“左”的思想影响，有许多问题还不能妥善解决；由于能力有限，我不能给当地人他们所期待的帮助；本来 1931 年库伦旗喇嘛旗政教合一结束以后的情况是我这次调研的重点，然而，遗憾的是，当地竟没有一个人能说清结束政教合一制度以后的宗教状况，等等。也许，要实现“功德圆满”，尚须付出更多艰苦的努力。

主要参考文献

参考著作：

1. 额尔敦昌编译：《内蒙古喇嘛教》，内蒙古大学出版社，1991。

2. 苏鲁格、宋长宏著：《中国元代宗教史》，中国广播出版社，1994。

3. 乌兰察夫等著：《蒙古族哲学思想史》，内蒙古大学出版社，1994。

4. 《内蒙古喇嘛教纪例》，内蒙古文史资料第四十五辑。

5. 乔吉编著：《内蒙古寺庙》，内蒙古人民出版社，1994。

6. 德勒格编著：《内蒙古喇嘛教史》，内蒙古人民出版社，1998。

7. 苏鲁格等著：《简明内蒙古佛教史》，内蒙古文化出版社，1999。

8. 乌兰察夫主编：《蒙古族无神论思想研究》，远方出版社，2000。

9. 乌兰察夫主编：《蒙古族无神论史》，远方出版社，2000。

10. 苏和、陶克套著：《蒙古族哲学思想史》，辽宁民族出版社，2001。

11. 乌力吉巴雅尔著：《蒙藏关系史大系 · 宗教卷》，外语教学与研究出版社，2001。

12. 齐克奇著：《锡勒图库伦喇嘛旗》，库伦旗文史资料第四辑。

13. 贾拉森著：《缘起南寺》，内蒙古大学出版社，2003。

14. 德勒格、乌云高娃编著：《内蒙古喇嘛教近现代史》，远方出版社，2004。

15. [意大利]图齐、[西德]海西希著，耿升译、王尧校订：《西藏和蒙古的宗教》，天津古籍出版社，1989。

16. 《蒙古民族通史》编委会：《蒙古民族通史》，内蒙古大学出版社，2002。

17. 张羽新著：《清政府与喇嘛教》，西藏人民出版社，1988。

18. 梁冰著：《鄂尔多斯历史管窥》，内蒙古大学出版社，1989。

19. 牙含章著：《达赖喇嘛传》，华文出版社，2001。

20. 牙含章著：《班禅额尔德尼传》，华文出版社，2001。

21. 王兆国主编：《当代中国的宗教工作》（上、下），当代中国出版社，1998。

22. 牟钟鉴、张践著：《中国宗教通史》（上、下），社会科学文献出版社，

1999。

23. 戴逸著:《中国民族边疆史简论》, 民族出版社, 2006。

24. 张践著:《宗教 · 政治 · 民族》, 中国社会科学出版社, 2005。

25. 张践著:《中国历代民族宗教政策》, 首都师范大学出版社, 1999。

26. 牟钟鉴、刘宝明主编:《宗教与民族》(第四辑), 宗教文化出版社, 2006。

27. 于本源著:《清王朝的宗教政策》, 中国社会科学出版社, 1999。

28. 李德成著:《中国少数民族宗教》, 中央民族大学出版社, 1999。

29. 吉日格勒著:《游牧文明史论》, 内蒙古人民出版社, 2001。

30. 宝力格著:《宗教》(蒙古文), 内蒙古教育出版社, 2003。

31. 故宫博物院编:《钦定理藩院则例》, 海南出版社, 2000。

32. 哲里木盟文化处编:《科尔沁博艺术初探》, 1986。

33. 《乌兰夫文选》, 中央文献出版社, 1999。

34. [韩]金成修著:《明清之际藏传佛教在蒙古地区的传播》, 社会科学文献出版社, 2006。

35. 《朝阳金丹道教起义史料》, 见中国第一历史档案馆编:《清代档案史料丛编》, 第十二辑, 中华书局, 1987。

36. [日]若松宽著, 马大正等编译:《清代蒙古的历史与宗教》, 黑龙江教育出版社, 1994。

37. [法]伯希和撰, 冯承钧译:《蒙古与教廷》, 中华书局, 1994。

38. 吕一染编:《北洋政府时期的蒙古地区历史资料》, 黑龙江教育出版社, 1999。

39. 苏若裔著:《中国近代教难史料》(1948-1957), 辅仁大学出版社, 2000。

40. 张星烺编:《中西交通史料汇编》(一、二、三、四), 中华书局, 2003。

41. 辅仁大学天主教史料研究中心编:《中国天主教史籍汇编》, 辅仁大学出版社，2003。

42. 李杕著：《拳祸记》下编《增补拳匪祸教记》，上海土山湾印书馆宣统元年版。

43. 顾卫民：《中国天主教编年史》，上海书店出版社，2003。

44. ［比利时］王守礼著，傅明渊译：《边疆公教社会事业》，上智编译馆，民国三十六年。

参考论文：

1. 王学明：《天主教在内蒙古地区传教简史》，载《内蒙古文史资料》，第22辑。

2. 曹毅之：《内蒙西部地区基督教之沿革》，载《内蒙古文史资料》，第23辑。

3. 金峰：《喇嘛教与蒙古封建政治》，载《中国蒙古史学会论文选集》，1980年。

4. 薄音湖：《关于喇嘛教传入内蒙古的几个问题》，载《内蒙古社会科学》，1982年第2期。

5. 薄音湖：《十六世纪末叶西藏喇嘛教在蒙古地区的传播》，载《内蒙古大学学报》，1984年第3期。

6. 李漪云：《从蒙古与西藏的关系看蒙古封建主引进黄教的原因》，载《北方民族关系史论丛》，1984年。

7. 邢洁晨：《论黄教传入蒙古地区的原因》，载《内蒙古师大学报》，1985年第1期。

8. 韩官却加：《藏传佛教教派斗争与和硕特部蒙古南迁》，载《青海民族学院学报》，1985年第3期。

9. 王德恩：《综述格鲁派佛教传入蒙古的社会历史条件》，载《世界宗教研究》，1987年第3期。

10. 刘军：《试论藏传佛教对蒙古社会的影响》，载《中央民族学院学报》，1988年第5期。

11.陈育宁、汤晓芳:《清代喇嘛教在蒙古地区的特权及其衰落》, 载《青海社会科学》, 1988 年第 5 期。

12.邢亦尘:《试论基督教在蒙古民族中的传播》, 载《内蒙古社会科学》, 1990 年第 6 期。

13.额尔德木图:《试论蒙古族宗教的演变》, 载《内蒙古民族师院学报》, 1992 年第 4 期。

14.尼玛、席慕容:《蒙古萨满教赞歌——往昔之歌》, 载《民族古籍》, 1993 年第 1 期。

15.王勋铭:《谈解放后内蒙古喇嘛教制度的改革》, 载《内蒙古社会科学》, 1995。

16.陈光国:《喇嘛教在蒙古地区的传播和萨满教的衰落》, 载《西北民族学院学报》, 1995 年第 4 期。

17.黄维忠:《从藏传佛教的社会影响及功能看宗教和民族的关系》, 载《西北民族学院学报》, 1995 年第 1 期。

18.乌丙安:《论当代民俗文化的剧变》, 载《民俗研究》, 1996 年第 2 期。

19.唐吉思:《元代蒙古王室与藏传佛教的关系》, 载《青海民族学院学报》, 1999 年第 2 期。

20.唐吉思:《藏传佛教对蒙古族民间宗教的影响》, 载《西北民族大学学报》, 2002 年第 4 期。

21.唐吉思:《藏传佛教对蒙古族家庭伦理的影响》, 载《西北民族研究》,2003。

22.唐吉思:《藏传佛教对蒙古族民间信仰习俗的影响》, 载《西北民族大学学报》, 2004 年第 1 期。

23.唐吉思:《藏传佛教因果报应观对蒙古族道德观的影响》, 载《青海民族学院学报》,2004 年第 1 期。

24.[蒙古] SH · 比拉(Sh.Bira), 斯林格译:《蒙古佛教历史概要》, 载《蒙古学信息》, 2001 年第 1 期。

25.刘军:《清末民国时期的藏传佛教与蒙古族人口》, 载《黑龙江民族丛刊》, 2001 年第 2 期。

26. 孙振玉、郭苏星:《汉文史料所见光绪末年十三世达赖出走事件之年谱》, 载《内蒙古师范大学学报》, 2002 年第 2 期。

27. 乌恩:《基督教在蒙古族中传播的若干问题》, 载《蒙古学信息》, 2003 年第 2 期。

28. 安迪扎 · 孟和:《阿拉善草原上的蒙古族穆斯林》, 载《内蒙古穆斯林》, 2003 年第 1 期, 2004 年第 1 期。

29. 色音:《论北方少数民族萨满教的历史变容》, 载《内蒙古社会科学》, 1999 年第 7 期。

30. 色音:《萨满教与北方少数民族的环保意识》, 载《黑龙江民族丛刊》, 1999 年第 2 期。

31. 色音:《萨满教与北方少数民族的人生礼仪》, 载《青海民族研究》, 2001 年第 5 期。

32. 色音:《萨满教与北方少数民族帝王》, 载于白庚胜、郎樱主编的《萨满文化解读》, 宗教文化出版社, 2004 年。

33. 王玉霞:《内蒙古阿拉善左旗信仰伊斯兰教的蒙古族穆斯林》, 载《回族研究》, 2001 年第 5 期。

34. 高师宁:《世俗化与宗教的未来》, 载《中国人民大学学报》, 2002 年第 5 期。

35. 顾一鸣:《蒙古萨满教衰落因由浅析》, 载《内蒙古民族大学学报》, 2003 年第 6 期。

36. 陈庆英、金成修:《喀尔喀哲布尊丹巴活佛转世的起源新探》, 载《青海民族学院学报》, 2003 年第 7 期。

37. 赵云田:《清末民国中央对蒙藏施政研究述评》, 载《中国藏学》, 2004 年第 4 期。

38. 包文汉:《清代儒学在蒙古人中的传播与影响》, 载《内蒙古大学学报》, 2005 年第 2 期。

39. 李烨:《九世班禅在内蒙古宣化传法的历史功绩》, 载《中国藏学》, 2005 年第 2 期。

后记

本来研究“近现代蒙古族宗教信仰的演变”这一课题是为了完成我的博士论文，可问题似乎又不是这么简单。几年前，当听人们说到蒙古族宗教信仰何以成为如今状况时，我感到一片茫然，无言以对。随着学识的积累和阅历的增多，蒙古民族历史文化铺陈在我的面前，异彩纷呈的多元宗教文化进入我的视野，我感到自己别无选择。完成这个课题与其说是撰写论文，不如说是完成使命。

当我有幸成为牟钟鉴先生的博士生，导师的学品人品使我受益良多。先生的宽容使我从容，先生的宽厚使我踏实，先生的严谨使我不敢懈怠。这期间，我似乎在用心体会宗教之于一个民族的意义，同时也在享受给导师作学生的过程。由于教学工作繁忙及家事所累，我的博士论文从开题到最终完成，断断续续持续了三年，其中的起起伏伏、酸甜苦辣已经成为我人生的一笔宝贵财富。

呈现于读者面前的这本书是我在博士论文的基础上修改而成

的，当本书付梓之际，心中不免有些忐忑！关于本课题的研究未尽之处仍然很多，有待我今后继续为之努力。感谢前辈学者与同辈学人在民族宗教领域尤其是蒙古族宗教领域的研究成果为我提供的资料支持和思想启迪！感谢恩师牟钟鉴先生的悉心指导，并欣然为本书作序。感谢陈庆英研究员、张践教授、班班多杰教授、才让太教授对本书稿提出中肯的修改意见！

2004 年、2005 年和 2007 年夏天，我的大部分假期都花在调研途中。调研的过程是获得资料的过程，更让我直接体会和感悟到了浓厚的民族宗教氛围。在此，我要感谢内蒙古自治区党委统战部、内蒙古自治区民委、包头市委统战部、鄂尔多斯市民委、通辽市民委的朋友们，是他们的无私帮助使我在最短的时间获得了最多的第一手资料。特别感谢包头市委统战部副部长沃泽明同志、鄂尔多斯市民委宗教科科长孔金花同志对我的信任和无私帮助。是他们不辞劳苦帮我查阅资料、陪我下乡，使我得以顺利完成预期调研任务。

我的心底还有一份愧疚，抱愧于我的学生和我的女儿。为了完成课题，我简化了许多和他们的直接交流，也减少了许多和他们共同娱乐的时间。只有这本书聊以自慰！

2008 年夏于北京